「国語学」の形成と水脈

ひつじ研究叢書〈言語編〉

第 84 巻　接尾辞「げ」と助動詞「そうだ」の通時的研究　　　　　　漆谷広樹 著
第 85 巻　複合辞からみた日本語文法の研究　　　　　　　　　　　　田中寛 著
第 86 巻　現代日本語における外来語の量的推移に関する研究　　　　橋本和佳 著
第 87 巻　中古語過去・完了表現の研究　　　　　　　　　　　　　　井島正博 著
第 88 巻　法コンテキストの言語理論　　　　　　　　　　　　　　　堀田秀吾 著
第 89 巻　日本語形態の諸問題　　　　　　　　　　須田淳一・新居田純野 編
第 90 巻　語形成から見た日本語文法史　　　　　　　　　　　　　　青木博史 著
第 91 巻　コーパス分析に基づく認知言語学的構文研究　　　　　　　李在鎬 著
第 92 巻　バントゥ諸語分岐史の研究　　　　　　　　　　　　　　　湯川恭敏 著
第 93 巻　現代日本語における進行中の変化の研究　　　　　　　　　新野直哉 著
第 95 巻　形態論と統語論の相互作用　　　　　　　　　　　　　　　塚本秀樹 著
第 97 巻　日本語音韻史の研究　　　　　　　　　　　　　　　　　　高山倫明 著
第 98 巻　文化の観点から見た文法の日英対照　　　　　　　　　　　宗宮喜代子 著
第 99 巻　日本語と韓国語の「ほめ」に関する対照研究　　　　　　　金庚芬 著
第 100 巻　日本語の「主題」　　　　　　　　　　　　　　　　　　堀川智也 著
第 101 巻　日本語の品詞体系とその周辺　　　　　　　　　　　　　村木新次郎 著
第 103 巻　場所の言語学　　　　　　　　　　　　　　　　　　　　岡智之 著
第 104 巻　文法化と構文化　　　　　　　　　　　　　　秋元実治・前田満 編
第 105 巻　新方言の動態 30 年の研究　　　　　　　　　　　　　　 佐藤髙司 著
第 106 巻　品詞論再考　　　　　　　　　　　　　　　　　　　　　山橋幸子 著
第 107 巻　認識的モダリティと推論　　　　　　　　　　　　　　　木下りか 著
第 108 巻　言語の創発と身体性　　　　　　　　　　　児玉一宏・小山哲春 編
第 112 巻　名詞句の世界　　　　　　　　　　　　　　　　　　　　西山佑司 編
第 113 巻　「国語学」の形成と水脈　　　　　　　　　　　　　　　釘貫亨 著

ひつじ研究叢書
〈言語編〉
第113巻

「国語学」の形成と水脈

釘貫 亨 著

ひつじ書房

まえがき

　本書は、筆者の近代日本語学説史に関する論考をまとめたものである。本書は、前著『近世仮名遣い論の研究』（名古屋大学出版会 2007 年）を継承する。前著の主たる内容は、契沖に始まり本居宣長によって大成された近世仮名遣い論までの系統と業績を叙述したものである。前著の成果を継いだ本書は、近代的日本語研究の始発の位置に本居宣長を置いた。何故宣長なのか。これについては本論で詳述するとして、筆者は日本の学術史における 18 世紀の位置と意味について特別な関心を持っている。中世以来、知識人の輩出源は、公家か上流武家に限定されてきたのであるが、ほぼこの世紀を境にして我が国における第一級の知識人の輩出源が地方の武士に拡がった。この時期に地方武士が知識層化することによって、江戸幕府廃絶後への社会的準備が進行し、以後の全般的近代化への諸条件が整ったのである。古典語研究において、その先端的成果を築いた学者の居住地は、三都以外に浜松、松坂、津、名古屋、浜田、福山、小浜、金沢、高岡など全国に拡大している。この学問は、主として京洛外で発展したのである。国学派古典語学の地方的成果は、明治以後東京政府の公文書行政と国語教育の規範に取り込まれ、かなりの部分が今もなお学校教育に強い影響を残している。

　近世期に発展した自前の言語研究法と 1886 年以後持ち込まれた新来の言語学が合流して成立したのが国語学である。本書の言う国語学は、第 1 章でも触れるように明治 30 年 1897 以後制度として立ち上がり、2004 年に学会名称から退いた固有名詞としてのそれである。しかし、近代的日本語研究が 18 世紀に始まり、現在も継続していることは言うまでもない。国語学が、伝統的学術と西洋の言語学の合流点に成立したとしても自前の方法に対する自負のあるところでは言語学に対する緊張と葛藤が生ずるのは当然である。

本書は、我が国の言語研究者が立ち向かった外来理論との格闘記録でもある。とりわけ言語学の外来理論に激しい抵抗を示したのが時枝誠記と有坂秀世である。時枝は言語過程説、有坂は音韻目的観念説で知られるが、ともに中世以来のテニヲハ学と音韻学を自覚的に継承しようと試みた学者である。興味深いことに、彼らは自説の正統化の拠り所を当時の西洋哲学の潮流である現象学に求めたのである。残念ながら有坂が現象学に理論的参照源を求めたという直接の証拠はないが、研究対象の均質性を捉える主体的理論構成が言語過程説と共通する点に筆者は注目した。押し寄せる外来理論に性急な客気で臨んだ時枝や有坂と違って、山田孝雄の方法論批判は、自らの問題意識に根を張ったより自律的なもので後学に対する影響力が遙かに巨大である。本書は、山田孝雄の「文」規定の鍵概念である「統覚作用」が、言われるところの心理学ではなくカント哲学に由来することを明らかにした。山田を高く評価する文法学者を含めて、これは従来誰も明らかに出来なかった事実である。山田は、「文」成立の条件を、哲学者の主観の外にある外在的世界の存否の問題を「文」の存否の問題に類推したのである。山田は、当時最新の哲学が世界の存在の問題に意を砕いていたことに反応したのだと思われる。当時の青年学徒が心理学を含めて哲学を参照したことは、個別研究に普遍的意義を見いだそうと苦闘したことを反映する。これは、本書が教養主義と呼ぶところの精神的傾向である。

　山田を始め、時枝、有坂と受け継がれた教養主義の系譜は、我が国語学に個性的な陰影を残した。文成立の存否に関わる母語話者の直観を表現した山田の「統覚」、研究対象の均質性の担保を言語使用者の心的純粋経験に求めた時枝の「言語」と有坂の「音韻」は、「我々の言葉」たる国語共同体の前提的合意と同心円上にある。彼らこそ「国語学者」と呼ばれるに相応しい。

　教養主義的言語研究は、1950年代に国語教育とマルクス主義が合流して奥田靖雄を指導者とする教科研文法学派を生んだ。彼らの研究は、古典語学に教養源を求めなかったという点で個性的であった。奥田らは古典語学からの類推を断ち切って、国語教育の現場で子供と直接に向き合うための学理的根拠を求めた。その目的を達す

るために、奥田は現代語母語話者の文法的単位に関する直観的把握をマルクス主義的に定義したのである。

　教科研派が最大の批判目標としたのが官学アカデミズム主流の頂点に位置する橋本進吉の文法論であった。しかし、橋本は文法論ではなくむしろ音韻史の分野の確立者として学史に名を留める人物である。橋本はもと言語学者であり、有坂のように伝統的な音韻学を近代的に再編するのではなく、音声学に基づいて「音声」の歴史的研究を立ち上げようと試みていた。それが彼の大学での講義題目「国語音声史の研究」（岩淵悦太郎と亀井孝のノート）に表れている。ところが退官直前に橋本は、これを「国語音韻史の研究」に改めた。それは、橋本がプラハ学派に対抗した有坂「音韻論」が権威を獲得するのに合わせて有坂の理論を受け入れた結果である（大野晋のノート）。このような経緯に鑑みると、有坂を抜きにして橋本だけを「音韻史」の確立者とする評価は、単純に過ぎるかも知れない。橋本の個性的な力量は、むしろ教育者としての側面にあった。橋本は、山田や有坂のように研究対象の本質論には近づかず、対象をもっぱら細密な技術による記述によって再現する道を選択した。橋本は、対象に近づく極めて穏当な方法を確立し、弟子にもこれを徹底して教育したと想像される。橋本はそのような意味で、近代科学としての国語学の方法論の開拓者であると言える。国語学は、橋本の教育的努力によって持続可能な学術経営集団となった。橋本は、教養主義に対置される「専門知」国語学の創業者と位置づけられよう。

　概ね以上が本書における論述の輪郭であるが、観察対象の多くが近現代の学者であるので、彼ら先学に親炙した人々やお弟子筋が本書に目を通す機会もあるだろう。そこで筆者の遠慮のない論述に不快の念を懐く方がおられるかも知れない。しかし、ここで行われる批判的検討は、非難でも否定でもないことを留意して頂いて、先学に対する筆者の浅からざる尊敬の念をお読み取り下されば誠に幸いである。

2013年盛夏
釘貫　亨

目　次

まえがき　　v

第1章　近代日本語学説史の提案　　1
1. 研究問題としての「国語学」　　1
2. 日本語研究の始発と展開　　2
3. 近代的日本語研究の創始者本居宣長　　5
4. 明治期の日本語観察　　6
5. 大正・昭和期の国語学　　8
6. 教養主義と専門的記述主義　　11

第2章　本居派古典語学の近代的性格　　15
1. 問題の所在　　15
2. 明治維新と仮名遣い　　16
3. 日本音韻学および音声学と音韻論　　19
4. 明治以降の本居派テニヲハ学　　22
5. 自動詞・他動詞と宣長の「自他」　　25
6. 啓蒙的学術としての本居派古典語学　　29

第3章　本居宣長のテニヲハ学　　33
1. 日本語テクスト解釈の歴史的成立　　33
2. テニヲハ研究の近世的展開　　34
3. 『詞の玉緒』のテニヲハ論　　35
4. 『てにをは紐鏡』の発想　　38
5. 『古今集遠鏡』の思想　　43
6. 『玉あられ』の思想　　47

第4章　本居宣長の音韻学　　51
1. 『字音仮字用格』の啓蒙的意図　　51

  2. 漢字の民衆への下降   54
  3. 音変化を経た後の字音表記   57
  4. 字音仮名遣いと古代日本語音声の復元の関係   60
  5. まとめ   64

第5章　明治以降の音韻学   67
  1. はじめに   67
  2. 敷田年治『音韻啓蒙』   70
  3.『古事類苑　文学部一』の「音韻論」   77
  4.『音韻調査報告書』の学史的意義について   79
  5. phonetics 以降の音韻学   82
  6. 音韻学の再理論化としての有坂秀世の「音韻論」   85

第6章　phonology と有坂秀世の「音韻論」   87
  1. はじめに   87
  2. 1930年前後の学界動向   89
  3.「音声の認識について」   92
  4.「Phoneme について」   98
  5. プラハ学派批判について（上）   103
  6. プラハ学派批判について（下）   109
  7. おわりに   114

第7章　有坂の神保格批判と金田一京助との論争   117
  1. はじめに   117
  2. 神保格「共通な要素」批判   118
  3. 神保説の雑居的性格への批判   121
  4. 金田一京助への反論   123

第8章　時枝誠記とソシュール『一般言語学講義』   131
  1. はじめに   131
  2. ソシュール学説の受容までの日本の言語研究の蓄積   132
  3. 時枝誠記と言語過程説   137
  4. 有坂秀世の音声理論   144
  5. トルベツコイの音声学批判の論点   146
  6. 有坂のプラハ学派批判   150
  7. 現象学と近代的日本語研究   154

第 9 章 山田文法における「統覚作用」の由来　　159

1. はじめに　　159
2. 語、句、統覚作用　　159
3. 統覚作用と言語的統一の関係について　　163
4. 統覚作用 Apperception の由来と原義　　168

第 10 章 国語学とドイツ哲学　　175

1. 日本語研究の近代化と研究理念への模索　　175
2. 山田孝雄とカントの哲学　　178
3. 時枝誠記の言語過程説と現象学　　181
4. 有坂秀世「音韻論」と現象学　　186
5. 伝統的日本語研究と西洋哲学　　187

第 11 章 日本文法学における「規範」の問題　　191

1. はじめに　　191
2. 古典語学の規範観念の近代的展開　　192
3. 反規範主義文法学説の登場　　197
4. 教科研文法の単語の定義について　　200
5. 奥田靖雄の単語論の特徴　　207
6. 語彙的なものと文法的なもの　　209
7. 教科研文法が保有する規範観念について　　210

第 12 章 近代日本語研究における教養主義　　215

1. 山田孝雄の「文」の定義とドイツ哲学　　215
2. 時枝誠記と有坂秀世を結ぶ現象学の系譜　　217
3. 教科研文法とマルクス主義　　220
4. 教科研文法の単語の定義の特徴と由来　　224
5. 日本語研究における教養主義の系譜　　229

第 13 章 専門知「国語学」の創業　　233

1. 橋本進吉のフィロロギー批判　　233
2. 上代特殊仮名遣いの再発見と橋本の石塚龍麿批判　　235
3. 橋本の国学批判とフィロロギー批判をつなぐもの　　240
4. 専門知「国語学」の創業　　247

あとがき	253
人名索引	259
事項索引	262

第1章
近代日本語学説史の提案

1. 研究問題としての「国語学」

　本書は、「国語学」という個別近代科学の歴史的成立を対象として論じたものである。今日、国語学は多くの高等教育機関において「日本語学」と名称を改めており、研究者の団体は、以前の「国語学会」から2004年以後「日本語学会」と改称して今日に至っている。国語学会から日本語学会に移行する際、多少の議論があった。
　国語学と日本語学は、看板が変わっただけで中身は同じだと考える人が多い。一方で、「名は体を表す」のたとえのごとく両者の性質と目標には違いが現れていると感じる人もいるだろう。私見によれば、国語学と日本語学の間に違いが現れているのかに関する明確な答えを見いだすには、まだ少し時間がかかると思う。しかしながら、1890年代の我が国に近代的学術制度として登場し、21世紀初頭に議論を伴って学会名称から退いたという歴史的事実は、国語学が具体的な画期とともにある特徴によって総括されうる条件を備えている。そうでなければ、学会名変更は何の意味も無い出来事であったと理解するほかないだろう。しかしながら、百年以上に亘って日本語研究の領域を代表した国語学の意義と特徴が何であったのかについての共通見解が存在するわけではない。それは今後の研究課題というべきものであるが、筆者がこれまで行ってきた学説史の叙述がこの時期を覆っていることは、この問題を理解するには無駄ではないと考える。
　本書は、日本語研究の近代化の始発を18世紀後半の本居宣長に置いて、20世紀後半に至るまでのおよそ二百年に亘る学説史を叙述するものである。日本語に関する近代的学説の始発を宣長に置く理由を簡潔に表現すれば、今日の日本語学を個性的な学統にしてい

る根源的位置に宣長があるからである。本書が表題とした「国語学」の歴史的成立を考慮する際に、宣長と彼の学統の業績を逸することができない。さらに、国語学を個性的な学統にした注目すべき事実は、比較言語学の導入と併行したドイツ心理学とドイツ哲学の存在である。国語学は、近代以前の伝統的語学の蓄積と言語学、文献学、心理学、哲学など複数の学術を教養源として成立発展した。この実態は、20世紀以後の専門分野に細分化された西洋の言語学が失った特徴である。

2. 日本語研究の始発と展開

　西洋言語学の母体である文法学は古典注釈に発したのであり、日本語研究の始発もまた王朝古典注釈にあった。院政鎌倉時代に王朝文芸の解釈を通じて独自の語学的認識が生じ、これらを技術的支柱として日本語を知的観察対象とする営みが生まれた。古今集注釈を柱とする解釈技法を集約した語学的認識が仮名遣いとテニヲハである。これらを技術的支柱とする中世歌学は、王朝歌文の解釈と王朝風歌文の制作を目的とした日本古典学であった。古典解釈を目的とした言語観察自体は、古代以来漢文訓読、音義古辞書の編集、悉曇学、法華経字音学、韻鏡注釈などに存し、これらは日本語研究の前史として位置づけられる。中世歌学に始まる仮名遣いとテニヲハは、これら先行する言語認識を資源的蓄積としたのである。日本人の日本語に対する本格的な知的観察が院政鎌倉時代の古今集注釈に発することを筆者はかねてから表明してきた。その際、筆者は、ある重要な留意事項についての指摘を怠ってきた。すなわち日本語で記されたテクストに施された注釈は古今集が初めてではなく、律令政府の役所であった和歌所の梨壺の五人（坂上望城、紀時文、大中臣能宣、清原元輔、源順）によって天暦5年（951）に行われた万葉集古点である。五人が施した訓読は、日本人による日本語テクストへの知的観察である。古今集注釈が日本語観察の源流であるならば、それより古い万葉集古点こそが日本語研究の始発として位置づけられるべきであるとの考えも成り立つかも知れない。しかしながら筆

者は、その観点を採らない。筆者は、平安時代の万葉集注釈を以て日本語研究の嚆矢と位置づけることが出来ないと考えている。梨壺の五人に次いで大江匡房らが試みた次点、鎌倉時代の仙覚が行った新点に連なる万葉集注釈と古今集注釈との違いは、前者から独自の語学的認識が生まれなかったのに対して、後者からは現代日本語学にまで学統が継承される仮名遣いとテニヲハという語学的認識が生まれた点である。筆者は、古今集注釈から生まれた言語学的認識を日本語研究成立の画期的事象として重視したい。平安時代から中世までの万葉集注釈は、個別テクスト解釈に徹したのであって、万葉学から独自の語学的認識が生まれるまでには、契沖の仮名遣い論の出現を待たなければならなかった。仮名遣いとテニヲハを技術的核心とする日本古典解釈は、公家とそれに連なる上流武家を担い手として営まれた。古今伝授、仮名遣い、テニヲハ秘伝は、中世歌学の制度的核心を構成した。

　仮名遣いとテニヲハは、17世紀末以後批判的に再編成されて発展した。近世の古典語研究は、古典解釈から次第に古典古代語の仕組みそのものの再建へと関心が移行した。解釈と歌作を目的とした実用語学から古代語解明の学理への展開である。これ以後、日本語研究は、「学説史」の叙述が可能になる水準に達してきた。それは、古典古代語研究の進展によって完結した個人の学説がその論理構成と併せて復元できるようになったからである。そのような学説の復元と展開が最も典型的に可能であるのは、契沖、文雄、田中大観、本居宣長、奥村栄実と連なる仮名遣い論の系統である（釘貫亨『近世仮名遣い論の研究』名古屋大学出版会 2007）。

　契沖の万葉集注釈が契機になって、古代語研究の様相が一変した。契沖の注釈が『和字正濫鈔』（元禄 8 年 1695 刊行）を生み、従来の仮名遣いに対する既成概念を動揺させた。仮名表記規範の軸が無典拠の定家仮名遣いの伝承から天暦以往の上代文献へと移動し、仮名遣いが古今集注釈を離脱して、万葉集注釈の圏内に位置づけられた。その際、仮名遣いの説明原理がいろは歌から五十音図に変更されたことによって、古代音声の独自の姿が浮上したのである。上代語を規範とする契沖仮名遣いの枠組みを継いだ本居宣長『字音仮字

用格』（安永5年1776刊行）「喉音三行弁」「おを所属弁」におけるアヤワ三行音の音価推定に至り、近世仮名遣い論は古代語そのものを考察対象とする様相を呈するのである。

　テニヲハ学は、冨士谷成章の独創的な品詞分類と実証的な助辞研究を実現し、本居宣長と春庭親子、鈴木朖、義門ら鈴屋学派を中心にした本末（係り結び）の論と活用論に結実した。宣長は、テニヲハ学の飛躍的展開を実現したが、留意すべきは仮名遣いと相違してテニヲハの規範軸を平安王朝文芸から動かさなかった点である。詳しくは後の章で論ずるが、複雑な様相を呈するテニヲハを係り結びと活用論に集約して明治以後の文法学への橋渡しを実現した宣長は、一貫してテニヲハ学を歌作のための学問とした。今なお学校文語文法が平安時代語を基礎に置くのはその結果である。

　宣長の『字音仮字用格』も表向きは実用を標榜して刊行された。宣長によれば古典文学では純正な和語だけが使われていたが、時代が降るにしたがい漢語の数が増えて、昨今では文芸作品でさえ全体の半分以上が漢語によって占められるという状況に至った。これは嘆かわしい事態に違いないが、それがやむを得ない現状では字音読みの仮名遣いの原則を定める必要があるとした。

　当時の出版物では、ある程度大衆的な読み物であれば、漢字には振り仮名が付されるのが常態であり、漢字の音読みの統一的な基準が書き手や書肆から求められていたと想像される。『字音仮字用格』は、この需に応えるものである。宣長は、契沖の仮名遣い論に傾倒していたから、復元すべき字音仮名遣いの規範は、天暦以往の上代の仮名遣いでなければならない。しかし、上代文献に字音仮名遣いの実例など存在しない。したがって宣長は、あるべき上代の字音仮名遣いを演繹的に推定するほかなかった。その際、宣長の採用したアイディアが「日本漢字音」の概念である。宣長は、上代日本語こそ単直純正な音声を保っており、古代人は「溷雑不正」の漢字原音をそのまま受け入れたのではなく、これを純正な和語の音声の仕組みに加工して取り入れたと考えた。これが「日本漢字音」の概念である。したがって上代日本漢字音の復元は、そのまま上代日本語音の復元を伴うのである。それはあたかも今日おびただしく流通する

英語系外来語が英語原音の影響を受けながら日本語音韻体系に加工されて用いられているのと類同の実態である。英語系外来語を対象とする音声分析が取り出した音切片は、英語原音ではなく紛れもない日本語音声である。表向き実用を装った『字音仮字用格』に隠されたしたたかな学理は、近年まで全く失念されてきた。したがって宣長のテニヲハ学と仮名遣い論を評価して、全くの実用語学（橋本進吉『国語学概論』「国学と国語学」岩波書店昭和21年1946刊行）として片付けることは、この学統の歴史的価値判断を見誤ることになる。

3. 近代的日本語研究の創始者本居宣長

本書は、本居宣長の音韻学とテニヲハ学を以て、近代日本語学説史の始発とする。それは、宣長と鈴屋派の研究が今日の音韻と文法に関する基本概念と分析方法の直接の源流を構成しているからであり、彼の学説は古典的業績というより、今なお今日的論争のただ中にある近代的存在である。筆者は、歌作のための実用語学と古代語再建の学理のあわいを生きた宣長を以て、本書における日本語学説史の始発に位置づけたい。宣長が生きた18世紀の学術環境は、従前とは異なった飛躍的状況を呈していた。荻生徂徠の古文辞学は、古典語を用いた伝統的な漢文訓読による解釈を否定し、むしろ俗語訳に優位を置く破天荒なものであった（『訓訳示蒙』元文3年1738刊行）。徂徠の学問は、当時の標準的中国口語というべき南京官話を対象とする唐話学に基礎を置いた。漢文直読を理想としながら、次善の策として俗語訳を推奨したことは、徂徠が民衆文化の独自性を認めた証拠である。宣長は、古文辞学に影響を受けたと言われており、彼のテニヲハ学の一環である『古今集遠鏡』（文化13年1816刊行）は、仮名序、詞書、和歌（長歌を除く）全文俗語訳の画期的な試みである。宣長の古今集俗語訳は、彼がそれを意図したかどうかはともかく公家と上流武家によって担われてきた伝統的な王朝のみやびの再現を古典注釈から流し去る結果をもたらした。宣長の方法を継承して古典口語訳を実践する現代の高校生もまた、教

室で王朝のみやびの深奥を教育されることはない。宣長のテニヲハ学は、明治普通文制定の参照学説（文部大臣告示『文法上許容スベキ事項』明治38年1905）となった。係り結びを要諦とする宣長のテニヲハは、春庭や義門の活用論と併せて学校文法に採用されて現在に至っている。

　王朝古典文芸の解釈と王朝風歌文制作という実際的目標から、古典古代語そのものへの関心の漸進的移行というのが18世紀以降の日本語研究の全体的特徴である。中世以来の日本語研究は、総合的な「学」から論理的骨格が見通せる「学説」へ展開した。

　また18世紀には、従来にない全く新しい言語研究が加わることとなった。西洋の学問が解禁され、医学、自然科学を中心にした蘭学の基礎となる蘭学文典によって日本人は西洋文法を学び、現代中国語学たる唐話学、さらに幕末には英学、仏学が開始された。同じ時期に『仙台言葉以呂波寄』、『尾張方言』など多数の方言研究や『蝦夷方言藻汐草』などのアイヌ語の研究が始まった。

　おおむね以上が、古代から19世紀後半まで我が国で行われた言語研究の概要である。これらの研究は、西洋の言語学導入前に明治前半期に行われた実用目的の日本語観察の資源的蓄積となった。

4. 明治期の日本語観察

　近代国家建設にとって、言語の統一的規格化は避けられない課題である。明治政府は、公文書書式を決定しそれを次世代に教育する要請に迫られた。南西諸藩のしかも下級武士出身者が多く支配者に就いた東京では口頭言語の混沌とした状態が継続したと推測される。西日本の在地武士出身者は、江戸を中心に話されていた武家言葉に恐らくなじみが薄かった。地域差の大きい口頭言語に対して、漢文訓読を基調とした実用的な片仮名交じり文は、近世社会を通じて広く通用しており、標準的書記言語として採用されるには適切であった。「普通文」と呼ばれる所以である。普通文の文法を時代に合わせて再編成し、それを教育することが政府の言語政策上の課題となった。

蘭学文典の知識が明治初期の学校教育の国語文法に導入され、国学系文典と拮抗しながら種々の文法教科書に実現した。蘭学文典の知識は、日本文法学の近代化に大きく貢献した。明治前半期における実用目的の規範文法の試みは、国学と洋学の知識が折衷的に統合され、大槻文彦による初めての近代辞書『言海』（明治17年1884）と付属文書「語法指南」に結実した。

　活用助辞（助動詞）と非活用助辞（助詞）および用言語尾の形態と意味の関係を総合的に表象してきたテニヲハは、大槻文彦によって非活用助辞の一品詞に限定され、これを山田孝雄が「助詞」として位置づけた結果、テニヲハにかかる長年の学理が解消した。

　鎌倉時代に宋から輸入された『韻鏡』は、当初は悉曇学の圏内で注釈され、室町時代以後世俗の知識世界に知られて「音韻之学」として再注釈された。音韻之学と悉曇学を情報源にしながら古代日本語音声を展望した契沖や四つ仮名の仮名遣いを音声の側面から解明した鴨東萩父、人名反切のごとき魔術的要素を含んだ音韻之学を合理的な方向で再編した文雄そして宣長らが確立した日本音韻学は、明治以後も継承され文部省国語調査委員会（1902年設立）の『音韻調査報告書』（1905年）と付録「音韻分布図」の指導原理を提供した。この報告書は、西洋言語学や音声学の助力なしに達成された。明治前半期の実際的日本語観察は、伝統的蓄積だけに依拠したのである。

　これらの上に新しく渡来した言語学の知識を学んで近代科学としての国語学が立ち上がった。言語学は、1886年の帝国大学令によって文科大学に博言学科が設置されて始めて紹介された。帝国大学文科大学博言学科初代教官チェンバレンB. H. Chamberlainに学んだ上田万年はドイツ留学を経て帰国後、明治30年（1897）に開設された帝国大学文科大学国語研究室の教官に就任した。国語研究室の創設や上田の「P音考」（1903年）公刊を以て国語学の成立を画期する場合が多い。それは、明治前半期までの実用目的の日本語観察に対して国語学が史的研究を中心にした純粋学理によって把握されるからである。しかし、本論が明らかにするように、実質的な国語学の立役者は、文法論の山田孝雄、松下大三郎、音韻史の橋本進

吉、有坂秀世らであろう。

　山田は、大槻による辞書制作のための品詞分類の次の段階として、生きた言語場における伝達が生じうる根拠を問題にした。語とは何か、文とは何かという山田の問いは、規範文法から純粋学理の記述文法への移行を象徴する。しかし、山田は既存の言語学の「文とはひとまとまりの思想の表明である」という類の説明を超えない現状に満足せず、思想をひとつの文にまとめ上げる精神作用を規定しようとした。母語話者のこの特権的直覚を、山田はカント I. Kant の哲学からモノの認識の悟性的直観にかかわる統覚 Apperception の概念を借りた。山田の「統覚作用」は、文の客観的存在証明ではなく母語話者による直観を規定したものであるが、以後の近代文法学における構文論の基礎概念となった。山田と同時代の文法学者松下大三郎は、部分的に山田から影響を受けつつ文法的諸単位の強固で一貫した形態論的分類基準を提案し、今も強い影響力を保持している。

　上代特殊仮名遣い発見を契機に近代における音声の歴史的研究を立ち上げたのが橋本進吉である。この現象は、すでに本居宣長、石塚龍麿の師弟が見出していたが、橋本は近代の精密な文献学的手法によってこの事実を再現し、これが古代音声の実態を反映するものであることを推論した。有坂秀世は、新たに導入された音声学 phonetics の知識を駆使して古代音声を橋本の推定より詳細な音声再建として実現した。

5．大正・昭和期の国語学

　1886年に国際音声学協会の前身である音声教師協会 The Phonetic Teachers' Association がパリで設立された。1888年に本協会が発表した国際音声字母 International Phonetic Alphabet（IPA）を日本人が学び始めるのは明治期の終わり頃からであったと言われている。この新しい学術である phonetics は、これの紹介者である神保格や佐久間鼎が伝統的音韻学と区別して「音声学」と訳した。音声学は、明治から大正期に掛けて言語学徒によって盛ん

に学ばれた。自然科学に深く傾倒した音声学に対して、言語共同体における音声の価値に注目して人文科学として音声を分析するphonologyが1926年にチェコのプラハに集ったグループによって提唱された。ロシア人ニコライ・トルベツコイN. Trubetzkoy、ロシア系ユダヤ人ロマーン・ヤコブソンR. Jakobson、チェコ人ヴィレーム・マテジウスV. Mathesiusらは、スイス人フェルディナン・ド・ソシュールFerdinand de Saussureの一般言語学理論の継承者である。トルベツコイ『音韻論の原理』は、phonologyが音声学と別個の学問であることを主張する。プラハ学派の理論が我が国に紹介されたのは、1932年のことであるがphonologyの紹介者である菊沢季生は、音声学と区別するためにphonologyに対して伝統的名称である「音韻」の語を持ち出して「音韻学」と訳した。以後、phonologyは、「音韻学」あるいは「音韻論」として通用し始める。

　音声学か音韻論かの議論は、当時の言語学界の論争に発展したが、この中で古典音声学者有坂秀世は、伝統的な「音韻学」を再定義する方向で自らの「音韻論」を理論化する道を選択した。現代日本語学の独自の「音韻」の概念は、有坂の「音韻」理論を色濃く継承する。有坂の規定する「音韻」は、話者の「発音運動の理想、目的観念」ととらえる心理的規定を特色とする。これは、従来から「あまりにメンタリスティックである点が惜しまれる」（服部四郎『言語学の方法』岩波書店1960）、「当時ヨーロッパで多角的に行われていた音韻変化の理論の総合である」（大橋保夫「音韻研究の歴史(2)」『岩波講座日本語5音韻』岩波書店1977）など様々な評価を呼んできた。しかし、これらの批判的評価は、どれも有坂理論の部分的性格を拡大規定したものに過ぎない。

　有坂「音韻論」に関して知られているのが19世紀ドイツの心理学者ヴントW. Wundtからの影響である。しかし、筆者は有坂理論の根底に当時の青年学徒の教養源であった現象学者フッサールE. Husserlの影響を見る。有坂の論には、心理学からの引用が多く存在するが「音韻」に対する彼の核心的姿勢は、話者（すなわち観察者）による理想的音声の心理的把握を経た均質な経験とするもので

ある。彼は、言語学由来の音素 phoneme の概念を一度は検討したが、後にこれを放棄した。その詳細にわたる理由は、第7章（「有坂の神保格批判と金田一京助との論争」）で述べるが、要するにphoneme が有坂の主張する発音理想としての「音韻」になじまない概念であったためである。話者の理想的発音意図は、phonemeにはなく常に単語にあるからである。『音韻論』と『上代音韻攷』で有坂は、この点について言及している。

　有坂は、現実の物理的音声が変幻自在定まりなきものであり、ここから共通の要素を取り出そうとする神保格の説を批判し、話者の発音意図を強調する理論を提案した。有坂の発想は、観察者（すなわち話者）主体の心理過程を経た疑うことの出来ない経験としての音韻という考え方であって、これは現象学の科学方法論批判の影響を推測させる。フッサール現象学からの影響を公言した時枝誠記は、『国語学原論』において有坂理論を高く評価した。時枝は、自らの「言語過程説」と有坂の「音韻論」との共通性を洞察したのであろう。

　橋本進吉と有坂の国語学は、音声の歴史的研究を中心にして精度を高めた。橋本は、稠密な音声史研究に新境地を開いたが、観察対象の本質規定に関しては、一歩退く態度を取った。ともすると水かけ論に陥りがちな本質規定から離れて、目的に至る方法と技術に磨きをかけた橋本の行き方は、戦後高等教育の拡大によって増加した研究者に対して絶大な影響を及ぼした。橋本の登場は、19世紀前半のロマン主義的な比較言語学からスウィート H. Sweet の音声学とソシュールの一般言語学に展開した過程と近似する。彼らは、ともに言語をめぐる本質規定に深入りせず、諸現象に関する記述の技術を優先する現代言語学の主要潮流の先駆者である。ところで橋本は、東京帝国大学における自らの講義題目を長らく「国語音声史の研究」とし、音声学を基礎理論に置いてその歴史的変化を講じてきたが、退官直前に「国語音韻史の研究」に改題し、有坂の「音韻論」を基礎理論に置いた。詳しくは第2章において論ずるが、橋本の「国語音声史」から「国語音韻史」への転向によって、国語学において名実ともに音韻史がジャンルとして確立した。

明治後期以後の日本語研究には二つの対照的な傾向があると思う。それは、山田孝雄、時枝誠記、有坂秀世に連なる観察対象の本質論に執着する傾向と松下大三郎、橋本進吉に連なる記述主義的傾向である。本質論の系譜に属する研究者は、近世以前の伝統的蓄積を継承しようとする強い自覚を持っており、それゆえ押し寄せる言語学の最新潮流への対抗意識を持っていた。山田が西洋の文法学者に満足せず、カント哲学に自らの正統性の根拠を求め、また時枝と有坂がソシュールとトルベツコイを槍玉に挙げつつ現象学に正統性の拠り所を求めたのは、偶然ではあるまい。言語を研究することの意味を問い詰めた彼らの姿勢は、近代の青年学徒の知的活力源であったドイツ教養主義の精神的傾向に一致する。

6. 教養主義と専門的記述主義

　教養主義的言語研究と対照的な精神的傾向は、観察対象を経験可能な範囲に限定して現象の記述に徹する専門知というべき潮流である。私見によれば、精密な文献学的手法と音声学の知見によって歴史上の音声を浮き彫りにした橋本進吉がその画期をなしている。さらに筆者は、形態論に基づく品詞分類を提案した松下の文法理論がこの位置に立つものと推測するが、これを論証するにはより詳細な検討が必要であり、本書が及ばなかった領域である。教養主義的日本語研究が対象の本質論を発信したのに対して、記述主義的言語研究は、手堅い方法論を後学に発信して研究水準の向上に貢献した。

　教養主義的日本語研究は、第二次大戦後マルクス主義と合流して単語の定義に特色をもつ教科研文法学派に連なって行く。教科研文法学派は、奥田靖雄を指導者として1950年代に国語教育運動と学校文法批判を動機にして発足した。教科研の単語の定義は、マルクス経済学の商品分析に啓発を得たものである。すなわち、「言語の基本的存在である単語は、語彙的なものと文法的なものとの統一物である。」という彼らの単語の定義は、マルクス K. Marx の「資本主義経済の基本的存在である商品は、使用価値と交換価値との統一物である。」という商品の定義から類推したものである。マルクス

主義は資本主義社会を変革するための政治経済思想であり、教科研文法派の登場は、日本語研究が社会問題とどうかかわるのかという青年の問いかけが学説として具現したことを意味するだろう。同派の創業者である奥田、鈴木重幸、宮島達夫らの第一世代は、学校文法と文献学的国語史研究に沈潜するアカデミズム主流を激しく非難した。その後、同派の影響を受けた戦後生まれの研究者は、師の世代が行ったようなイデオロギー批判を前面に出すことなくアカデミズム内部で活動し、現在に至っている。マルクス主義に立脚する教科研文法学派は、今のところ教養主義的日本語研究の最後の試みである。興味深いのは、教養主義的研究者が専門領域に関連する心理学などの隣接学説は盛んに引用するのに対して、発想の根幹をなす圏外の教養源に関して言及を避ける傾向があることである。

　山田は、ヴントからの引用はするがカントの名を出さない。時枝は、フッサールの影響を口頭で語ったにすぎない。有坂についてはその学説の論理構成と時枝の共鳴からフッサールの影響を推測し得るだけである。教科研文法の単語の定義に反映したマルクスの商品分析の影響は、奥田の初期の論文の経済学に類推したソシュール批判から推定されるのであり、同派の論文にマルクス主義的言説は随処に表れるが単語の定義の発想を提供した『経済学批判』や『資本論』への言及は見出されない。

　これらの事実は、彼らに共通のある韜晦的傾向を示している。彼らが隣接諸学からの専門的知識を大いに開放する一方で発想源への言及を避ける傾向にあるのは、類推によって立ち上げた自説の思弁的性格を隠す意図があったと見るのが自然である。独創的な学者なら誰でも観察対象からじかに一般的原理を導き出したと強調したがるだろう。

　自説の根幹を啓発した直観と類推の存在は、明かさないまま伏せておきたいのが研究者の人情であり、その啓発を明らかにしたいと思うのが学史家の願望である。日本近代の主要言語学説の奥行きのある評価のためには、表面上言及されない歴史的背景を炙り出すこともまた大切な仕事である。哲学や経済学など言語学の圏外の学術に理論的正当性を求めたのが日本語研究の近代化の特徴である。時

枝誠記と有坂秀世は、現象学が記述する観察主体の心的過程として把握される均質な経験を「言語」と「音韻」に類推規定した。彼らが目指したのは、伝統的テニヲハ学と音韻学の再理論化であった。現象学は、その正統化の理論装置であった。現象学の水源であるカント『純粋理性批判』が明らかにした「超越論的統覚」は、山田孝雄の「単語」と「文」の規定概念である統覚作用に発想を提供した。反アカデミズムの情熱を背景に単語の定義の発想源をマルクスの商品分析に求めた奥田靖雄は、戦後の文法研究を指導した。言語学の圏外の学術に正統性の根拠を求めた彼らに共通する心情は、言語を研究することの意義を突き詰めて検証しようとする教養主義的傾向であった。本書では、押し寄せる西洋言語学の最新理論との葛藤の末に自らの正統性の根拠をドイツ哲学や経済学に求めた彼らの苦闘を検討したい。他方、言語研究の意義の深淵にまで達しようとする傾向に対して、本質規定にあえて踏み込まず、経験の範囲内で正確な記述の実現に徹底しようとしたのが橋本進吉である。橋本は、精密な文献学的技術と教育的情熱によって、国語学を持続可能な経営体の水準に押し上げることに貢献した。橋本の態度は、戦後の大衆化した研究者層の支持を受けて日本語研究の主要潮流に強い影響を与えた。

　本書は、18世紀の啓蒙時代を開始期として20世紀後半に至るまでの日本語研究における卓越した諸学説について検討を加えたものである。本書が対象とした学説は、時系列的に後続学説に影響するとともに、場合によっては相互に関与しあいながら近代科学としての国語学を特徴付ける潮流となった。彼らの学説が何故後学に対する発信源となったのかについての根本的要因が明らかにされる必要がある。そのためには個人の業績を個別に検討するだけでは目的を達成することができない。それは、先行学説と後続学説との論理的関係を明らかにすることによって達成可能なのであり、それこそ筆者が本書において学説史と呼ぶところの方法である。

第2章
本居派古典語学の近代的性格

1. 問題の所在

　明治維新は、近代化推進の動力源を古代的権威に求めるという側面を持っていた。アメリカやフランスなどと違って日本は独自の近代的理念を構築しないまま、律令的権威と中世武士道を精神的求心力にして孤独な近代化の道を走った。日本近代に反映した古代指向に着目すれば、国語教育と文書行政に典型的な姿を見いだすことが出来る。明治国家が採用し、昭和22年（1947）までの長きにわたって国民に課した仮名綴りの規範は、契沖『和字正濫鈔』（元禄8年1695刊行）と本居宣長『字音仮字用格』（安永5年1776刊行）の仮名遣い論の成果に依存した。彼らが規範としたのは、「天暦以往」の上代古典の仮名用法である。また明治前半までの代表的な文章は、漢文訓読を基調とする漢字片仮名交じりの普通文と呼ばれる文語体であって文法は平安朝歌文を模範とする。中世以来の仮名遣いとテニヲハを最高度に学理編成したのが鈴屋学派と呼ばれる本居宣長の学統である。宣長と門人達の自由な気風と堅実な考証を指して近代的と評価しうるのは当然である。しかし、筆者が注目する本居派古典語学の近代的性格とは、仮名遣い、係り結び、活用研究にわたる彼らの業績が明治以後の国語教育と公文書書式の文法と音声研究の直接の資源として介入したという実態にある。その結果、明治初年までは社会的強制力を何ら持たず、教養的規範に過ぎなかった仮名遣いは、全国民の書記生活を規制し始めたのである。他方、王朝歌学の精髄として確立した本居派テニヲハ学は、明治政府公認の書式たる普通文制定のための参照学説となった。係り結びと活用論の成果は、現代の学校文語文法に継承されている。近世仮名遣い論とテニヲハ学は、実態として近現代の日本人の書記生活と古典解

釈の方法に関与して来た。私見によれば近代日本語学説史の叙述は、早ければ契沖から、遅くとも宣長から開始する必要がある。その理由は上記のような事実と実態によるのである。本章では、本居派の古典語学の成果が明治以後の国語政策と日本語の学術に関与してきた実態を見たい。

2. 明治維新と仮名遣い

　幕末から明治にかけて全国的に通用度の高い書き言葉は、『五箇条の御誓文』（慶応4年1868）のような漢文訓読を基調にした片仮名文語文であった。これが普通文といわれる政府公認の書き言葉に継承されるが、普通文の仮名遣いは頻出する漢字の影に隠れて余り深刻な混乱をもたらさなかった。問題は、初等教育における仮名教授の現場で生じたのである。明治4年（1871）文部省設置、同五年学制頒布によって我が国の近代公教育が発足した。以来、歴史的仮名遣いが学制頒布後の小学校で教授された*1。その実態は未解明の部分が多いが、明治6年に東京師範学校が歴史的仮名遣いの用例を集めた絵入りの掛図「単語図」「連語図」を刊行し、翌年文部省が府県の師範学校にこれを重刻させて全国的普及を図った*2。明治初年の段階では生徒個人用の教科書はなく、掛け軸教材によって仮名が教授された。「単語図」の「井ヰド・家イヘ・斧ヲノ・魚ウヲ・帯オビ・顔カホ」等の語例は、文部当局が子供に歴史的仮名遣いを教授しようとしたことを示している。これは、従来仮名文芸を中核にしながら緩やかに維持されてきた仮名遣いが初等教育を通じて国民全般に強制され始めた重大事である。ところが国語国字問題が早くも明治10年代に仮名遣い改良問題として露顕して来たことは、子供への歴史的仮名遣いの強制が相当の苦痛を伴ったことを窺わせる。初等教育に歴史的仮名遣いが導入されると同時に仮名遣い改定への試みが開始された。明治10年代から千葉県の師範学校と女子師範学校において仮名遣いに関して動詞語尾を除いて表音式に改める実験を行った*3。明治10年代には、教育界以外でも仮名遣い改良が主張され、漢字廃止を主張する「かなのくわい」が結

成された。しかし、すべての語を仮名表記すれば、漢字学習の負担が消滅する代わりに歴史的仮名遣いの習得が別の重荷として露見して来る。歴史的仮名遣いを維持するか表音的に表記するかでかなのくわいの議論は分裂した。子供にとって字音仮名遣いの習得が困難を極めたことは、明治33年に政府が小学校令施行規則によって初等教育に限り表音的字音仮名遣い（棒引き仮名遣い）を実施したことによって知られる。宣長が確定した字音仮名遣いは、契沖仮名遣いを継承し、『韻鏡』によって上代の漢字音の読みを理論的に再建したものである。これを小学生に強制するのは酷な話である。行き過ぎた負担の改善を目的とした棒引き仮名遣いは、初等教育限定という半端な性格によって社会的権威を獲得せず、明治41年に廃止された。

　明治30年代以降、帝国日本のLingua Franca たる東京語が成立し、これに立脚した口語文体を広める文学者達の言文一致運動が奏功し、大正頃までに詔勅、法令、公文書を除く国民的な書き言葉として言文一致体が実現した。口語文の普及に呼応する形で漢字制限と仮名遣い改良への要求が新聞社を中心とする実業界から起こった。漢字の使用を制限すれば理の赴くところ仮名遣い改良が問題になる。文部省は、国語調査委員会を設置し（明治35年）、仮名遣い改定を諮問した。同38年、委員会は「国語仮名遣改定案」「字音仮名遣ニ関スル事項」を報告した。委員会を継いで大正10年（1921）に臨時国語調査会が『仮名遣改定案』（大正13年）を発表した。口語文の普及とともに表音的仮名遣いに移行する趨勢に恐怖した山田孝雄は、臨時国語調査会の改定案を繰り返し攻撃した。大正から昭和にかけて仮名遣い改定論は、世相の緊張と共に実用論から思想問題へ転化していた。反対最強硬派の山田は仮名遣い改定が「国体」への累であるとし、

　　国体重きか仮名遣案重きか自己の主張する仮名遣案の実施のしたさに国体に累を及ぼすが如き不謹慎の言論をなす輩をば、検事局も警保局も黙視してゐるとは怪しむべき事である。

　　　　　　　　　　　　（「再び文部省の仮名遣改定案に抗議す」
　　　　　　　　　　　　　『日本及日本人』昭和6年（1931）8月）

など、改定派への治安当局の出動を教唆する粗暴で脅迫的な言論を展開した＊4。官憲の威力をかさに着る山田に凄まれた改定論者は時局柄震え上がったであろう。他方、口語文の実現で要求を満たした文学者は、仮名遣い改定には比較的冷淡だった。平井（1948）によれば、時局が極度に緊迫した昭和17年7月、国語学国文学関係者を糾合して改定反対を趣旨にする日本国語会が発足した＊5。発起人の一人とされる橋本進吉は「表音的仮名遣は仮名遣にあらず」『国語と国文学』（昭和17年10月）において、「表音的」とは音のまま仮名を転写することであり、語の表記規範である仮名遣いの問題ではないとして改定論そのものを門前払いにした。但しこの論文において橋本が仮名遣いの起源にいろは歌の介在を想定した仮説は有意義である。実用の立場から文部省や実業界から繰り返し提案された仮名遣い改定案は、昭和期に入ると急速に政治問題化し、最終的に保守派によって押し返された。

　仮名遣い改定論を動機づける困難の多くは、初等教育において歴史的仮名遣いを強制する無理から生じている＊6。近世以前の仮名遣いは、知識人の教養に過ぎなかったのである。「あをし」「とほし」「やう」「よう」の綴りで迷うなら「青し」「遠し」「洋」「用」と漢字で封印してしまえば問題は露顕しない。しかし、国民皆学の管理された初等教育ではこのような大人のごまかしは通じない。それでも公認された文体が文語体であるなら教師は強制力を駆使して「国体」の精髄たる古典文と歴史的仮名遣いを教授する名分が立ったであろう。口語文ではそれが出来ない。20世紀前半の日本語文を代表する言文一致体は、中古和文や中世片仮名文あるいは明治初期の談話文のような自然に成立した文体ではない。それは文学者の自覚的努力によって成立し、その実態は東京語をもとにしながら歴史的仮名遣いを抱え込んだいびつな構造物であった。20世紀東京語と上代古典の仮名用法が同居するという世にも珍妙な文体が、意図せざる結果とはいえ国家によって公認された。契沖と宣長の仮名遣いは、近現代の日本人の書記生活に重くのしかかったのである。むろん契沖と宣長にはいかなる罪もなく、特に宣長の目標は文字に綴らぬ先の単直純粋な古代国語音の再建であって、仮名遣いはそこ

に至るための手段に過ぎなかった*7。それを「国体」なる物神にまで祭り上げたのは、昭和の知識人である。

3．日本音韻学および音声学と音韻論

　近世仮名遣い論は、中世歌学の伝承である定家仮名遣いを超克して仮名遣いとは何かを問う根本的な学理を提案した。その始発に位置するのが契沖である。契沖は、自ら実見した天暦以往の仮名用法を『和字正濫鈔』で報告した。その際、契沖は「五十音図」によって仮名遣いを説明した。それは、契沖が仮名遣いの本質に古代音声の問題があると洞察したからである。五十音図によれば使い分けが問題となる「いひゐ」「えへゑ」「をほお」などの仮名群が図上で規則的に分布するので、綴りの稽古とだけ考えられてきた仮名遣いの本質に古代音声の秩序の存在があったという合理的な推測が浮上した。中でも五十音図で歪んだ分布を呈する「あいうえを」「や□ゆ□よ」「わゐ□ゑお」*8 のアヤワ喉音三行の背後にも古代では整合的な音声の対立が存在し得たという仮説（喉音三行弁）の検証が中心論点となった。その結果近世仮名遣い論は、古代音声の再建を目指した日本音韻学を立ち上げた。契沖が提起した喉音三行弁論は、宣長『字音仮字用格』の二章「喉音三行弁」「おを所属弁」で整合的な音価推定に達する。その推定をもとに奥村栄実『古言衣延弁』（文政12年1829成立）が天暦以往のヤ行「エ ye」の発見に到達した。その後日本音韻学は、音義言霊派が跳梁して実証性を失い、幕末維新の社会的混乱の中で喉音三行弁論の真価は忘却された。しかし、仮名遣い論とともにあった音韻学と音韻の観念は、知識人の音声認識に保持されていた。四つ仮名を論じた鴨東萩父『蜆縮涼鼓集』（1695年刊行）に「新撰音韻之図」が掲載されており、著者は「文字」「仮名文字使」は「音韻」の問題であるとして「音韻の学」を宣言した。「喉音三行弁」を論じた文雄『和字大観鈔』（宝暦4年1754刊行）には、「日本音韻開合仮名反図」が掲載されている。「音韻」は言語音を学問的に統合する概念であり、梵漢和の音韻学が近世に確立していた。国語調査委員会『音韻調査報告書』（明治

38年)「音韻分布図」は、言語学に頼らずに達成した自前の近代的研究であり、ここで「音韻」の語が使用されていることに留意しよう。また『現行普通文法改定案調査報告之一』(国語調査委員会、明治39年大矢透執筆)に「音韻変化ノ理法」(11条)の表現も見える。『古事類苑』(明治40年成立)文学部(一)には「音韻」の項目が立てられている。国語調査委員会や『古事類苑』が「音韻」の語を使用することは、伝統的観念が生きていたことを証明する。この頃言語学は、スウィートやイェスペルセン O. Jespersen らが、音声を自然科学的に分析する phonetics を立ち上げていた*9。この新しい学問を我が国に紹介した神保格と佐久間鼎は、これを音韻学と区別して「音声学」と訳したのである。

　スウィートらとほぼ同時期にフェルディナン・ド・ソシュールが出現し、一般言語学が確立した。ソシュールの影響を受けた学者が1926年から数年間、プラハの地に集い、ニコライ・トルベツコイ、ロマーン・ヤコブソンらが物理的音声から言語共同体に関与する特徴を選択して観察する文化科学としての phonology を提唱した。トルベツコイは、音声学と phonology が別個の学問であることを強調した*10。プラハ学派が重視したこの区別は、ソシュール理論のパロールとラングの区別をよく説明する。この phonology を菊沢季生は、音声学と区別する訳語として「音韻学」という伝統的呼称を再び持ち出した*11。今日、phonology を音韻論とするのは、菊沢の訳語を継承するのである。

　プラハ学派が紹介される前から自らの観察対象を「音韻観念」すなわち心理的目標として把握していた有坂秀世は古典音声学者であり、伝統的「音韻」観念の継承者だった。有坂は、phonology が「音韻論」の名で普及することを恐れ、持論を「音韻論」としてプラハ学派に対置した*12。音声学者である神保格は、持論の「抽象的音声」を「音韻」と再定義した*13。橋本進吉が最初「音韻」の使用に抵抗を示し、音声学に基づく音声の歴史的研究を構想したことは、今日残る東京帝大の講義ノート(昭和2年度岩淵悦太郎、昭和7年度亀井孝)で「国語音声史の研究」と表題されていることによって判明する。橋本は、言語学者として伝統的音韻学と一線を

画したのであるが、昭和10年代の論争を観察し、学界の大勢が有坂の「音韻論」に傾くのを見定めた上で、昭和17年度後期の講義題目を「国語音韻史の研究」に改めた*14。この講義題の改変について、亀井孝は橋本からプラハ学派文献の貸与を申し込まれたという体験をもとに橋本の phonology に対する理解の結果とするが、賛同しがたい*15。昭和17年講義の大野晋ノートによれば、橋本は音韻の定義を、有坂の理論を借りて次のように心理的な観念としている。

> かやうに我々のあたまの中に存するそれぞれの音の観念を音韻と称し、その時その時に発して現実に耳に聞こえる音を音声と名づけて、これを区別する。
>
> （『国語音韻史』（橋本進吉博士著作集第六冊）269頁）

　大野ノートを見る限り橋本の講義からプラハ学派の理論的痕跡を見出すことは出来ない。事実は、橋本が有坂の「音韻論」を受け入れたのである。有坂の仕事は、伝統的観念である「音韻」に再び生命を吹き込んだ。今日流布する概説書や事典において音韻を心理的な目的観念としたり抽象的概念とする説明が見られるのは、有坂と神保の影響である。我々が共有する「音韻」概念は言語学由来ではなく、文雄や宣長らの「音韻」を再理論化したものに外ならない。西洋言語学は、音声学と音韻論を学問として峻別はするが、観察対象の音声 sound 自体を理念型や心理的観念に分離することはしない。「音韻」に該当する欧語は存在せず、日本固有の概念であり、その淵源は近世音韻学にある。

　後の章で述べるように、我が国の伝統的「音韻」は、音素のような音切片に分割してから得られるようなものではなく、本質的に超分節音的な統合概念であって、あえて最小単位をくくりだそうとすれば、音韻とは「単語の発音運動」なのである。「犬という語を発するときのイヌという音韻」という言い方が出来るのはこのためである。「イヌという音素」という言い方が無意味であるのは当然である。したがって音韻は、phoneme の概念と端からそりが合わず、有坂もこれとの整合性に苦慮した結果この概念を放棄したのである。

4．明治以降の本居派テニヲハ学

　明治初期の初等教育の文法科における国学系文典の骨格は、本居春庭『詞八衢』（文化 5 年 1808 刊行）と義門『和語説略図』（天保 4 年 1833 刊行）をもとにしたもので、何行何段変格活用、未然連用終止連体已然という活用の種類と活用形の分類は彼らの業績に基づく。山東功に依れば、明治前半期の国学系文典の実態は「八衢派一辺倒」という状態であった*16。この事実は、国学系テニヲハ学の古典解釈文法としての完成度の高さを示している。国語国字問題が国民的論争となった明治後半期に文部省は国語調査委員会を通じて普通文の規格化を図ったが、その参照学説は本居派のテニヲハ学であった。文部省は、「従来破格又ハ誤謬トシテ称セラレタルモノノ中慣用最モ弘キモノ」（明治 38 年 12 月 2 日「官報」第 6728 号所収）16 箇条を挙げてこれらを公認した（文部大臣告示『文法上許容スベキ事項』）。その翌年国語調査委員会は、上記箇条を補強する学問的根拠として『現行普通文法改定案調査報告之一』（大矢透提出）を刊行した。ここで大矢が列挙した表現について、それらを破格と認定した根拠文献を示そう。

　　（一）疑ノ下ニ在ル疑問ノや　　　　　　　（『玉霰』『広日本文典』）
　上は例えば「いづれの御時にか」とあるべきを「いづれの御時にや」とする破格を許容したものである。
　　（三）上ノ句ヲ指スと　　　　　　　　　（『活語雑話』『玉緒繰分』）
　上は引用の「と」で受ける活用形は、終止形でなく連体形接続を許容したものである。
　　（五）反接ノ意ノとも　　　　　　　　　　　　　　（『広日本文典』）
　上は、逆接の「とも」の連体形接続を許容したものである。
　　（七）サ行四段活ノ動詞ニ付ク過去助詞ノし
　　　　　　　　　　　　　　　　　　　　　　（『詞八衢』『指出の磯』）
　上は「為しし・写しし」と連用形接続であるべきを「為せし・写せし」と已然形に接続する慣用を許容したものである。
　　（十二）一音ノ動詞ニ付クせしむる　　　　　　　（『広日本文典』）
　上は下二段と一段活用に接する使役の「しむ」は本来「得しむ・

着しむ」等であるが一音節語幹動詞に限り「得せしむ・着せしむ」などとする慣用を認めたものである。

　（十三）「シク、シ、シキ」活用ノ終止形ヲシヽトスル事
（『広日本文典』）

　上は例えば終止形「悪し・勇まし」とあるべきを「悪しし・勇ましし」とする慣用を認めたものである。

　（十四）といふ　といへる及ビのノ代ニなるヲ用キルコト
（『玉霰』『玉霰窓廼小篠』『広日本文典』）

　上は「谷風といふ者・明治館といへる学校・東京の佐藤某」とあるべきを「谷風なる者・明治館なる学校・東京なる佐藤某」という近世以来の慣用を認めたものである。

　（十六）語句ヲ比べ挙グルニ用キルと　　　（『広日本文典』）
　上は中古文では「水と塩との割合」のごとく後ろの「と」を省略しないが、近世の慣用に鑑みて誤解を生じない場合に限り、「水と塩の割合」のような省略を認めたものである。

　『玉あられ』（寛政4年1792刊行）は宣長の著、『活語雑話』（天保9年1838〜1842年刊行）『玉の緒繰分』（天保12年刊行）『指出の磯』（天保14年刊行）は東条義門の著、『玉あられ窓廼小篠』（文久元年1861刊行）は中島広足の著であり、いずれも鈴屋派の人物である。大矢が依拠した明治の文法書は、大槻文彦『広日本文典』（明治30年刊行）だけである。このことは明治政府が本居派のテニヲハ学に公文書行政の規範を求めたことを事実上示している。『広日本文典』は、国学と洋学を折衷した明治規範文法の集大成というべきものであるが、こののち言語の美醜雅俗の判断に関与しない科学的文法学としての記述文法が出現する。わが国最初の記述文法の確立者が山田孝雄である。山田の理論は、言語伝達の最小切片としての「文」の成立条件の規定（「統覚作用」「陳述」）、単語認定の一環としての助詞と複語尾の論など、観察対象の存在根拠を問い直す根本的な姿勢が極めて高い評価を得ている。山田の理論形成の参照学説は、伝統的国文法のほかスウィートの英文法、ハイゼ J. Heyseの独文法、ヴントの心理学、カントの哲学に及んでいる*17。仮名遣い改定問題で露顕した山田の反知性的言動と進取的文法理論が

相矛盾する性格なのか同根のものであるのか関心があるが、ともかく山田文法の革新的部分に従来の学史が注目したのは当然である。その一方で山田の文法論が伝統文法の何を継承しているかの確認と検証も忽せに出来ない。例えば、統覚作用の寓せられる位置である述部を構成する形容詞と動詞の形態を山田は、どのように整理するのか。『日本文法論』（明治41年）第3章において、山田は形容詞の活用を「よし」と「あし」の語例を引いて説明する。すなわち活用表の縦軸に活用形を配置して「よ・あし（語幹）よし・あし（原形）よく・あしく（未然形）よく・あしく（連用形）よき・あしき（連体形）よけれ・あしけれ（已然形）」を例示する。形容詞の活用種をク活用とシク活用に分けるのも本居派や富士谷成章の活用論を踏襲している。また動詞活用に関しても同じ章で「動詞活用形一覧表」（270頁）を挙げて、活用形を「原形・未然形・連用形・連体形・已然形・命令形」に分け、活用種は「四段（咲く通・往ぬ別）・三段（来）・上下二段（起く・流る）・上下一段（見る・蹴る）」を挙げてそれぞれの変化形を説明する。このような分類法は、本居春庭以来の活用論を継承するものである。極めて革新的とされる山田文法ではあるが、その形態論的分類基準は本居派直系と言える。これらの基準は、現代の文語文法の範型に受け継がれている。ちなみに伝統用語であるテニヲハは活用助辞、非活用助辞およびこれらに関与する用言の諸形態を全体的に指示する統合概念であったが、蘭文法、英文法を学んで以来grammerの訳語の「語法」「文典」「文法」などに押され、大槻が『言海』「語法指南」で非活用助辞を「天爾遠波」と限定したのち、山田孝雄が『日本文法論』でこれらを「助詞」と命名して学術用語としてのテニヲハは姿を消した。しかし術語のテニヲハは消えても動詞形容詞の形態論的分析よりも「助詞」「助動詞」を最初に切り取って意味論的分析を優先する行き方は、中世テニヲハ学以来の国文法の伝統的体質である。

　このテニヲハ体質は、文語文法から口語文法へ切り替わる際に悪しき伝統として露呈することになる。その実例は、あらかじめ取り出されている助詞と助動詞を擬似分析する橋本進吉の「文節」と「単語」の文法論に見ることが出来る。橋本の理論によれば、例え

ば文節「飛んだ」「切った」から動詞部として「とん」「きっ」のような無意味な音声塊を切り取ることが出来るのは、これらが「飛びたり」「切りたり」に遡るという古典語の記憶に基づいて、過去辞「た（だ）」が実際の分析に先立って取り出されているからである。無意図的であるべき科学分析に似て非なるこのような意図的分離法は、古典文法の知識によるテニヲハ分析の先入観が干渉した結果である。通時的変化の結果すでに一体化した語幹と語尾の連結に対して行った橋本の過剰な分析が今も学校文法として教授されるのは合理性を欠いている＊18。春庭や義門の活用論は、歪められた形で学校教育の現役であり続けている。

5．自動詞・他動詞と宣長の「自他」

本居派によって体系的に整備された動詞の自他の分類も現代言語学に多大の影響を及ぼしている。自動詞、他動詞の名称は、欧語文法をはじめ広く使用されるが、自他の由来は本居派国学に由来すると思われる。欧語文法に自他が使用される契機は、近世に蘭文典が自動・他動の訳語を採用したことにあり、これを英文典が継承して今日に至る。蘭語の知識自体は、近世初期から蘭通詞が持っていたが、蘭学が解禁されたのは、享保の改革以後である。蘭語学が単語集、文例集の段階を脱して、蘭語文法学を確立したのは18世紀後半中野柳圃（志筑忠雄）からとされる＊19。柳圃は、荻生徂徠の漢語文典や宣長のテニヲハ学を学んでおり、この時期に蘭語文法学成立の機が熟していたと言えよう。18世紀末の柳圃の著作である『蘭学生前父』（写本1806年以前に成立）は、蘭語のwerk woordを「動詞」と訳してこれを二種類に分ける。すなわちwerkende werkwoordを「動他詞」、onzijdig werkwoordを「自動詞」と訳して下位分類する＊20。蘭語のwerkendeは、「働く、作用する」、onzijdigは、「中立の、中性の」の意味で自他とは関係なく、柳圃が「動他」「自動」の訳語を蘭語文法書から導いたとは考えられない。また、werkwoordは、直訳すれば「作用詞、能動詞」とでもなろうが柳圃の「動詞」が定着した。「動他（他動）」「自動」も同

じく蘭学で定着し、それを継承した英学では堀達之助『英和対訳袖珍辞書』(文久2年1862刊行) が verb active を「他動辞」、verb neuter を「自動辞」とする。この時期は、英文法も active (能動) neuter (中性) と蘭文法と共通の概念を使用している。これらと同じ概念を使って日本語動詞を分類したのがジョアン・ロドリゲス J. Rodrigues『日本小文典』(1620年刊行) である。ロドリゲスは、日本語動詞を人称動詞と非人称動詞に分け、前者を使役能動動詞と能動動詞 verbo actiuo、後者を中性動詞 verbo neutro と受動動詞に下位分類する。これは、例えば「切らせる―切る―切れる―切られる」のように自他対立を中軸にして受身使役に展開する日本語のシンメトリカルな動詞体系を記述したものである。ロドリゲスの文法用語は、マノエル・アルバレス M. Alvarez のラテン文典 (1572年刊行) に従っているという*21。同じくラテン文法に基づいて立ち上がった蘭文法を学ぶ柳圃が werkende と onzijdig を「能動」や「中性」など原語に近い訳語を用いず、一見無関係な「動他」「自動」と訳したのは何故であろうか。柳圃はどこから「自他」の訳語を得たのか。

　近世における動詞自他の研究で思い起こされるのは、本居春庭『詞通路』(天保3年1832頃刊行) であるが、柳圃の没年が1806年であるから柳圃が春庭の著作から情報を得た可能性は無い。考えられるのは、春庭の先駆者としての宣長の自他論である。宣長は、『てにをは紐鏡』(明和8年1771成立)、『詞の玉緒』(天明5年1785刊行)、『玉あられ』において四段活用と下二段活用による「自他のけぢめ」の存在を指摘している。次に挙げるのは、『紐鏡』図横の書き添えである。句点と読点は、私に施した。語例の頭に施したカギ括弧「　は、原文では合点符である。

　　　たとへば解ハ自解ルこゝろの時は、「とく　「とくる　「とくれと留り、解ヲ物ヲこゝろの時ハ、「とく　「とけと留る。続ハ自続クこゝろの時ハ　「つゞく　「つゞけ　続クル物ヲこゝろの時ハ「つゞく　「つゞくる　「つゞくれと留る。立ハ自立ツときは「たつ　「たて　立ル物ヲときは　「たつ　「たつる　「たつれと留る。添ハ自添フときハ　「そふ　「そへ　添ル物ヲときは「そふ

「そふる「そふれと留る。頼ハ我ガ頼ム人ヲこゝろの時ハ　たのむ　たのめと留り　人令ムル我フシテ頼マこゝろの時ハ「たのむ「たのむる「たのむれと留る也。すべてこれらのわきまへ有べし。

次は、『詞の玉緒』の記述である。句点は、原文の通りである。
さて又自他のかはりにて。此十四段の格（下二段活用―釘貫注）と下の六段の格（四段活用―釘貫注）と。二様にわたる詞もある也。其例をいはば。解は。みづからとくるをいふ時は。「とく共「とくる共いひて。此十四段の格なるを。他をとくをいふ時は。たゞ　とくとのみいひて。「とくるとはいはず。下の六段の活也。砕は。みづからくだくるには。「くだく共「くだくる共いひて。此十四段の格。他をくだくには。「くだくといひて。「くだくるとはいはず。下の六段の格なり。（中略）又立は。みづからたつをいふ時は。只「たつとのみいひて。「たつる　とはいはず。下の六段の格也。他をたつるには。「たつ共　「たつる共いひて。此十四段の格也。頼は。みづからたのむには。只「たのむといひて。「たのむるとはいはず。下の六段の格也。他を「たのむるには。「たのむ共「たのむる共いひて。此十四段の格也。（中略）後世の人は。件の自他のけぢめをわきまへずして。（後略）　　　　　　　　（六之巻）

次は『玉あられ』の記述である。句読点は、原文の通りである。
たとへば露に、「おきそひ「おきそふなどいふは、露のおのづからおきそひたること也、［俗言にいへば、露が自身とひとりでにそひたるなり、］「おきそへ「おきそふるなどいふは、他の物の露をおきそはすること也、［外の物が露をおきそへるなり、］然るに近世人は、多く此差別なく、「そひといふべきを、「そへ共いひ、「そふといふべきを、もじのたらねば、「そふるといふたぐひおほし、いとみだり也、（中略）
たとへば秋の来て、「風の吹かはり、「吹かはるなどいふは、おのづからにかはる也、「吹かへ「吹かふるといふは、風を吹かはらする也、然るにこれも近き世ノ人は、一つに心得て、「ふきかはりてといふべきを、もじのあまれば、「ふきかへてとい

ふたぐひ、みだり也、又風に、「ふきいるといふべきを、もじのたらぬときは、「吹いる〻といふ、是も同じく自他のたがひあり、猶此たぐひいと多し、なずらへてさとるべし、上の　そひ　そへ　よりこれまで、皆自他のけぢめにて、いづれの詞もみな此けぢめはあるを、其中につねによく人の誤るを、二つ三つこゝにはあげたる也、
　　　　　　　　　　　　　　　　　　　　　　（歌の部）

　上は、四段活用と下二段活用による自・他または他・自の対立ペアーを正しく記述したものである。柳圃は、『蘭学生前父』において『詞の玉緒』を引用している*22。動詞の自他に言及した宣長の記述に柳圃が目を通した可能性は高いだろう。外国語文法の理解には、母語の文法体系への内省による対照観察が非常に有効である。柳圃が徂徠の漢語文典と宣長のテニヲハ学を参照したことは、彼が蘭文法を考察するに際して、慣れ親しんだ漢文法と国文法の参照を求めたからである。柳圃が蘭語の werkende wekwoord と onzijdig werkwoord を直訳して「能動動詞」「中性動詞」などとせず、自他の語を充てたのは、蘭語動詞の onzijdig と werkende の違いが宣長の言う日本古典語の「自他のけぢめ」に対応すると考えたために違いない。柳圃以後の蘭文法とそれを継いだ英文法が動詞分類に際して原語の概念にない「自動」「他動」の訳語を採用したのは、洋学者が宣長や春庭の「自他」を参照した結果と考えるほかない。テニヲハ学の自他を援用した柳圃の判断が正しかったことは、欧文法をはじめ言語学が今なお自動詞と他動詞の用語を使用する実態がこれを証明している。ちなみに現在の欧文法では「能動」「中性」の用語は廃れて同じくラテン文法由来の transitive.v と intransitive.v が通用している。

　宣長と彼を継いだ春庭『詞通路』の自他論は、後に山田孝雄『日本文法論』によって否定され、長らく記述的研究から閉め出されていた。わずかに島田昌彦の学史的研究が気を吐く程度であったが、前世紀後半に奥津敬一郎が現代語動詞の自他対応に注目して以後、記述的研究が回復した。筆者も古代語動詞自他対応の歴史的諸関係を推定し、9世紀以後の受身使役の助辞「る・らる」「す・さす」成立との関連を論じた*23。以来、日本語動詞自他対応の問題は、

受身使役との個性的な関連から研究者の関心を集めている。

6. 啓蒙的学術としての本居派古典語学

　我々は、宣長を頂点とする近世古典語学が近現代の国語教育と言語政策、音声と文法の学理に深く関与していることを知るのである。本居派語学は日本語研究の近代化の推進力であるとともに足枷ともなってきた。18世紀以来の本居派語学は、音声、文法、表記までを包摂する啓蒙的学術体系であった。宣長のテニヲハ学は一貫して歌学啓蒙の枠組みを保持し、後継者の業績は学理的精緻さを上乗せして影響力を拡大した。宣長の『字音仮字用格』は、表向き啓蒙書である一方で、真意は古代音声復元の学理にあった。本書によって当面の利便を得たのは、大衆向けの読み物には漢字すべてに振り仮名を施す習慣のある出版実務に携わる人々であった。前述のように宣長は、字音仮名遣いの決定に際して古代国語音声を再建する学問的目標を持っていた。大方の漢語音韻学者が『韻鏡』注釈の教条に沈潜する中でひとり宣長は、「日本漢字音」の存在を洞察していた。それは日本語音声の枠内で実現する漢字音の謂いである。未来の犀利な日本語学者なら現代の夥しい英語系外来語を観察して英語原音ではなく日本語音声を取り出すはずである。それと同じく宣長は、上代の漢字の音読みを復元することで上代日本語音を再建したのである。遺憾ながら宣長の業績の真価は明治人によって忘却されたが、本書の啓蒙的側面は、これを明治政府による字音仮名遣い制定の根拠文献とした。本居派の啓蒙によって彼らの業績は、19世紀の教養人の脳裏に遍く留まった。これは、富士谷成章の学史上の孤独と比べて対照的である。

　明治前半の日本語研究は、近世の語学的成果を有力な資源にして独自の近代化を実現した。本居派の業績がなければ、近代国語学は、折々に紹介される西洋の最新理論を日本語にあてはめることに汲々とする姿をさらけ出していたかも知れない。そのような主体性を欠いた営みから学説史は形成されず、時間の経過によって理論と研究者の群れが無機質に積み上がってゆく研究史を形成するほかない。

そこでは似たような議論が数十年周期で繰り返されているはずである。

近世古典語学は、学説相互の論理関係を具体的に再建できる非常に高い水準を備えている。そこに筆者が契沖や宣長から近代日本語学説史を起こそうとする理由がある。

＊1　文部省（1953）『明治以後におけるかなづかい問題』3–5頁（井之口有一執筆）
平井昌夫（1948）『国語国字問題の歴史』（昭森社）
＊2　佐藤秀夫、中村紀久二編（1986）『文部省掛図総覧』（東京書籍）
＊3　注1井之口前掲書5頁
＊4　注1平井前掲書245頁
＊5　西尾実・久松潜一監修（1969）『国語国字教育史料総覧』（国語教育研究会）
＊6　注1平井前掲書351頁
＊7　釘貫亨（2008）「本居宣長『字音仮字用格』成立の背景」『鈴屋学報』第25号
＊8　「お」と「を」は院政鎌倉時代に音が統合woしたことを契機に悉曇学内でワ行とア行に逆配置された。以後宣長と富士谷成章の是正に至るまで600年の長きにわたって錯誤が継続した。
＊9　1886年にスウィート、パシー、イェスペルセンらによって「国際音声教師協会」がパリで設立され、「国際音声学協会」に改組された。国際音声字母（IPA）が制定された。
＊10　トルベツコイ（1980）『音韻論の原理』（長嶋善朗訳、岩波書店）
＊11　菊沢季生（1932）「日本式ローマ字綴り方の立場に就て（二）」『学士会月報』530号
＊12　有坂秀世（1937）「音韻論」『音声の研究』第Ⅵ輯（音声学協会）
＊13　神保格（1933）「所謂音韻の研究に就て」『音声学協会会報』第32号
＊14　橋本進吉博士著作集第六冊（1966）『国語音韻史』（岩波書店）
＊15　亀井孝（1950）「解説」橋本進吉博士著作集第四冊『国語音韻の研究』
＊16　山東功（2002）『明治前期日本文典の研究』第2章117頁（和泉書院）
＊17　釘貫亨（2007）「山田文法における統覚作用の概念の由来について」『國學院雑誌』第108巻第11号
＊18　鈴木重幸（1972）『文法と文法指導』第2部「学校文法批判」（むぎ書房）
＊19　杉本つとむ（1976）『江戸時代蘭語学の成立とその展開』（早稲田大学出版部）第1章第1節

＊20　注17前掲書
＊21　『日本小文典』（池上岑夫訳、岩波文庫版下巻）37頁
土井忠夫解題（1976）『日本文典』（勉誠社）
鰍沢千鶴（1994）「ロドリゲス「日本小文典」の独自性について」『上智大学国文学論集（27）』
＊22　杉本つとむ注19『前掲書』第1章第1節
＊23　山田孝雄（1908）『日本文法論』（宝文館）
島田昌彦（1979）『国語における自動詞と他動詞』（明治書院）
奥津敬一郎（1967）「自動化・他動化および両極化転形―自他動詞の対応―」『国語学』第70集（国語学会）
釘貫亨（1990）「上代語動詞における自他対応形式の史的展開」『国語論究2』（明治書院）
釘貫亨（1991）「助動詞「る・らる」「す・さす」成立の歴史的条件について」『国語学』第164集

第3章
本居宣長のテニヲハ学

1. 日本語テクスト解釈の歴史的成立

　日本語に関する知的観察は、院政鎌倉時代に平安王朝文芸テクストの解釈から始まった。平安時代以来の歴史的音変化と文法変化の結果、鎌倉時代の宮廷人は、話し言葉をもとにして王朝風歌文を読むことも綴ることも困難になった。以来、『古今和歌集』を始めとする歌文の様式が宮廷歌人の文芸行為の努力目標となった。王朝歌文の解釈と王朝風歌文の制作を目的とする語学的技術が仮名遣いとテニヲハである。これによって日本語で記された文献が始めて古典として格付けされ、その注釈に人材を集めて知的生産を可能にするシステムが立ち上がった。公家と上流武士の一群がここに結集し、日本古典学が成立した。

　実は、わが国における最初の日本語テクスト解釈は、10世紀半ば天暦年間に施された和歌所の梨壺の五人（源順、清原元輔、紀時文、大中臣能宣、坂上望城）による万葉集古点である。しかし筆者は、万葉集古点を以て今日の日本語研究の直接の起源とみなすことに躊躇を覚える。その理由は、平安時代の『万葉集』注釈には上代語に関する語学上の認識を見出すことが出来ないからである。平安王朝人が『万葉集』からテニヲハ認識を導きださなかったことは、万葉歌が注釈されることがあってもそれらが後世の作歌上の努力目標にならなかったことに現れている。独自のテニヲハ認識がなければ、万葉風の和歌を持続的かつ安定的に再現することは出来ない。古典注釈における語学的認識のうち、仮名遣いは、契沖『和字正濫鈔』によって「天暦以往」の上代に規範軸を移した。これを皮切りに近世国学は、上代古典の実証的解明の道に大きく歩を踏み出した。しかし、そのような中にあってさえ、近世のテニヲハ研究の観察対

33

象は、中世以来変わらず『古今集』を始めとする三代集、八代集であり続けた。同じ努力目標を持ちながら、中世テニヲハ学と近世テニヲハ学とはどう違うのか。本章では、近世テニヲハ研究を切り開いたとされる本居宣長に焦点を当てつつ論じたい。

2．テニヲハ研究の近世的展開

　中世歌学の秘伝的体質を乗り越えて、仮名遣いとテニヲハは、近世18世紀に飛躍的に展開した。近世語学は中世歌学を乗り越えたが、仮名遣いとテニヲハが規範とする時代には食い違いが露呈した。仮名遣いについては契沖が上代文献に規範の中心を移したのに対して、テニヲハは、宣長の出現以降も中世以来の伝統に沿って三代集、八代集を目標とした。このことは、宣長の実証的テニヲハ学書『詞の玉緒』（天明5年1785刊行）の用例源が示している。近世のテニヲハ学者は、なぜ『万葉集』を採用しなかったのか。それは、万葉歌が作歌上の規範として位置づけられるべく評価されなかったからである。近世テニヲハ研究は、仮名遣いが歌学の領域を超えて古代音声解明の学理に達したのと異なって、終始歌学の枠内で行われた＊1。和歌制作の規範という観点からすれば、『万葉集』の和歌には問題が多い。美的評価に堪えられない雑多な表記体裁と不安定な訓みが干渉して解釈が定まらなかったことに加え、万葉歌は、歌想の洗練の点においても『古今集』に対する伝統的評価を覆すことが出来なかった。

　宣長は、師賀茂真淵の薫陶を受けてなお作歌目標を平安王朝和歌から動かさなかった。宣長は、『万葉集』の和歌が「歌学ノタメニハヨキ」ものだが「ヨミ歌ノタメニハサノミ用ナシ」と冷淡な評価しか与えていない。

　　マヅ万葉ハ上古ノ歌ノサマヲミ、詞ノヨツテオコル所ヲ考ヘナ
　　トスル、歌学ノタメニハヨキ物ニテ、ヨミ歌ノタメニハサノミ
　　用ナシ、ヨミ歌ニハイクタヒモ〳〵古今ヲ手本ニスル事也、
　　　　　　　　　　　　『排蘆小舟』［59］宝暦7年（1757）頃成立
　　　　　　　　　　　　　（『本居宣長全集』第2巻（筑摩書房）63頁）

近世の歌詠みは、心情的に万葉歌に魅かれても雑多な表記や固定的表現、単直古拙に低迷する歌風を創作規範とすることができなかった。正岡子規は、「貫之は下手な歌よみにて『古今集』はくだらぬ集に有之候」(『歌よみに与ふる書』明治31年)と王朝歌を罵倒し、『万葉集』と源実朝を極度に顕揚したが、彼が率先して万葉仮名で短歌や俳句を詠んだという事実を聞かない。万葉歌は、百人一首にも採られる持統天皇御製「春過ぎて夏来にけらし白妙の衣乾すてふ天の香具山」が知られるように王朝風に加工されるか、王朝人の好みに合致した歌が選ばれて享受された*2。『万葉集』は、近世から今日までの古典文学愛好者にとって最もゆかしいアンソロジーであるにもかかわらず、歌作上の規範とすることができない。歌想の普遍性と平仮名表記によって『古今集』の影響力は、『万葉集』より遙かに巨大である。『万葉集』に魅かれる一方で、実作の目標を『古今集』に依らざるを得ないのがますらおぶりに傾倒する歌よみの屈折した感情であった。子規の『古今集』罵倒は、明治期の地方出身歌人が一度は言ってみたかったことを非理性的な文脈の中で吐露したものであろう。古代語研究の近世的展開を実現した宣長は、古典学者として『古事記伝』(寛政10年1798完成)を著し、仮名遣い論において『字音仮字用格』で上代日本語音声の存在を論証したが、『てにをは紐鏡』(明和8年1771刊行)、『詞の玉緒』、『玉あられ』(寛政4年1792刊行)などの主たる用例源は、八代集である。宣長は、作歌のための学問としてテニヲハ研究を歌学の枠内に位置づけた。『古今集』を範とする点において中世人と評価を共有する宣長は、伝統歌学の枠内から出発して自らのテニヲハ学を立ち上げたのである。

3. 『詞の玉緒』のテニヲハ論

　仮名遣いの規範が上代であり、テニヲハの規範が平安王朝というのが近世における古典語学の特徴である。これは中世以来、車の両輪のように古典学を支えてきた仮名遣いとテニヲハの規範の分裂を意味した。宣長は、仮名遣いとテニヲハの規範軸のずれを自覚して

いた。『詞の玉緒』七之巻「古風（いにしへぶり）の部」において次の様に述べる。

　　○万葉集によりて。古風の歌をよむともがら。仮字（かな）づかひをばくはしくさだすめれど。てにをはのことはたえてさだせず。さる故に歌もさらぬ詞も。とゝのはざることのみぞおほかる。さるはかのかなづかひは。定まれるのりなければ。みづからのちからもて。こゝろえわきまふることはなくして。たゞふるきふみ共にかけるあとによるよりほかのわざしなければ。いとたやすきを。てにをははみな定まるとゝのひの有て。そをよくさとる時は。こともなけれど。そのさだまりをわきまへさとることやすからず。さる故にすべて後の世には。大かた言の葉の道心得たりと。みづから思ひゆるせる人も。猶たど〳〵しく。ともすればあやまることおほきぞかし。歌にまれ詞にまれ。此てにをはのとゝのはざるは。たとへば。つたなき手して縫ひたらん衣のごとし。その言葉はいかにめでたき綾錦なり共。ぬへるさまのあしからんは。見ぐるしからじや。然るを古風をまねぶともがら。これをばとゝのへむ物とも思へらぬは。いにしへぶりには。てにをはの定まりはなきこととや思ふらむ。

　　　　　　　　　　　　　　　　　　（『本居宣長全集』第5巻、252頁）

　宣長によれば、仮名遣いは古書の記載を模倣するほかなくその意味で簡単だが、テニヲハは、現象の奥の「定まれるとゝのひ」が存在し、これを習得しなければ正しい歌文を綴ることが出来ない。近世万葉学は、従来の仮名遣い認識を一変したが、独自のテニヲハ認識を引き出すことがなかった。上の引用の冒頭「万葉集によりて。古風の歌をよむともがら。仮字づかひをばくはしくさだすめれど。てにをはのことはたえてさだせず。」とは、このことを指している。宣長は、テニヲハの定まりは上代語においても厳然と存在したとする。

　　いで上つ代よりてにをはの定まりの。正しかりけることを。くはしくいはむ。まづ古事記と日本紀とにのれる歌。長き短き合せて百八十余首ある。皆いと神さびて。今の世に耳遠き詞共はおほかれども。てにをはにいたりては。古今集よりこなたの

とゝのへと。もはら同じくて。ことなることなし。其中に。たゞ仁徳の御巻なる皇后の御歌にころもこそ二重もよき。天智の御巻の童謡にあゆこそは嶋べもえき。［えきはよき也。］とある此二つは。こそとかゝりて。きと結びたる。後の格にたがへり。但しこれも万葉には例おほければ［下に出せり。］上つ代の一つの格と見ゆ。又推古の御巻聖徳太子の御歌に。おやなしになれ（汝）なりけめやとあるは。汝親なしになりたりやといふ意なれば。後世の格ならば。なりけんやと有べきを。けめやとあるは異也。但しこの格も万葉には殊に多くあれば。［下に出せり。］古への格なるべし。後の歌にも例はある也。（中略）右の三種をおきては、ことごとく定まれる格のごとくにて。いさゝかもことなることなければ。上つ代よりしておのづから定まりあること明らけし。
　　　　　　　　　　　　　　　　　（『同書』254頁）

宣長は、これに継いで『万葉集』和歌に言及する。

次に万葉集も。二十巻四千五百余首の中には。さまゞゝめづらしき詞。又いひざまつゞけざまなどは。いたく異なることのみおほかれど。てにをはのとゝのひにいたりては。もはら中昔の格と同じくて。たがへる歌は百に一つも見えず。然れば此てにをはのとゝのへのみは。たゞ古今集よりこなたのを守りて。つゆたがふことなければ。今此部に。古へのとゝのへとては別にあげず。古風をよまむ輩も。同じく紐鏡三転の証歌をよく考へて。あきらめしるべきなり。
　　　　　　　　　　　　　　　　　（『同書』254頁）

このように『詞の玉緒』七之巻では、「万葉集の中てにをはたがへる歌」、「てにをは違へるに似て違へるにあらざる歌」などを始め、上代固有の「古風の辞」が現れる万葉歌群を網羅する。宣長は、万葉歌の大多数の「てにをはの定まり」が「古今集よりこなた」と同じである、よって万葉の「古風」を倣う者も「紐鏡三転の証歌」（『詞の玉緒』一之巻）を参考にすべきであると言う。つまり宣長は、『古今集』を基準にして万葉歌の「てにをはの定まり」を判断している。宣長は、「よゝの撰集」が万葉歌の「大かた耳どほき詞つき」を当世風に加工して誤り伝えたものが多い、とする。

又よゝの撰集の中に。万葉よりえらばれたる歌どもは。大かた

第3章　本居宣長のテニヲハ学　　37

耳どほき詞つきなるをば。なだらかになほすとては。中々にてにをはのとゝのへをあやまり。あるは訓の誤れるを。そのまゝにとりなどせられたるほどに。ひがごとのみおほければ。すべてとらず。
(『同書』57頁)

このように万葉歌のテニヲハの定まりが正しいとする考えは、宣長が記紀万葉歌から直接導いたものではない。それは、『詞の玉緒』から得られる枠組みを上代歌に遡及的に当てはめた観念的結論である。宣長は、万葉歌を「古風の部」に収容して事実上和歌の稽古から締め出した。宣長にとって万葉歌は、テニヲハの定まりこそ古今集と「同じ」であっても「耳どほき詞つき」を備えており、ここから歌作に資するための実証を積極的に行う理由はないのである。宣長は、自らのテニヲハ学の中に万葉歌を置いていない。

契沖以前の万葉学は、個別テクスト注釈に徹していた。この点に、平安王朝歌文の解釈と再建を通じて仮名遣いとテニヲハを抽出した中世歌学との根本的相違があった。仮名遣いは、契沖によって万葉学の圏内に位置づけられたが、宣長は、テニヲハを記紀万葉学に吸収しなかった。宣長にとってテニヲハ学は、「やまとごころ」の探求というより、歌作のための学問だった。近世古典語学はその飛躍的発展の代償として、仮名遣いとテニヲハがそれぞれ独自の道を歩み出したのである。

4.『てにをは紐鏡』の発想

『てにをは紐鏡』は、宣長がテニヲハの概念を「本末（係り結び）」として把握した呼応関係の一覧表である。『紐鏡』図表は、上段右軸に「は・も・徒」、中軸に「ぞ・の・や・何」、左軸に「こそ」のテニヲハ群を配して、それぞれの直下に呼応すべき「活用語尾」を配列している。第一列から第五列までが所謂ク活用シク活用形容詞語尾と「にき」「てき」を加えた語尾群を置く。次いで打ち消し助辞ズ、さらにラ変型、ナ変型、下二段型、四段型の動詞語尾を配置している。表の最下段に、宣長の識語がある。この識語に新たに読点を付し、圏点を棒線に変えて下に掲げる。併せて図の上半

部分を影印にして掲げる。

　此書は上のてにをはに従ひてけり　ける　けれ　あるはらん　らめ　などやうに留り(トマ)もうごくかぎりをあげて其定れる格をさとさんと也。そは留りのみならず何のきるゝ所はいづくにてもみな同じ格ぞ。さて此外にかな　つゝ　まし　らし　のたぐひのうごかぬ辞はしるさず。されどそれも定れる格は有也。又こゝにしるせる辞の中にも此定れる格をはなれて用たる変格もあり。たとへば「いくよねざめぬ須磨の関守とよめるなど上にいくとあれば必ぬるとむすぶ格なるをぬとむすべるたぐひ也。かうやうの類はたいと多かれど今くはしくはつくしがたし。すべててにをはの類くはしき事は吾党棟隆(トモ)が三集類韻又おのがかける言葉乃玉乃緒といふ物になんいへる。

明和八年卯十月

　　　　　　　　　　　　　　　　松坂　本居宣長

上のように宣長は「けり・ける・けれ」など「うごくかぎり」を

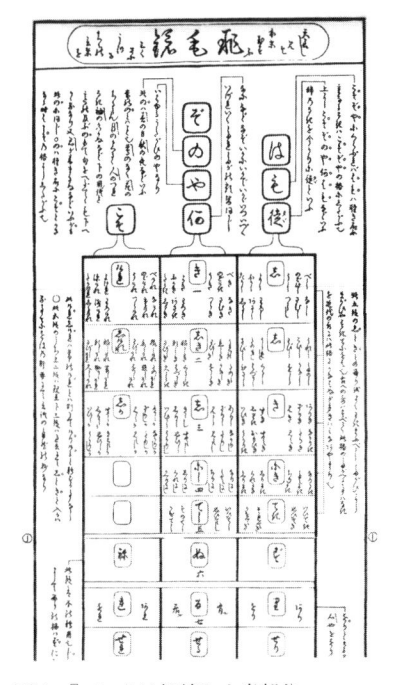

図1　『てにをは紐鏡』上半部分

第3章　本居宣長のテニヲハ学　　39

挙げて「定まれる格」を論そうという。併せて「かな・つつ・まし・らし」などの「うごかぬ辞」は表中に挙げないが、定格は存在するという。宣長が押さえたこの二つの要点は、次のことを明らかにしている。先ず宣長は「けり・ける・けれ」などの動く助辞が一つの文法的単位であって、それぞれ三種の係辞に呼応した形態であると認識しているということである。次に「かな・つつ」などの動かぬ助辞は、結びがすべて同じ形態であるので図示の必要がないということである。

　『紐鏡』において宣長は、係りと結びの一定の形態的関係を一覧することの出来る検索効果を強調する。テニヲハの図示的理解というのは、従来にない斬新な発想である。『紐鏡』の書名は、漢字音の諸関係の視覚的把握を目指した中国宋代の音図集『韻鏡』からの類推であると考えられる。『紐鏡』が『韻鏡』からの類推によって成立したことを赤峯裕子が指摘している[*3]。赤峯は、『紐鏡』が係り結びの定まりを一目瞭然に理解するための表であることに本質があり、『紐鏡』が『韻鏡』に倣ったことはその書名や結びの段数を操作的に43(『韻鏡』図の枚数と一致)に合わせた痕跡の存在から推定出来るとする。赤峯の見解に従うべきであろう。『韻鏡』は、伝統的な反切という線状的把握を離脱して、漢字音相互の関係を視覚的に把握する図表として編集されたものである(文雄『磨光韻鏡』延享元年1744刊行)。鎌倉時代以後のわが国の漢語字音学が『韻鏡』注釈を柱に展開した。『紐鏡』が上梓された明和8年(1771)当時は、宣長が文雄『磨光韻鏡』によって漢語字音学に触れていた。近世においては和刻された『韻鏡』諸版本に「直音拗音図」「五音五位之次第」と銘打ったある種の「五十音図」が掲載され、世俗の知識世界に広く知られていた。始めて古代日本語音の配置図として位置づけた契沖『和字正濫鈔』「五十音図」や文雄『和字大観鈔』「日本音韻開合仮名反図」を宣長は知っていた。これらの情報をもとに、宣長は『字音仮字用格』「喉音三行弁」では「喉音三行分生図」「喉音軽重等第図」という独自の音図を提案して五十音図のアヤワ三行の古代音声を再建している。学術情報の要点を視覚的に表示することの意義を宣長はよく理解していた。『紐鏡』

の書名を記した最上段の枠内は、「ひも鏡」を掛けた和歌の体裁になっている。

　　てらし見よ本末むすふ飛毛鏡三くさにうつるちゝの言葉を

この歌は倒置が利いているので口語訳すれば次のようになろう。

　　千差万別の言葉を三種類に写す紐鏡によってテニヲハ本末の呼応を照らし見よ

宣長の強調点は、『紐鏡』を「照らし見る」ことにある。『韻鏡』が「韻」すなわち響きの関係を「鏡」に映し出したのに対して、『紐鏡』は、係り、結ぶテニヲハの呼応を「紐」に象徴化してその諸関係を鏡に映し出したのである。大野晋によれば、宣長のテニヲハ研究の端緒は、京都遊学にあったという。

　　宣長は、『てにをは口伝』という小冊子を、京都に遊学中の宝暦6年（1756）に書写している。この書は、世に『歌道秘蔵録』と呼ばれるものとほぼ一致するもので、テニヲハの用法、ことに、係り結びの法などを、経験的に纏めた中世の歌壇の秘伝書の一つである。　　（大野晋「解題」『本居宣長全集』第5巻7頁）

テニヲハに関する宣長の教養源は、中世以来のテニヲハ口伝であった。口伝秘伝とそれを記した聞書は、中世の諸芸伝達の特徴的方法であり、口承と聴取による線状的伝達と会得を基軸とした。中世テニヲハ学では現象の複雑さによって秘伝口伝が行われた＊4。これが当時唯一のテニヲハ認識であったから宣長のテニヲハ研究が、秘伝書から入らざるを得なかったのは当然である。しかし、結果的に宣長は、秘伝口授の歌学と闘争することになる。自ら主宰した鈴屋塾入門誓詞にある秘伝口授厳禁の条を見よ。

　　於ニ大人御流義（ママ）一者秘伝口授なと申儀曽而無レ之旨堅相守、左様之品を申立、渡世之便りと致し候様之儀なと惣而鄙劣之振舞を致シ、古学之名を穢シ申間敷事

　　　　　　　　　　　（「入門誓詞」『本居宣長全集』第20巻）

宣長は、旧派歌学の俗物性を次のように非難する。

　　世ミナ思ヘラク、歌ハ堂上ニヨラデハカナハヌ事也、地下ノ歌ハ一向用ヒカタシト云、又ソノ堂上ノ内ニツキテモ、二條家デ候、冷泉家デ候、道統相伝ノ御家デ候ナト云事ハ、聞モウタテ

シキ事也　　　　　　　（『排蘆小船』［55］『本居宣長全集』第 2 巻 56 頁）

　宣長は、宝暦 6 年に『てにをは口伝』を書写しており、右が記述されたと思われる時期（宝暦 7 年頃）と隔たりがなく、堂上系歌学とその伝授への嫌悪感は、宣長の在京中に胚胎した可能性が高い。宣長のテニヲハ学の規範目標は、王朝和歌である。堂上歌学もそれは同様であるが、宣長は堂上歌学の何に嫌悪したのか。それは、歌道伝授の秘密主義につきまとう俗物性と薄弱な語学的基盤への軽蔑であったであろう。旧派歌学に対する嫌悪と軽蔑を増幅するような人間関係を経験したのかもしれない。

　宣長は、『紐鏡』の識語で『言葉乃玉乃緒』の存在に言及しており、『紐鏡』の解説部である『詞の玉緒』一之巻の実証から見て『紐鏡』成立の背後に『詞の玉緒』一之巻に近似した資料が手元に存在したのであろう。『紐鏡』図のような視覚的把握が『詞の玉緒』一之巻に先行して存在したのではない。「紐」と「玉緒」が象徴するテニヲハの定まりに関する直観的認識が成立し、それを実証する資料を根拠にして『紐鏡』図が成ったと考えるのが自然である。『詞の玉緒』の刊行は、『紐鏡』に遅れること 10 余年の天明 5 年（1785）である。これは、時期が経ち過ぎているように思われるが、筆者は、宣長の代表的なテニヲハ両書の刊行の大幅な隔たりの原因を次のように推測する。すなわち『紐鏡』の根幹を形成するような係り結びに関する原『詞の玉緒』というべき一之巻に近い考証が成立し、これをもとに『紐鏡』図のアイディアが生まれた。批判があれば反撃できる準備を整えながら、宣長は『詞の玉緒』一之巻だけの刊行を急がなかった。その後、十分な時間を取った増補の結果、7 巻から成る刊本『詞の玉緒』が成立したのではないか。

　『本居宣長全集』第 5 巻所収の明和 8 年版本『飛毛鏡』の右下外枠に沿って「皇都書林　景雲堂柿行」の刊記があり、本書は京都でも刊行された。この正確なテニヲハ一覧表は、「道統相伝ノ御家」を気取る堂上系歌学集団を驚倒させたであろう。宣長によれば「てにをはの定まり」の会得は、秘伝にも口伝にも頼る必要はない、市場で売られる『紐鏡』の一覧表を「照らし見よ」というわけである。実証に裏付けられたテニヲハの鏡が秘伝の闇を照らしたことに疑い

42

の余地はない。

5.『古今集遠鏡』の思想

『古今和歌集遠鏡』(寛政5(1793)年成立、同9年刊行、以下書名を表示する際は『遠鏡』とする)は、宣長の古今集注釈書であるが、よく知られる本書の特色は、長歌を除く和歌と詞書の逐語的俗語訳という点である。その一部分を次に示す。

   春歌上
     ふるとしに春たちける日よめる   在原／元方
 年のうちに春は来にけり一とせをこぞとやいはむことしとやいはむ［一］
○年￣内ニ春ガキタワイ　コレデハ　同シ一￣年ノ内ヲ　去￣年ト云タモノデアラウカヤツハリコトシト云タモノデアラウカ
   春たちける日よめる
  袖ひぢてむすびし水のこほれるを春たつけふの風やとくらむ［二］
○袖ヲヌラシテスクウタ水ノコホ￣ツテアルノヲ　春ノキタ今日ノ風ガ　フイテトカスデアラウカ

(『本居宣長全集』第3巻33頁)

このような体裁の注釈は、従来に例を見ない破天荒な実践である。従来の歌学では、古典本文を注釈するのに平易な古文によって対処したのである。宣長の試みは、今日の古文口語訳の方法に道を拓くものである。宣長が依拠した俗語の資源は、当時の品格ある京都方言であった。

 ○俗言(サトビゴト)は、かの国この里と、ことなることおほきが中にはみやびごとにちかきもあれども、かたよれるゐなかのことばは、あまねくよもにはわたしがたければ、かゝることにとり用ひがたし、大かたは京わたりの詞して、うつすべきわざ也、たゞし京のにも、えりすつべきは有て、なべてはとりがたし、

(「例言」『同書』6頁)

書名にある「遠鏡」とはどういう意味であろうか。宣長は、本書

「例言」の中で俗語訳を「遠めがね」に譬えている。「遠鏡」とは、和歌の正しい解釈に至るために「遠めがね」を使って写した鏡である。遠鏡や遠めがねは視覚効果を目指した道具であるから、宣長は自らの古今集注釈を視覚のアナロジーで捉えているのである。宣長によれば、古典文を古文によって注釈するより、古文を身近な俗語に置き換えて理解する方が単刀直入である。宣長は、その直入の方法を遠めがねによって表象した。

　　○うひまなびなどのためには、ちうさく（注釈）は、いかにくはしくときたるも、物のあぢはひを、甘しからしと、人のかたるをを聞きたらむやうにて、詞のいきほひ、てにをはのはたらきなど、こまかなる趣にいたりては、猶たしかにはえあらねば、其事を今おのが心に思ふがごとは、さとりえがたき物なるを、さとびごとに訳したるは、たゞにみづからさ思ふにひとしくて、物の味を、みづからなめて、しれるがごとく、いにしへの雅言（ミヤビゴト）みな、おのがはらの内の物としなれゞば、一うたのこまかなる心ばへの、こよなくたしかにえらるゝことおほきぞかし、

（「例言」『同書』6頁）

　従来の注釈は、物の味わいを他人が語るのを聞くようなものであるが、俗語訳は物の味を自分でなめて知るのと同じである。ここで宣長は、注釈について物の味を人が語るのを聞いて理解する口伝に譬え、俗語訳を自らなめて味わう直接経験に譬えるのである。

　宣長のテニヲハ学は、歌作を目的とするものであり、『遠鏡』はその実践の一環である。高瀬正一は、『遠鏡』と『詞の玉緒』との関連を詳しく考証している*5。

　『遠鏡』が行った古典俗語訳自体は、宣長の独創ではなく、荻生徂徠とその学統である古文辞学派が漢文俗語解を実践していたし、富士谷成章『あゆひ抄』（安永7年1778刊行）もすでに部分的に行っていた。その一方、『遠鏡』と酷似した体裁の網羅的俗語訳である『古今和歌集鄙言』（尾崎雅嘉著）が『遠鏡』に先んじて寛政8年に版行されたことに、宣長が激しい苛立ちを表明した点は注目される。

　　古今集ひな詞と申物六冊板本出申候、古今ノ歌を俗語ニ直し候

物ニ而、此間一見いたし候へゝ、手前之遠鏡を其まゝ丸盗み候
物ニ而御座候、京地ニ而評判ハいかゞ御座候哉、承度存候、
　（後略）　　　　　　　　寛政8年11月19日　本居春庭宛書簡
　　　　　　　　　　　　　　　　　（『本居宣長全集』第17巻247頁）

　「遠鏡を其のまゝ丸盗み」とは穏やかではないが、ともかく宣長の反応は彼が俗語訳そのものより『古今集』テクストの網羅的俗語訳という体裁に自らの独創を見出していたことを示している*6。宣長は、『古今集』和歌が網羅され、いちいちの俗語訳が書き込まれているという体裁を「遠鏡」と表現した。テクストとその俗語訳を余すところ無く書きとめたシンメトリカルな姿は、「鏡」の比喩を受け入れるだろう。

　旧派のテニヲハ学が口伝、聞書に代表されるような聴覚的授受に傾くのに対して、宣長は、自らの研究を「鏡」や「遠めがね」という視覚的象徴によって対抗した。宣長が表象したのは、助辞と文末表現の関係を一目瞭然たらしめる一覧表としての「紐鏡」であり、テクストを俗語訳によってシンメトリカルに映し出す対照表としての「遠鏡」であった。『遠鏡』「例言」の冒頭で、宣長は、旧派の注釈を遙かな山の梢の様子を山近き里人が語り聞かせることに譬え、対するに俗語訳を「遠めがね」で山を見ることに譬えてその優位性を主張するのである。

　　かの注釈といふすぢは、たとへばいとはるかなる高き山の梢ど
　　もの、ありとばかりは、ほのかに見ゆれど、その木とだに、あ
　　やめもわかぬを、その山ちかき里人の、明暮のつま木のたより
　　にも、よく見しれるに、さしてかれはとゝひたらむに、何の木
　　くれの木、もとだちはしかく、梢のあるやうは、かくなむとや
　　うに、語り聞かせたらむがごとし、さるはいかによくしりて、
　　いかにつぶさに物したらむにも、人づての耳(ミゝ)は、かぎりしあれ
　　ば、ちかくて見るめのまさしきには、猶にるべくもあらざゞめ
　　るを、世に遠(トホ)めがねとかいふなる物のあるして、うつし見るに
　　は、いかにとほきも、あさましきまで、たゞここもとにうつり
　　きて、枝さしの長きみじかき、下葉の色のこきうすきまで、の
　　こるくまなく、見え分れて、軒近き庭のうゑ木に、こよなきけ

第3章　本居宣長のテニヲハ学　　45

> じめもあらざるばかりに見ゆるにあらずや、今此遠き代の言の葉の、くれなゐ深き心ばへを、やすくちかく、手染めの色にうつして見するも、もはらこのめがねのたとひにかなへらむ物をや、　　　　　（「例言」『古今集遠鏡』『本居宣長全集』第3巻5頁）

　先の「物の味」を人が語るのを聞いて知る譬えと併せて、右の「山ちかき里人」の「語り聞かせ」が旧派歌学の口伝の暗示であることは、疑いの余地がない。百聞は一見に如かず、「人づての耳」には限界があり、近くで見ることの精確さに及ぶまい。俗語訳という「遠めがね」を使えば、遠くのものを眼前のごとく観察することが出来るのである。「遠めがね」を使って「遠鏡」に映し出された『古今集』は、残る隈なき姿を「あさましきまで」にさらけ出した代わりに、密やかに伝承された「みやび」の陰影をも消し去った。雅文を雅文によって解説する伝統的な行き方を棄てて、宣長は「みやび」の中軸に位置する『古今集』をあえて俗語に再現するという大胆不敵な行動に出た。宣長は、王朝歌の神髄を密やかな「みやび」に託して「聞く」稽古から、明晰な大衆的理解を目指した「見る」学問への転換に象徴して新しいテニヲハ学を提案したのである。

　宣長の一連のテニヲハ書の中で『詞の玉緒』については、視覚的な表象を強調していないように見えるが「序」では、次のように述べる。

> 此のふみの名よ。玉の緒としもつけけるよしは。（中略）何事のうへにも。みじかし長し。たゆみだるなどいはむとてのたづきにも。まづそれがををひかけ。うつせみのよの命をさへなん。たとへていひける。（中略）ぬきつらねたらんさまにしたがひてなむ。<u>いま一きはの光もそはりぬべく。またはえなくきえても見えぬべければ。此緒こそげにいとなのめなるまじき物には有けれ。</u>（後略、下線釘貫）　　　　　（『本居宣長全集』第5巻8頁）

　ここでも宣長は、本書によって「一きはの光」が備わると言って、自らのテニヲハ学を視覚的に表象することを忘れていないのである。

6.『玉あられ』の思想

　宣長のテニヲハ学書『玉あられ』は、『紐鏡』から『詞の玉緒』『古今集遠鏡』に至るまでの知見をもとに、王朝風歌文を綴るに際して陥りやすい誤りを列挙した啓蒙書である。実証的な著述ではないが、本書は明治期の公文書に用いられた普通文制定の根拠資料としても利用された。宣長は、最近の歌詠みが古代の歌文から学ぶことなく、「ちかき世」の誤例に倣うことが多いとする。宣長は、自序の冒頭に次のような和歌の句を置いて、本書の狙いを述べる。

　　まなびのまどに音たててをどろかさばやさめぬ枕を
　　有りがたき御代のめぐみは、くらき夜の明けゆくやうにて、万
　　の学びの道々も、やう〰にあかりきぬるころほひなるに、な
　　ほ心ぐるしきは、暁しらぬよの歌人のいぎたなさ也けり、そは
　　いかなる故ぞや、歌をも文をも、古へのをばよくも見ずて、
　　たゞちかき世の人の物せるにのみ、かゝづらひならへばぞかし、
　　　　　　　　　　　　　　　　　（『本居宣長全集』第5巻、467頁）

本書は、門人三井高蔭の「序」を冠する。高蔭は、書名の由来を次のように紹介する。

　　かの大石にはひまとへる礒のしたゞみ。たみたるを正し。山崎
　　にうるてふまがりの。まがれるを直さむとて。音たて給ふ。槙
　　の板やの此の玉あられよ。　　　　　　　　　（『同書』465頁）

　本書の名の由来は、近き世の誤った歌文になずんで一向に目覚めない「いぎたなき」歌人を、降り注ぐ「玉あられ」の大音響で驚かそうというのである。宣長によれば「ちかき世」の誤例とは、二十一代集以後の歌文である。宣長は、自序の最後に異様と思われる一節を加えている。

　　されどひさかたの雲のうへ、くらゐ高き人々のは、何事もあな
　　かしこ、殊なるゆゑあることなるべければ、いやしきわれらが、
　　うかゞひしるべききはにはあらず、今これにさだめいふは、
　　たゞおのがひとしなみなる、下ざまのことぞよ、
　　　　　　　　　　　　　　　　　　　　　（『同書』467–468頁）

　これは、一見謙遜辞のように読めるが素直に受け取れない。文字

通りならこの部分は本書の内容と無関係な贅言である。これは、本書が下ざまへの啓蒙の体裁を取る一方で、批判の矛先を「くらゐ高き人々」すなわち堂上歌学に向けていることを暗示する。宣長は、自らのテニヲハ学を視覚的に表現したが、本書では「玉あられ」が発する音で耳を驚かそうという聴覚的イメージによって自著の内容を象徴した。これは、宣長が口伝になずむ旧派歌学連を驚かせるには、大音響を以てするのが相応しいと考えたために違いない。口伝を逆手に取る嫌味な題付けであり、旧派歌学への挑戦的な態度が印象的である。

しかし、宣長が旧派歌学を聴覚的イメージで表現し、自らのテニヲハ学を視覚的に表象したことは、正しい戦略であった。宣長以後のテニヲハ学は、用言の活用研究へと展開し、そこでは図示された活用表の効果が遺憾なく発揮された。鈴木朖『活語断続譜』（享和3年頃1803成立）、本居春庭『詞八衢』（文化5年1808刊行）、東条義門『友鏡』（文政6年1823刊行）『和語説略図』（天保4年1833刊行）などは、古典古文の活用体系を図示することを本質的特徴とする。今日の学校古典文法の活用表は、彼らの業績を資源とする。富士谷成章『あゆひ抄』の活用図「装図」も忘れることが出来ない。学術情報の視覚的開示の近代性は明白であり、我々は今も

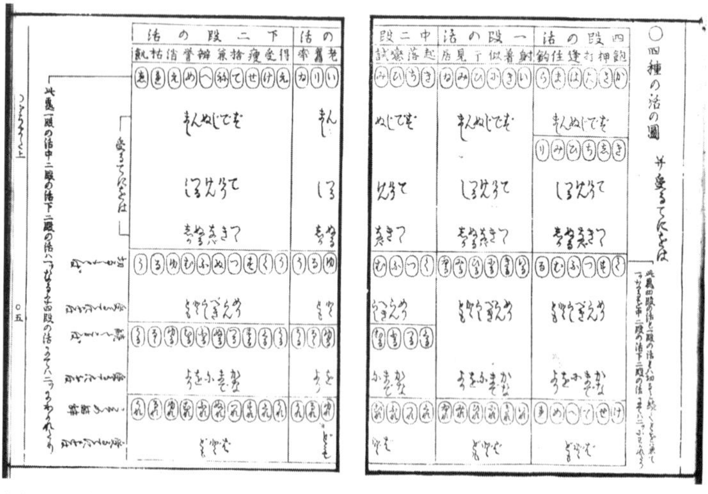

図2　八街図

その方法を様々な分野で利用している。

＊1　釘貫亨（2007）『近世仮名遣い論の研究』（名古屋大学出版会）
＊2　「新拾十四　後瀬山のちもあはんと思ふにぞしぬべき物をけふまでもあれ此の歌は万葉四に在て。三の句念社とある故に。れと留れり。然るを「思へこそといふ詞。後世には耳どほきによりて。「思ふにぞ直されたる故に。てにをはとゝのはざる也。又万葉今の本に「おもふこそと訓るも誤なり。おもへばこそといふ意なれば。「思へこそと訓べき古歌の例也。そも〳〵代々の撰集に。万葉よりとられたる歌共は。皆かくのごとき誤有て。こと〴〵くに論ずるにたへざれば。みなもらしてこゝにはあげず。」『詞の玉緒』二之巻『本居宣長全集』第5巻79頁
＊3　赤峯裕子（2008）「『紐鏡』再考」『語文研究』63（九州大学国語国文学会）
＊4　高瀬正一（1979）「「古今集遠鏡」と「詞の玉緒」について」『国語国文学報』第35集（愛知教育大学国語国文学研究室）
＊5　『文法上許容スベキ事項』（文部大臣告示、明治38年12月2日）『現行普通文法改定案調査報告ノ一』（国語調査委員会、明治39年2月）
＊6　伊藤雅光（1982）「『古今集遠鏡』・『古今和歌集鄙詞』間の剽窃問題について」『国語研究』（國學院大學国語研究会）によれば、『鄙詞』著者である尾崎雅嘉による『遠鏡』からの剽窃の可能性を人脈と詞章の関係から推定している。

第4章
本居宣長の音韻学

1.『字音仮字用格』の啓蒙的意図

　本居宣長『字音仮字用格』は、彼の語学書にしては珍しく従来から評価が安定しない。その原因は、本書が漢字の音読みの仮名遣いを対象にしているという点にある。仮名遣いは、定家仮名遣い以来、契沖『和字正濫鈔』に至るまで、もっぱら和語を対象にする。それは、仮名遣いが平安王朝と上代の文芸作品を対象にした文芸の書記行為に関する規範だからである。平安王朝と上代の日本語で記された文芸作品に漢語が出現することは極めて少ない。漢字の音読みをどう表記するかの知識は、伝統的な仮名遣いの埒外にある。『字音仮字用格』の評価をさらに困難にする点は、字音読みの実例に乏しい上代文献と『韻鏡』を根拠にして上代の音読みを復元する本書の演繹的な考証にある。かかる姿勢は、実証を以て鳴る宣長の学理と異質のものであるというわけである。

　他方、本書に対する積極的な評価としては、これが初めての日本漢字音研究書であることである[*1]。筆者は、宣長が本書冒頭の章「喉音三行弁」において仮名遣いの本質規定を行って古代音声復元の学理を確立し、アヤワ喉音三行の古代音価を再建することに成功したこと、そしてそれをもとにして第二章「おを所属弁」では中世以来の音図の「おを」の配置の錯誤を訂正した業績を明らかにした[*2]。かかる考察は、日本音声学成立過程解明の観点から行ったものであるが、字音仮名遣いが伝統的な和語の仮名遣いに照らして特異な性格を持つことに変わりがない。宣長はなぜ漢字の音読みの仮名遣いに執着したのか。それを解く鍵は、本書の序文（字音迦那豆訶比乃序）にある。

漢字 音者母與。本彼国人之鳥成佐比豆理乎 学 取都琉物二四手。
茂八羅大御国之 雅 而有與者。似而霜不在有祁礼婆。歌咏二毛
俚気久。誦読二母鄙計九氏。 古 之大御代庭。五十小竹叢竹
五十篠目之事問荷面。都由摩自倍受魚藻有来。然爾波雖有其国
籍者下。水垣之 久 時従所伝来去而之在祁礼婆。 遍曽礼読慣
聞習而。世々遠歴麻々迩々。自然 俚 登母不知変。鄙止毛
不所思化天。薄良氷之打解言者更爾文不云。内日刺 雅 語二尚
稍宇知 雑 筒。後遂者外国 言 止斯母如不在為以来乍。弥日異保
妣許里氏。今之者之大凡之言之葉 半 者此字音乎那毛 用 阿布米
流世西有者。牡鹿巣蟹許連我仮字望不識而波多得不在和邪
成乎。其者 未 照月之真昭明爾記世流物母無。（後略）

（「字音 迦那豆訶比乃序」『本居宣長全集』第5巻322頁）

　宣長によれば、漢字音は鳥のさえずりのような彼の国の発音をまねたものであり、皇国の雅な発音とは似ても似つかぬものなので古代では詠うにも詠むにも汚く卑しく、交えて使われることがなかった。しかし、次第に日常談話をはじめ文芸作品にも紛れ込み、汚いとも外国由来の音とも感じなくなって最近では半分以上の言葉が漢語になっている。今では字音語の仮名用法を知らないと書記生活が成立しなくなってきたが、それを解明した書物は未だ存在していな

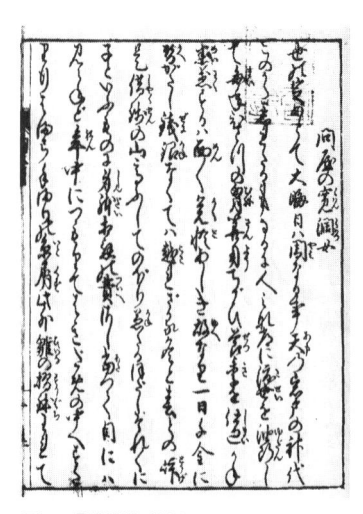

図1　『世間胸算用』

い。

　このような認識は、18世紀後半当時に流布した出版物の状況を知る者ならば容易に肯定することができる。近世において漢字は、行政や商業、学術は言うに及ばず大衆的な出版物に至るまで日常生活に充満していた。図1は、元禄5年1692に刊行された浮世草子である井原西鶴『世間胸算用』の一部である。ここでは、平仮名と共に相当数多くの漢字が用いられており、そこには音訓にわたる極めて懇切な振り仮名が施されている。

　このような当時の大衆的文芸作品における漢字と音訓の振り仮名の実態は、近世の出版物で広く観察されるのであり、『世間胸算用』だけの特異な実態ではない。大衆的出版物による多量の漢字情報が流布することに伴う教育的効果を推測しうるのである。『古今和歌集』や『源氏物語』のようなほぼ全編平仮名で表記される王朝文芸作品の書式は、中世以後の上流教養社会における不動の規範であった。しかし、近世の文芸は、漢語の存在なしに成立しなくなっていた。それは、当時の日常言語が漢語の存在なしに成立しなくなっていたことの反映である。図2は、室町時代以来、知識人の書記生活を支えた『節用集』の近世前期の一本『合類節用集』（若耶三胤子編集、延宝8年1680刊本、静嘉堂文庫蔵）の一部である。これを

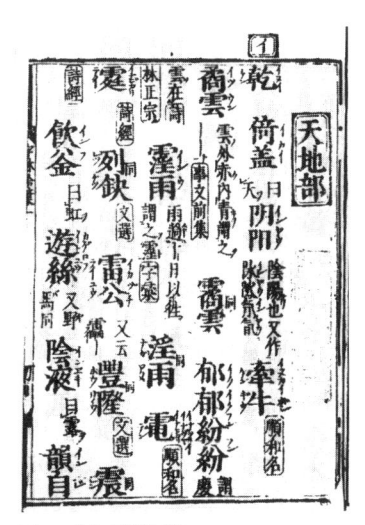

図2　『合類節用集』

第4章　本居宣長の音韻学　　53

見るとわかるように節用集の実態は、端的に言えば漢字漢語の音訓に関わる辞書である。

　これこそ「今しはし大凡の言の葉半らは此の字音をなもつかひあふめる世にしあれば」と宣長が嘆いた実態である。宣長が腐心したのは、漢字の訓読みよりも音読みのあり方であった。なぜなら和語である訓読みについては定家仮名遣いあるいは契沖仮名遣いが存在したのに対して、音読みを仮名で記すべき規範は存在しなかったからである。『字音仮字用格』成立の背景には、漢字の音読みをどう表記すべきかという現実の書記生活の側からする要請があったと思われる。その実態成立の歴史を考えたい。

2. 漢字の民衆への下降

　漢字は古代には貴族の占有物であったが、貴族から庶民への漢字情報の下降を示す実態はよく解明されていない。しかし、鎌倉時代以後、民衆の文字獲得を示す資料をわずかながら見いだしうる。一般民衆の手になる文書は鎌倉時代から出現するが、その初期の文書である高野山文書所収『紀伊国阿弖河庄百姓言上状』は、片仮名主体の文章である*3。

　貴族から民衆へ、という文字の伝達を媒介したのが僧侶であるとする見解がある*4。

　漢文訓読法の創始以来、仏教学侶は片仮名をよくものしたのであり、中世農民に片仮名をはじめとする文字情報を教授したのが僧侶であった可能性がある。鎌倉仏教の宗祖の一人親鸞は、はじめ叡山に修行した人物であり、浄土教に対する深奥を極めた学識があった。その一端は、浄土三部経注釈や主著『教行信証』に表されている。それらの著述はすべて漢文で記されている。一方、図3は親鸞の自筆が確認される『西方指南抄』の一部である。本書は、親鸞の師である法然の言行録である。本書の書式の特徴は、漢字片仮名交じり文でしかも漢字には音訓にわたる極めて懇切な振り仮名が施されている。『親鸞聖人真蹟集成』（法蔵館）の解説者は、「漢字の多くにはわずらわしいほどに振り仮名をつけ」と疑問を呈しているが、こ

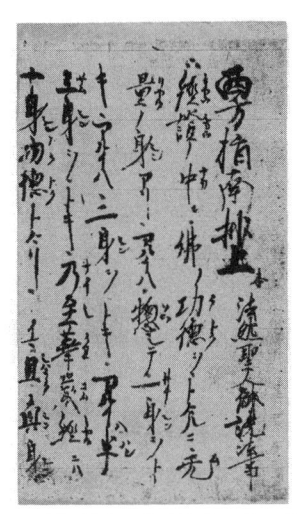

図3 『西方指南抄』(『親鸞聖人真蹟集成』第五巻(法蔵館)より)

れは親鸞が法座における読み上げを意図したテクストであると推測すれば理解しうる事実である*5。

次に注目したいのは、親鸞が浄土信仰の要諦を平易につづった『三帖(浄土・高僧・正像末)和讃』と呼ばれる仏教歌謡に記された字音読みの例である。親鸞真筆を伝えられた写本が高田派専修寺に蔵されるが、現在ではこれを否定されている。しかし専修寺本のテクストは親鸞自筆と認められる部分と錯綜しており、鎌倉時代の成立であることは疑えない*6。和讃は、今も真宗各派の法座で詠唱されるものであり、本願寺派の法座では蓮如開版本『正信偈和讃』によっており、その字音表記の実態は専修寺本と相違する。『西方指南抄』と同じく、和讃は漢字片仮名交じり文であるとともに漢字の読みの部分に懇切な振り仮名が施される。親鸞は、浄土教の教理を思索する際には漢文を、浄土教の教理を弟子や門徒に伝える際には振り仮名を施した漢字片仮名交じり文を使用した。その際、前提されていたのは、口頭による教理の伝達であったろう。

鎌倉時代は、漢字の音読みを安定的に仮名で記すことが可能になった時期である。漢字音の仮名表記が確立したのである。例えば平安時代までは[A者B也(ABは漢字)]のように類音表記が主であった合拗音が仮名表示(クワ・クヰ・クヱ)される。また、唇内韻

第4章 本居宣長の音韻学 55

尾m「ム」舌内韻尾n「ン」喉内韻尾ŋ「ウ」の三内韻尾が弁別して表記される。

[合拗音] 光輪(クワウ) 帰命(クキ) 願(グワン) 過(クワ) 月(グワチ) 広大(クワウ) 化(クエ) 観音(クワン) 歓喜(クワン) 華菓(クエクワ) 果官(クワクワン) 源(グエン) 魏(グキ) 還(グエン) 決(クエチ) 玄(グエン) 毀滅(クキ) 和尚(クワ) 逆(グキャク) 元(グワン)

[唇内韻尾m] 炎(エム) 闇(アム) 音(オム) 林(リム) 凡(ボム) 三(サム) 心(シム) 念(ネム) 金(コム) 品(ホム) 梵(ボム) 煩(ボム) 厳(ゴム) 曇鸞(ドムラム) 巖(ガム) 点(テム) 禁(キム) 感(カム) 厭(エム) 欽(コム) 参(サム) 隠(オム)

[舌内韻尾n] 算(サン) 嘆(タン) 天(テン) 輪(リン) 願(グワン) 因(イン) 神(ジン) 観(クワン) 安(アン) 歓(クワン) 園(エン) 婉(エン) 縁(エン) 難(ナン) 遠(オン) 引(イン) 信(シン) 人民(ニンミン) 展(テン) 恩(オン) 源(ゲン) 尽(ジン) 鸞(ラン) 山(サン) 還(グエン) 賢(ゲン) 塵(ヂン) 転(テン) 瞋(シン) 真(シン) 玄(グエン) 元(グワン)

[喉内韻尾ŋ] 名(ミヤウ) 蔵(ザウ) 相(サウ) 方(ハウ) 盲(マウ) 光(クワウ) 往(ワウ) 広(クワウ) 講(カウ) 堂(ダウ) 王(ワウ) 影(ヤウ) 応(オウ) 誑(ワウ) 康(カウ) 証(シャウ) 尚(シャウ) 霊(リヤウ) 向(カウ) 諍(シャウ)

[喉音ア行] 夷(イ) 意(イ) 已(イ) 依(エ) 曜(エウ) 耀(エウ) 炎(エム) 葉(エフ) 音(オム) 億(オク)

[喉音ワ行] 威(キ) 慰(キ) 違(ヱ) 穢(ヱ) 慧(ヱ) 園(エン) 婉(エ) 懐(エ)

[入声p] 法(ホフ) 十(ジフ) 葉(エフ) 業(ゴフ) 入(ニフ) 立(リフ) 接(セフ) 雑(ザフ) 泣(キフ) 執(シフ) 劫(ゴフ) 集(シフ)

[入声t] 畢(ヒチ) 絶(ゼチ) 月(グワチ) 決(クエチ) 滅(メチ)

[入声k] 億(オク) 逆(グキャク)

上のうち、喉内韻尾の表記「ウ」は、原音が母音終り「号(ガウ)・巧(ゲウ)・妙(メウ)・教(ケウ)・楽(ゲウ)・夭(エウ)・小(セウ)・少(セウ)・要(エウ)・遥(エウ)・闘(トウ)（o終わり）曜(エウ)・照(セウ)・州(シウ)（u終わり）」の「ウ」表記と区別されないが、これらはともに「ウ」と発音されたと見られる。三内韻尾の区別は「三位（サムミ）」「双六（スゴロク）」のような語彙や「難波（ナニワ）」「相模（サガミ）」などの地名の読みに痕跡を残して平安時代に消滅した。ア行ワ行の区別も正確に行われている。また入声韻尾の区別も正確に表示されている。専修寺本『三帖和讃』は、鎌倉時代の字音表記の実態の典型を今日に伝えるものである。

　平安時代以来の日本の文字は、漢字、平仮名、片仮名の三種類であった。同一人物がこれらの文字を自由に使い分けることは当然あり得る。大伴旅人や山上憶良が、万葉仮名を駆使した和歌とともにまとまった量の漢文を万葉集中に残している。藤原道長『御堂関白記』（長徳4年998〜）は、実用的な和化漢文で記される日記であるが、中に平仮名の和歌が書き残されている。古代では、学識ある

人であれば公的には漢文を書き、平仮名で和歌や個人的消息をものし、漢文訓読の際には片仮名を使用した。しかし親鸞のように、異種類の書式が多量に一人格の記録に併存するのは古代では少なく、鎌倉時代特有の事情であろう。親鸞は、経典注釈のような深奥を極めた思索では漢文を記す一方で、民衆教化を目的とするテクストにおいて音訓にわたる振り仮名を付した漢字片仮名交じり文を用いた。特に和讃は、法座で唱えられ詠われるものであるから、仏教漢語の読みの精確な復元は、これを転記する立場にとって細心の注意が払われたであろう。親鸞は、彼が訣別した「南都北嶺に座すゆゆしき学生」*7 がものした漢文を自ら駆使する一方で、民衆教化を重んずる文章では、漢語を振り仮名によって解しやすく詠みやすく砕いたのである。これは、貴族の専有物であった漢字の知識が仏教を媒介にして民衆に下降し始めたことを示す日本語史上の貴重な記録である。

3. 音変化を経た後の字音表記

　平安時代から中世後期にかけて生じた音変化の中で、仮名遣いの問題を引き起こしたのは、ハ行転呼音（カハ kafa→カワ kawa、カフ kafu→カウ kau）、ア行「い i」とワ行「ゐ wi」、ア行「え e」とワ行「ゑ we」、ア行「お o」とワ行「を wo」の合流（喉音三行弁）、さらに室町時代以後生じたオ段長音の開合（au→œː　eu ou→oː）の別の消失、ウ段長音（iu→yuu）、四つ仮名（じ dzi ぢ ˜dzi、ず dzu づ ˜dzu）の混同などである。これらの変化ははじめ和語に起こり、次いで漢語に及んだと見られる。和語に起こったかかる連続的な音変化が、伝統的な表記と乖離して仮名遣いの問題を生じたのである。仮名遣いの自覚の最初の表明は、日本古典学の創業者藤原定家によって行われた（下官集）。後に行阿が「定家卿仮名遣い」として規範化したが、対象は平仮名のみで記された平安朝の文芸作品であった。中世から近世までの仮名遣いは、王朝文芸に用いられる日本固有の雅語を対象にしたものであって、字音の振り仮名の作法は、事実上お構いなしであった。しかし、一連の音変化は、漢字

の音読みにも影響を与えた。たとえば「法」「雑」などの読みを平安時代では「ホフ」「サフ」とした。法・雑字は中国原音では、p音で終わるので（唇内入声）、最初は音読みでもこれを反映した。ハ行子音の音価は、平安時代ではΦ音であった。ところが11世紀以後の京都語で語中語尾のハ行子音がワ行音に推移する（Φ→w）変化（ハ行転呼音）が生じ、これが字音読みに波及して「ホフ」「サフ」の読みが「ホウ」「サウ」に引っぱられた。同様の現象が「執・立・蝶・甲・塔〜」など多数の漢字の読みに起こった。入声はp音のほか喉内音kと舌内音tがあったが、喉内と舌内は開音節化し（滅metuメツ　億okuオク）、日本語音韻体系に組込まれて今日に至っている。また字音独自の読みとして合拗音（願gwanグワン　帰kwiクイ　花kweクエ）開拗音（脚kyakuキヤク　脈myakuミヤク）があったが、開拗音は日本語の音節として定着したが、合拗音kwi kweは消失し、kwa gwaは方言を除いて中央語から撤退した。

　日本漢字音の資料は、平安時代から鎌倉時代にかけて豊富に出現する。鎌倉時代には漢字の音読みを仮名表記する慣習が定着した。専修寺本『三帖和讃』が、すでに失われた合拗音や唇内韻尾、入声などをほぼ正確に転記することが出来たのはこの慣習を親鸞ら真宗学侶が学んでいたからである。ところがすでに生じていた日本語の音変化によって表記に早くも揺れが生まれた。しかし字音読みの表記は、仮名遣いの対象にならず長らくその実態は慣用のまま放置された。第1章に挙げた『世間胸算用』に現れた字音読みは、一連の音変化が終了した後のテクストであり、『和字正濫鈔』『字音仮字用格』は未刊行である。したがって『世間胸算用』は、いわば無規範状態の字音読みの実態を伝える文献である。以下、特徴的な音読みの例を挙げる。

極楽	丹波	吟味	諸方	念比	観音講	元朝	元禄	持統天皇
証拠	浄瑠り	喧嘩	常住	当座	帳案内	貧銭	反故	
くはんぜ（観世）	重箱	面烏帽子	牟人	少輔	息女	花車		
雪踏	牛房	内証	合点	合点	東海道	地蔵	殊勝	精進
信心	修行	一合	道心	堅固	くはくらん（霍乱）	勧進		

蓬莱	各別	祝儀	名代	衣食住	家業	利発	寛活	千貫
ほうらい	かくへつ	しうぎ	みやうたい	いしよくしう	かきやう	りはつ	くはんくはつ	くはん
永来	限銀	棺	後悔	智恵	談義	道理	隠居	合点	歳暮
ゑらい	げんぎん	くはん	こうくはい	ちゑ	だんぎ	どうり	いんきよ	がつてん	せいぼ
急度	欲心	損	随分	恵美酒	山王	旦那	状	年中	長久
きつと	よくしん	そん	ずいぶん	ゑみす	さんわう	たんな	じやう	ねんぢう	ちやうきう
安全	祈念	水	医者	元日	死去	大願	成就	珠数	東方
あんぜん	きねん	すい	いしや	ぐはん	しきよ	だいぐはん	しやうじゆ	じゆずう	たうばう
錫杖	灯明	外聞	遊興	和州	二日路	衆	封	半	酒宴
しやくじやう	とうみやう	ぐはいぶん	ゆうきよう	わしう	ふつかぢ	しゆ	ふう	はん	しゆえん
天皇	詮議	老体	富貴	惣領	惣領	道場	仏法	分限	笑
わう	せんぎ	らうたい	ふうき	さうりやう	りう	どうでう	ぶつほう	ぶげん	しやう
止	様子	相違	商売	同音	思案	工夫	伝授	足	女房
し	やうす	さうゐ	しやうばい	どうおん	しあん	くふう	でんじゆ	そく	にようぼう
馳走	番	衣装	重宝	堪忍	因果	女郎	早々	合力	坊主
ちそう	ばん	いしやうちやうはう	かんにん	いんぐはん	ぢよろう	さう	こうりよく	ばうす
相応	丁銀	料理	瓢箪	将軍	了簡	京都	兄弟	山椒
さうおう	ちやうぎん	りようり	へうたん	しやうくん	りようけん	きようと	きやうたい	さんしやう

『世間胸算用』に現れた音読みの仮名表記は、和讃のそれと著しく異なっている。三内韻尾は本書では区別されず、m尾とn尾は「ン」表記に収束している。合拗音 kwa gwa は存在すると思われるが、表記は「観（くはん）元（ぐはん）活（くはつ）」といった具合にハ行転呼現象に誤類推したものである。『字音仮字用格』ではこれを「はノ仮字ヲ書クハ大ニヒガコト也」と戒めている。「華嘩花化」にかつて存した音 kwe は表記されない。ア行とワ行の区別は「え」と「ゑ」が表されているが、実際の発音の相違を反映するものではなく表記慣習によるものであろう。オ段長音の開合は、西鶴の発音を反映するとは考えにくい。『好色一代男』（天和2年1682刊行）では「京都」「道具」「惣領」「女房」のように『胸算用』と相違する表記を取っている。「道」は『一代男』では「道具」の振り仮名もある。また「当座」「当見」「当惑」「勧当」「勧進」と『一代男』で同じ字の振り仮名が食い違って用いられる。『胸算用』での「因果」は『一代男』では「因果」であり、「女・領・合」などの表記は一定しない。このように西鶴の字音表記に統一的な規則性は存在しない。西鶴作品に表示された字音表記には、今に及ぶ日常生活になじみ深い漢語が数多く含まれる。このことは近世の文芸が日常生活に取材する限り、漢語なしに成り立たなくなっていたことを示すものであろう。それは、現代日本文学が外来語なしに成り立たないのと同じである。当時の大衆的な出版物において漢字には音訓取り混ぜて盛んに振り仮名が付されており、音読みの仮名遣いの規範を問題にせざるを得ない状況が生まれていたと見られる。

「字音仮名遣い」は、音読みの仮名表記を前提とした考え方である。近世期において音読みが仮名表記される代表的なコンテクストは、上に挙げたような大衆的出版物である。

4. 字音仮名遣いと古代日本語音声の復元の関係

契沖『和字正濫鈔』による上代語を規範とする新しい仮名遣い案は、楫取魚彦『古言梯』(明和元年1764成立)という普及書を得て、書記規範として決着を見ていた。しかし『和字正濫鈔』は、書記規範だけを提案したものではない。契沖は、自らの仮名遣いの説明に際して、中世以来の枠組みであるいろは歌ではなく五十音図を採用した。「いろはのい」ではなく「ア行のい」の様な説明である。五十音図によれば、仮名遣いにおいて用法が問題化する「いひゐ」「えへゑ」「おほを」が音図上に規則的に分布する。このことは、仮名遣いの背後に失われた古代音声の秩序が存在するという推測を浮かび上がらせた。「いゐ・えゑ・おを」の仮名の発音は、今は同じでも古代では違ったのではないかという推測である。特に音図上において歪んだ分布を呈するアヤワ三行の古代音声の再建が仮名遣い論の主要課題となった。これを喉音三行弁論という。

契沖に始まる近世仮名遣い論には二つの系統がある。一つは上代文献に依拠する表記規範の解明ともう一つは喉音三行弁論を通じた古代音声再建の学理である。宣長の『字音仮字用格』は、後者の系統を受け継ぐ業績である。しかし近世仮名遣い論のこの第二の系統は、最近まで忘却されていた。本書の評価が定まらないのは、実はこのことに起因する。

国語学の長年の常識によれば、日本語音声の歴史的再建は、明治以後西洋言語学を学んだ上田万年「P音考」に始まるとされる。しかしこれは全くの誤解で、日本語音声の歴史的再建は、契沖が仮名遣い論の中で問題提起し、以来種々の論争を経て宣長が確立したのである*8。宣長は、当時の書記生活の中で取り残されていた字音仮名遣いの規範を定めるという要請に応える形で古代日本語音声の秩序を再建した。その仕事は、『字音仮字用格』において次のよう

な手順を経て行われた。

　先ず、本書の画期的意義は「日本漢字音」の概念を提案したことにある。日本漢字音とは、中国原音ではなく日本語音の仕組みに合致するように加工された字音読みのことである。あたかもそれは、ボールやストライクやピッチャーなどの語が英語原音の影響を受けながら日本語の音体系に加工されて、日本語語彙として存在していることと同じである。宣長は、古代の漢字の音読みは、中国原音そのままではなく日本語音の枠組みのなかで実現したと考えた。これが日本漢字音の概念であり、有坂秀世の言う「倭音」である＊9。

　然レバ其時ノ字音。必彼国ノマヽニハアルベカラズ。或ハ拗音ヲ直音ニツヾメ。或ハ通音ニ転ジ。或ハ鼻声ヲ口声ニ移シ。或ハ急掣ル韻ヲ舒緩ニ改メナド。凡テ不正鄙俚ノ甚シキ者ヲバ除キ去テ。皇国ノ自然ノ音ニ近ク協ヘテ。新ニ定メラレタルモノ也　　　　　　　　　　（『漢字三音考』（天明5年1785刊行））

　御国ニ伝ハルトコロノ漢呉音ハ共ニ、古ヘマノアタリ彼国ノ人ノ口ニ呼ブ声ヲ聞テ、ソレヲ此方ノ音ニ協ヘテ定メシモノナレバ、喉音三行ノ仮字モ彼人ノ呼フ声ニツキテ分チシモノ也、但シ彼国ニハモトヨリ此三行ノ差別ヲ立ザレバ、其ノ呼ブ人ハミヅカラ是ヲオボエズトイヘドモ、此方ノ人ノ聞クトコロニ其差別ハアリシ也（中略）然レバ古ヘノ仮字ハ全ク韻書ニ依ル事ナク、又其三行ノ異ハ韻書ノ謂ザルトコロナレドモ、本ト彼ノ真ノ口声ニヨリテ定メタルモノナレバ、オノヅカラ是レ唐以前ノ一家ノ韻書ノ如キコトアリ　　　　（「字音仮字総論」『字音仮用格』）

　一方、同時代の『韻鏡』注釈をこととする漢語音韻学者は、古代日本語音声を独自の存在として認識しなかった。音韻学者は、日本語音に関心を持たず、漢字の理論的な原音を求めて非歴史的な思弁を繰り返していた。18世紀半ばの代表的な音韻学者である文雄は、『磨光韻鏡』（延享元年1744刊行）の著書によって姓名判断（人名反切）に付会した伝統的な『韻鏡』注釈の魔術性を克服し、科学的な漢語音韻学を立ち上げた人物として知られる。彼は、喉音三行弁に代表される仮名遣い論にも関心を持ち、『和字大観鈔』では、喉音三行弁を漢語音韻学の「開合」によって説明しようとした。この

発想が『字音仮字用格』に継承されている。しかし、漢語音韻学を援用する一方で、彼は漢字音の影響を色濃く残す上代の万葉仮名の用例に全く関心を払わなかった。文雄は、上代語を規範とする契沖の仮名遣いを拒否して、王朝古典のひらがな表記規範である定家仮名遣いを漢語音韻学によって論じたのである。木に竹を接いだような論構成が非歴史的な思弁に陥らざるを得ないのは自明であろう。文雄が活動した京都は、定家仮名遣いの本拠地であると共に地方を発信源とする国学に対する抵抗が最も根強い土地であった。近世漢語音韻学は、京都において定家仮名遣いを擁護し、契沖の仮名遣い論を拒絶する理論装置として機能した。

　大方の音韻学者は、王朝古典を構想することがあっても歴史的な古代を展望することが出来なかった。彼らには、古代における独自的存在としての日本語音声の観念が存在せず、日本語音を基礎にした日本漢字音の考え方も存在しなかった。『和字大観鈔』の分散的な記述は、果たして漢語音韻学の専門領域からも厳しい批判が浴びせられた（田中大観『喉音仮名三異弁』宝暦10年1760奥書）。ついに文雄は、定家仮名遣いに依拠した自著を全面撤回するに至ったのである（『喉音三異弁弁正』宝暦11年）。田中大観の批判と文雄の反論は、荒木田尚賢によって明和5年1768に書写合冊され、宣長に貸し出されたことが分かっている。東京大学国語研究室所蔵『喉音仮名三異弁』『喉音三異弁弁正』（合冊、荒木田尚賢書写）は、尚賢から宣長に貸与された当該の書物であり、宣長はこれによって喉音三行弁論争を集中的に学んだ*10。宣長は、契沖が提案した喉音三行弁が上代の仮名用法の背後にあって文字につづらぬ先の古代日本語音に存在する現象であることを見抜いていた。漢字の音読みは、宣長によれば古代日本語音声の秩序の枠内でのみ実現するのである。宣長は、かかる日本漢字音の概念に基づいて古代の字音読みを復元し、併せて古代日本語の音要素を再建するという画期的な結果を得たのである。

　しかし、宣長の日本漢字音説には問題もあった。彼は、子音終わりという非日本語的な音声特徴を持つ三内韻尾の区別（金三心　信讃丹　相双）を認めなかった。これは礪波今道によって批判され、

宣長の誤りが証明された*11。宣長は、古代の字音読みが漢字原音の影響を今よりも色濃く映す歴史的実態を想像しなかった。宣長にとって古代日本語は、自らの学問的存立根拠ともいうべき「神域」である。その域内に漢語の存在をやむを得ず認めるにしても、単直素朴な大和言葉が漢字音によって「汚染」されることなどあるはずがない。漢字音の「卑しい」特徴は、すべて和語音声のフィルターによって浄化されているのである。このように宣長は、日本語音声の観念を前面に打ち出して、そこに実現する漢字音の実態を日本語音声の仕組みの中で一括しようとした。この宣長のフィクショナルな日本漢字音説が、しかしながら全体として日本音声学に多大の恩恵をもたらしたことに疑問の余地がない。宣長は、徹底して日本語の枠内で発音される字音読みを復元した。その結果、漢語音韻学による説明の裏付けを伴った日本漢字音の切片 segment が取り出された。そしてその切片は、古代日本語音声の切片でもあるのである。たとえば「ストライク」の切片である「ス」「ト」「ラ」「イ」「ク」は、現代日本語音の切片であって、英語音の切片ではない。

　宣長によれば、古代語の仮名用法は古代語の発音の正確な反映である。したがって古代語の音読みの復元は、そのまま古代語の発音の復元に連なる。宣長は、古代日本漢字音の復元を通じて古代日本語の発音を復元した。その成果が、『字音仮字用格』冒頭の章「喉音三行弁」と次章「を所属弁」である。「お o」と「を wo」は、院政期における両音の合流が干渉して、鎌倉時代以後の音図では、ア行「あいうえを」、ワ行「わゐうゑお」のような錯誤的配置が行われていた。「お」と「を」の書き分けの問題は、定家仮名遣い以来の中心的関心事であったが、それはこの両仮名を使う語彙が多く、表記の混乱がとりわけ大きかったからである。事実、定家は「旧草子」に拠ってはこれを復元することが出来ず、「お」「を」の使い分けに限ってやむを得ず当時の京都アクセントをもとにした基準を提案せざるを得なかった*12。「お」と「を」の書き分けが定家仮名遣いのアキレス腱であったことと契沖が導入した五十音図の弱点が「お」と「を」の錯誤的配置であったことは、誠に皮肉な巡り合わせであった。

宣長は、古代和歌における字余り句が「あいうお」の仮名を必ず含んでいることや古歌の延長音譜が「あいうお」の仮名で表記されることなどから「お」がワ行ではなくア行に属する単独母音であったことを論証した（『字音仮字用格』「おを所属弁」）。宣長は、古代日本語のアヤワ三行の発音が a i u e o　ya yi yu ye yo　wa wi wu we wo のような体系的な対立関係を維持していたことを論証し、中世以来錯誤が続いていた五十音図の「お」と「を」の行所属を六百年ぶりに復旧したのである。宣長は、上代日本語の実態に精通し、加えて漢字音という録音機材を用いて古代日本人の声を聞いたのである。我々は、民族主義者宣長が経験した感激を想像してみる必要がある。言語の中でも音声は、語彙や文法と違って言語共同体への帰属意識を最も強く刺激する肉体的経験である。我々は、他郷で耳にするふるさとのなまりを決して心中穏やかに聞くことが出来ない。

　宣長は、徹底した学理的行程によって、契沖が予言した仮名遣いの要諦を「民族の声」として復元したのである。

5．まとめ

　『字音仮字用格』は、18世紀における漢字文化の大衆化の要請に応えて字音読みの基準を提案したものである。これが本書成立の第一の背景である。その際、宣長は契沖以来の原則に拠って古代語を規範とし、古代の音読みの復元を行った。ここに宣長の実証的業績とやや異質な演繹的な手法が介入することになった。宣長の復元案は、古代日本語音声の再建を伴った。近世仮名遣い論の要諦は、音韻学によって日本古代音声を再建することにあり、それは書記規範の背後にある独自の音秩序に関する本質規定であった。この点が本書成立の第二の学理的背景である。『字音仮字用格』は、近世漢字文化と仮名遣いの学理の合流点に位置する画期的業績であるが、西洋言語学によって音韻史を記述した近代の国語学者は、この仮名遣いの学理の側面を迂闊にして没却したのである。

＊1　高松正雄（1983）『日本漢字音の研究』（風間書房）
＊2　釘貫亨（2007）『近世仮名遣い論の研究』（名古屋大学出版会）
＊3　黒田弘子（1995）『ミミヲキリハナヲソギ―片仮名書百姓申状論―』（吉川弘文館）
＊4　結城睦郎編『日本子どもの歴史2乱世の子ども』（第一法規）第三章（高木靖文執筆）
＊5　平松令三（1973）「解説」親鸞聖人真蹟集成第六巻『西方指南抄下』（法蔵館）926頁
＊6　注5前掲解説
＊7　「モシシカラバ南都北嶺ニモユユシキ学生オホク座セラレテ候フナレバカノヒトニモアヒタテマツリテ、往生ノ要ヨクヨクキカルベキナリ」『歎異抄』二
＊8　注2前掲書
＊9　有坂秀世（1955）『上代音韻攷』第一篇総論「ここに注意すべきは、漢字を万葉仮名として用ゐる場合、その基礎になる字音は、直接には当時の倭音であり、決して本来の支那音や朝鮮音でないといふことである。」191頁
＊10　注2前掲書に東京大学国語研究室所蔵本の影印を収録しているので参照されたい。なお『本居宣長全集』（筑摩書房）第17巻に安永4年4月21日付の宣長による尚賢宛の本書貸与の礼状が収録されており、これが『字音仮字用格』執筆のために「別而要用之書」であった旨が明記されている。

　　「喉音三異弁長々御拝借被‿下忝、此度返上申候、此書は此度字音かなつかひ編撰仕候に付、別而要用之書、長々御借し被‿下千万忝奉‿存候、右字音かなも、弥此節翻刻にかゝり申候、出来仕候はゝ可‿入‿御覧‿候、尚期‿御音‿、草々、穴賢　　　　本居宣長」

＊11　礪波今道『喉音用字考』「二牟差別之例」（安永6年1777）静嘉堂文庫蔵『国語学資料集成』（雄松堂書店）注2前掲書参照。
＊12　大野晋（1950）「仮名遣の起源について」『国語と国文学』12月（東京大学）、「藤原定家の仮名遣について」（1968）『国語学』72集（国語学会）

第5章
明治以降の音韻学

1. はじめに

　近世に確立した日本音韻学の源流は、漢語音韻学と悉曇学そして仮名遣いである。契沖『和字正濫鈔』と鴨東薮父『蜆縮涼鼓集』（ともに元禄8年1695刊行）によって、日本音韻学が漢語音韻学と悉曇学、そして中世仮名遣いから自立した。古代音声再建の学理として展開した契沖の仮名遣い論は、本居宣長に継承され、『字音仮字用格』において頂点的成果を達成した。しかし、19世紀以後は、後期国学の音義言霊派の跳梁に押されて急速に実証力が衰退した。義門『於乎軽重義』（文政10年1827成立）、奥村栄実『古言衣延弁』（1829成立）は、刊行されなかった。その結果、近世仮名遣い論の中枢概念である「喉音三行弁」は忘却された。

　日本音韻学の方法の基礎を提供したのが五十音図と『韻鏡』である。五十音図の水源である悉曇学は、明治以後アカデミーから撤退したが、漢語音韻学は韻書の注釈学として継続し、音声を統合する「音韻」概念は、知識人の脳裏に記憶された。

　言語学や音声学phoneticsの導入前に企画された『古事類苑』（明治12年1879編集開始、明治29年刊行開始）の『文学部（一）』には、「音韻」「音韻論」が立項されている。また、国語調査委員会編『音韻調査報告書』および付録「音韻分布図」における「音韻」の語の使用は、漢語音韻学や日本音韻学が蓄積した統合概念としての「音韻」が継承されていたことを証明する。学術用語としての「音声」の用例は近世から明治前半においては稀であり、この語の本格的な使用は、明治の終わり頃から流入したphoneticsの訳語として「音声学」が当てられて以後のことである。わが国に音声学が定着するまで、音声に関する学術は音韻学と称されていた。言語学、

67

音声学の知識の欠如という理由によって明治前半期までの音韻学に関する評価と学史的関心は、従来芳しいものではなかった。国語学史の通説によれば、明治期の半ばに紹介された言語学と明治期の終わりに紹介された音声学の影響の結果、事実上日本の近代的音声研究が始発したのである。また、橋本進吉の上代特殊仮名遣いの再発見の業績が最大級の評価を受けてきたことと表裏の関係で、近世の古代音声研究があたかも存在しなかったかのような言説が行われてきた。近世の日本音韻学を不当に低く評価する固定観念は、事実に従って訂正される必要がある。

　音声学の導入は、従来の我が国の音声研究の様相を一変させたと言える。その理由は、伝統的音韻学では届かなかった精密な領域に音声学が到達することが出来たからである。しかし、そのことによって伝統的音韻学が成し遂げた重要な業績の幾つかをも洗い流してしまった。その代表的なものが喉音三行弁論であったが、これに加えて従来古典語学において音図の知識を背景に行われた語釈の方法である音韻相通に筆者は注目する。伝統的音韻学では「音」が子音、「韻」が母音を表すが、漢字も仮名も音節文字でありこれより小さな音声特徴を転写することができない。そこで音と韻を分析的に認識するには、子音と母音を縦横に配置する音図が効果的である。慈覚大師円仁が唐で印度僧から口伝を受けて持ち帰った五音(『在唐記』承和9年842)は本来線状表示であった。これを「五音図ごいんのず」として再編成したのが明覚『反音作法』(寛治7年1093)である。梵音の配当図であった五音図をもとにして日本語の母音交替や子音交替が説明されるようになった。音図は、梵音の配当図であるという建前であったが、中世には事実上日本化していたので、その合理的性格によって密教教学の圏外にも知る人が現れた。

　顕昭『袖中抄』(文治元年〜3年頃1187成立)や藤原教長『古今集註』(治承元年1177)が古語の解釈に際して「同音にも同じひびきにもかよへる事おほし」、「かけこくきの五音かよへるゆへ」などと記述し、五音図を前提とした把握を行ったことが知られる。けけれ―こころ(心)すめらぎ―すめろぎ(皇)のような母音交替を「同音相通」、にほどり―みほどり(鳰)ふたぐ―ふさぐ(塞)のよ

うな子音交替を「同韻相通」と呼び、総合して音韻相通と言う。この種の音韻交替は、古代語に多く観察されるので、相通による語釈は説得力を持った。

契沖『和字正濫鈔』以後、古代日本語の配置図として五十音図が位置づけられて音図はさらなる権威を得た。その結果、古語解釈においてみだりに相通を頼む弊害も生じたという。人々の口の端にも上ったらしく、あらゆる言葉に通じることを指して「五韻通用、三明を得、六通をあらはし候」（歌舞伎『参会名護屋』元禄10年江戸中村座初演）[*1] の用例も見える。

古代語における母音交替と子音交替は、言語学と音声学を学んだ有坂秀世によって今日の古代語音声研究の基礎知識として再編成されている[*2]。その結果、音韻相通は近代に音声学が導入されて学理的な役割が終了したことから今では消極的な評価だけが表面に出がちである[*3]。しかし音韻相通の学史上における最大の貢献が母音交替による活用現象を発見し、用言（動詞、形容詞）と活用助辞（いわゆる助動詞）を取り出した点にあることが等閑に付されている。

富士谷成章『あゆひ抄』「おほむね下」において、活用を「立（たち）（ア緯（ぬき））・居（ゐ）（イ緯）・起（おき）（ウ緯）・伏（ふし）（エ緯）・隠（なばる）（オ緯）」のように五十音図上に渡る現象ととらえて「世にいふ同音相通・同内相通なり」とする。オ列音に活用することを「隠（なば）る」とする認識は、本居宣長『活用言の冊子』（天明2年1782頃成立）「凡例」の「第五ノ音（オ列音）ハスベテ万ノ詞ニ活用ナシ、第五ノ音ニハタラカシ言フモノハ、コトゴトク転訛ノ音ナリ」とする認識に一致する。これは、五段に活用する口語動詞に言及したものであるが、宣長が『あゆひ抄』（1778刊行）を参考にした可能性は否定できない。そうであれば、宣長の「活用」概念が「同音相通・同内相通」に由来することになる。

動詞活用論と五十音図は、本居春庭『詞八衢』において、最高度の統一を達成する。しかし、その完成度の高さの故に活用論が音韻相通に由来することも忘却された。

第 2 章で述べたように、伝統的音韻学の再興者の位置に有坂秀世が位置づけられる。有坂は、漢語音韻学の素養の上に音声学、心理学、現象学の理論を動員して、音韻学を近代科学として再復活させた。明治の音韻学は、近世から有坂による再建までの橋渡しの役割を担った。しかし、この時期の音韻学は、伝統的研究の類従が主たる業績であったので、学史的観察の熱心な対象にならなかった。その理由は、この時期の日本語研究が言語学を知る前のものであり、したがって前代までの「音韻学」の伝統だけを継承する退嬰的性格を持っていたと理解されてきたからであろう。確かに、明治前半期の音声研究は、「音韻学」の名によって統合される近世以来の方法を継承し、音声学や言語学の情報なしに行われたのであるから明治前半期の音声研究が消極的に評価される条件を備えている。

　この時期の音韻学の業績として敷田年治『音韻啓蒙』上下（明治7年1874刊行、大阪、枳雲堂）、『古事類苑』「音韻」の項目、文部省国語調査委員会編『音韻調査報告書』が注目される。ここで「音韻」の語が使用されているという事実は、近世以来の学理的統合概念としての「音韻」が継承されていたことを証明する。本章は、言語学と音声学を学ぶ前の我が国の音声言語研究を音韻学として統合し、それを継承した有坂秀世の理論活動を理解する展望を得ようとする。

2. 敷田年治『音韻啓蒙』

　明治の日本語研究は、最初、文法教科書制作の枠内で行われた。音声に関する記述は、おおむね規範文法の枠内で記述されていた。例えば中根淑『日本文典』（明治9年1876刊行）では、「五十音図」「子音」「母音」「濁音」「半濁音」「仮名用格」等音韻学、蘭学文法由来の諸概念が解説される。大槻文彦『言海』付録「語法指南」においても、五十音図を初めとして仮名の綴り字の問題と絡めて音韻学の諸概念が冒頭で説明される。これらは、伝統的に音声が文法学に包摂される洋学文典の基本的作法にならったものである。洋学文典の音声記述が伝統的音韻学を継承している点については改めて検

討に値する問題である。

　このような中で敷田年治『音韻啓蒙』は、独立して音韻学を標榜する数少ない単行本という点で注目される。本書は、冒頭に森礼年による「序」を頂いている。上巻に全体の「篇目」が掲出されている。

　本書冒頭の立論に「正音五十に定れりと云事」と題して、五十音と五十音図を次のように規定している。句読点は便宜に従って改変した。

　　　正音五十に定れりと云事
　　正音は上古より五位十行に定れりけるを何（イツ）の程より混（マガヒ）初けむ。その五十音の中、三音を除（ノゾ）き、四十七音にて言通はし来けり。　　　　　　　　　　［1丁］
この本文に続いて小書きの注文が施されている。次の通りである。
　　この五位十行と云へるもの、皇国上代よりの定まりにはあれど、世界万国悉く然るや。さまで精きことは知り難けれど、音声には。おのづから。世と共に増減あめれば、蛮国どもの上代は知らず、今は五十の音に定らざる国もあり。又言殖せる国も有べし。悉曇にて波和の二音、一音に混ヒて、其の差別なく聞ゆるか如きもあめれば、余は推て知べし。かくて音声の正しきは、吾皇国に過たるはあらずと思ほゆれば。皇国の古音を準縄として駄舌不正の音を正すぞ、此書の至要には有ける。　　［1丁］
以下、本文に割って挿入される小書きの注文は、［　］の括弧で記して引用する。ここで、窺うことのできる五十音からなる「正音」は上代の「皇国音」であり、それを「準縄」として不正の音を正すことが目的であるという。ただし、五十音とはいえ、事実上は四十七音の使い分けであることが了解される。敷田によれば、このような音声の歴史的変化は、日本だけでなく各国にも例がある。智広の『悉曇字記』では、『大唐西域記』を引用して悉曇が梵王の製作であり四十七梵音の合成と転用によって万物が創造された、との記述がある。ここでの四十七音は皇国の四十七音とは別のものであって、混同してはならない。以下、その根拠を挙げる、として敷田は次のように続ける。

天然の理によらば上古は何所(イツコ)も五十音なりしとこそおもほゆれ。
　　さて此五位十行の中、阿行の［阿行とは、アイウエオの五音を
　　云。余ハ是に准ヘテ知ルベし。猶下に図を出すを見よ］伊と夜
　　行の以とを、一音に混じ、又阿行の偁と和行の宇とを一音に混
　　じ、又阿行の衣と夜行の延を一音に混たり。この伊以偁宇衣延
　　は。言語の上にても正しく言分けむをは、更に疑ひもなきを、
　　この六音の中、三音の隠ろひたるは、千二三百年の前ならむと
　　見えたり。　　　　　　　　　　　　　　　　　　　［3丁］
　敷田は、五十音が諸言語を超越した天然の理に基づく普遍音声で
あり、日本語のア行のイとヤ行のイ、ア行のウとワ行のウ、ア行の
エとヤ行のエがもともと区別されていたのであったがこれらが一音
に混じたのは、千二三百年前であるという。そして、ア行とワ行の
「伊為・衣衛・於乎」の区別は天暦以往の上代までは存在したとい
う。本文に続けて割注に言う。

　　［今の世於乎伊為衣衛の六音をさへ三音に言ヒ混へて、其分聞
　　とりがたきを思へ。是ハ奈良ノ朝まではこの差別をさ〴〵乱れ
　　ざりしを、既（ハヤ）く天暦の頃ほひより乱れ初め、今ハいか
　　なる韻学者も文字を離れては、知ル事難くなりにたり］［3丁］
　この注文に続く本文では、「隠ろひたる古音」が仮名に痕跡とし
て残っているかを記紀万葉等の古書の仮名を調査しても見いだし得
ないのは、五十音の区別が和銅養老の頃にはすでに消失していたの
であろうとする。

　　しかるに、古書等（ドモ）の中には、隠ろひたる古音も仮名に
　　伝へて存（ノコ）りやしつらむと、紀記万葉風土記其余の書ど
　　も、心を用ひて読試るに、更に其佛だに見えざるを思へば、紀
　　記を撰びし和銅養老の頃にすら然る定メは既（ハヤ）く失ひし
　　にこそ。　　　　　　　　　　　　　　　　　　　　［3丁］
　　［近世古学をとなふる人たちの中に、此五十音のみに、心づけ
　　るもありて、かにかくに云あつる説ども聞ゆれど、其は只、
　　五十音図の上をのみ見て、必五十音はありぬべき理リ也と、彼
　　悉曇章によりて説を立るのみ。是ぞ古音の差別と云る正しき証
　　を取出たるをは未ダ曽て聞かず。　　　　　　　　　　［3丁］

この注文の趣旨は、五十音図絶対を標榜する平田篤胤以来の音義言霊派を批判しているようにも見える。これに続いて言う。

　　如此ばかり、久しくかくろひたりし古音等の是は安行の伊、彼は夜行の以なりと、わい〲しく見えたるもあれば、左に引くを見よ。　　　　　　　　　　　　　　　　　［3丁］

古音の差別の確証がないと否定的な見解を表明する一方でア行のイとヤ行のイの区別が「わい〲しく見えたる」つまりはっきりと見えるとして次の根拠を挙げる。すなわちア行に母音交替するペアーを挙げてこれらの語例に用いられた「い」をア行とし、ワ行に交替するペアーに用いられた語例の「以」をヤ行として、それらの語例に出典を挙げて考証している。まずア行―ア行の交替すなわち同行相通の例を次に挙げる。

　　いき―おき［息］　いたづき―うたづき［労］　いとけなし―おときなし［幼］　いも―うも［芋］　いだき―うだき［懐］　いづる［出］―うつる［棄］　いづこ―うづこ［何処］　いつはり―うつはり［偽］　いく［生］―うく［浮］　いさむる―あさむる［諫］

次にア行―ヤ行の相通例を次に挙げる。

　　以ばり―ゆばり［尿］　以め―ゆめ［夢］　以る［射］―ゆみ［弓］　以くは―ゆくは［的］　壱岐―ゆき　以く―ゆく［往］　以み―ゆみ［忌］　以か―ゆか［床］　以るかせ―ゆるかせ［忽］

これらには、日本書紀、万葉集、大同類聚方、和名抄、後世の和歌、風土記、新撰字鏡、皇太神宮儀式帳、内蔵寮式、続千載集、西国方言などが引かれている。方向としては合理的な考証態度を維持しているが、上代文献の引用では後世の訓に頼るものが目立っており、現状の水準から見れば本書の考証からヤ行イの存在を結論することができない。ア行の㐂（ウ）と和行の宇の別についても同行相通の例を根拠にする。先ず、ア行音と交替するウの例を挙げる。

　　うつくし―いつくし［愛］　うを―いを［魚］　うばら―いばら［薔薇］　うずめ―おすめ［鈿女］　うはぎ―おはき［齋蒿菜］　うゑ―おう［飢］　うむかし―おむかし［嬉］　うごく―おごく

第5章　明治以降の音韻学　　73

［動］

次にワ行音と相通するウ音の例を挙げる。

うさぎ―をさぎ［兎］　うけら―をけら［朮］　うそ―をそ［嘘］　うなじ―をなじ［項］　うつつ―をつつ［現］　うやうやし―ゐやび［恭］　うこ―をこ［愚］

上で引用されているのは、先代旧事本紀、和名抄、本草和名、古語拾遺、康頼本草、本草和名、出雲風土記、重之集などであるが、平安時代以後の文献に考証を頼ることが多く、上代におけるワ行ウの存在という本書の結論は現状の水準では認めることができない。

ヤ行の延について、次の語例を「夜行の延」として挙げている。延らふ［択］（これは常語による）ひ延鳥［鴨］（本草綱目に「ひよ鳥」とある故ヤ行とする）延しぬ［芳野］（よしの［吉野］と交替する故ヤ行とする）また、おい［老］むくい［報］こい［臥］や、もえ［燃］いえ［癒］さかえ［栄］は、「ゆ」に通うので、それぞれヤ行の「い」「え」であるとする。ヤ行の延の存在についてはすでに奥村栄実が論証しているが、本書の考証は、母音交替例を挙げるのを専らにしており、古書による「衣・延」の用例の考証を優先した栄実とは異質である。『古言衣延弁』が刊行されなかったことと併せて推測すると、敷田が栄実の業績を知らなかった可能性がある。

以上のように本書は、五十音図上のア行イとヤ行イ、ア行ウとワ行ウ、ア行エとヤ行エの区別を結論づける。これは、五十音図を説明の軸にする仮名遣い論の要諦である喉音三行弁が理論的に導き出した仮説であるが、本書が喉音三行弁を知っているとは考えられずこの語も用いていない。

本書は母音交替に注目してアヤワ三行の従来の空白を埋める音声を論証しようとするが、宣長の『字音仮字用格』「おを所属弁」が万葉集の字余り例とともに上代文献の仮名書きに厳選した母音交替例を提示し、その結果単独母音音節のア行音（アイウエオ）を析出したような精密な考証から大きく後退しており、論証は成功していない。敷田は、喉音三行弁論ではなく直接的には音義派の観念的結論を維持しようとしたもののようである。考証の最後を次のコメン

トが締めくくっている。

　古に引ける古仮名どもはこれのみなるとにはあらず。今頓に思ひ出たる限りを少々物しつるなり。凡此伊以傴宇衣延の六音に関係する語は、語毎に皆定りたる仮名ありて、彼は阿行の傴なり。是は和行の宇なり。など軽重をきはやかに云分け書分くべき理なるに、古書どもに其証みえざれば、今たやすく知ることあたはず。然れど下に引く反切の語どもは、皆阿行の伊傴衣なれば准へて知るべし。かくて年治をじなくも此道を嗜み遠く言理を捜りて数千載埋れ来し古仮名を世に顕しつるを規則として余を此例に倣ひこと〴〵く其仮名を捜索（サグリ）えまほしき業なり。是亦道を古へにかへす一助ならむかし。　　　　［9-10丁］

この直後に、「五十音之全図」と称する五十音図を掲げる。本図の真下に比較的小書きで施されている注記と併せて示す。この注記において敷田は、喉舌牙歯唇の調音分類を元々「悉曇家

○五十音之全圖

	行安	行加	行左	行他	行奈	行波	行万	行夜	行良	行和	
第一位	安 アあ	加 カか	左 サさ	他 タた	奈 ナな	波 ハは	万 マま	夜 ヤや	良 ラら	和 ワあ	轉音
第二位	伊 イい	岐 キぎ	之 シし	知 チち	尓 ニに	比 ヒひ	美 ミみ	以 ヤい	利 リり	為 キゐ	要音第三位
第三位	傴 ヒう	久 クく	須 スす	都 ツつ	奴 ヌぬ	不 フふ	牟 ムむ	由 ユゆ	留 ルる	宇 ウう	
第四位	衣 エえ	氣 ケけ	世 セせ	弖 テて	祢 子ね	閉 ヘへ	米 メめ	延 反延	礼 レれ	恵 ヱえ	第位
第五位	於 オお	古 コこ	曽 ソそ	止 トと	乃 ノの	保 ホほ	毛 モも	與 ヨよ	呂 ロろ	乎 ヲを	俗音

以上五音ハ反切音にて拗言なし
又夜和の二行と第三位の横音とにも拗言なき事別に記せるか如し
凡此安行加行等の件ゝと呼ふアヤワの三行を喉音サタラナ等を舌音カ行を牙音ハマ行を唇音などと称へるは素悉曇家の私説にて我いにしへに聞かざりし称なればすべてとらず

図1　五十音之全図　　　　　　　　　　　　　　　　　　［10丁］

第 5 章　明治以降の音韻学　　75

の私説」であるとして採用しない旨を表明している。しかし、事実は「喉舌唇」の三内説が悉曇学の調音分類であり、敷田の言う「アヤワの三行を喉音、サタラナ等を舌音、カ行を牙音、サ行を歯音ハマ行を唇音」は、漢語音韻学の五音の分類であり、しかもこの記述は、近世期に和刻された韻鏡諸本の音図に掲載される「五音の歌」（アワヤ喉サタラナ舌にカ牙サ歯音ハマの二つは唇の軽重）に依っていることが明らかである。五音が漢語音韻学の分類であるにもかかわらず、敷田がその「アヤワ喉音」を悉曇家の私説であり、「我いにしへに聞かざりし称」であるが故に採用しないということは、彼が漢語音韻学の範疇を借りた喉音三行弁の知識なしに「伊以・㐃宇・衣延」の区別を論じていることを示すものである。敷田は、契沖や宣長の実証を知らず音韻相通と音義派の思弁だけを背負っていた。

　ところで上に掲げた五十音之全図は、個性的な特徴を伴っている。それは、安行の㐃の片仮名には、「コ」を左右逆にしたような字を充て、夜行の以の片仮名には「イ」を上下逆にした字を、また「延」の片仮名には漢字の「反」の字に似た字を充てている。ヤ行のイとエに関するこのような変わった片仮名の配置は、明治初年頃の五十音図にいくつか観察されることが既に報告されている。馬淵和夫は、明治６年刊行の文部省編纂『小学教授書全』の「五十音の図」ではヤ行のイに「イ」を上下逆にした形「⍑」を配置し、同行のエに「イ」と「エ」を合体させた形「⍁」を配置することを報告している＊４。古田東朔は、このような音図が音義派由来のものであるとしている＊５。馬淵は、古田を引用する形でこのような音図が「江戸時代の漢字音韻学者流のものである。」とするが、これは、喉音三行弁が導いたア行とワ行のウ、ア行とヤ行のイ、ア行とヤ行のエの区別の仮説に関する実証的過程をすべて没却して、結論だけを観念的に継承する音義派の認識を反映している。その方法は、伝統的な音韻相通を拡大適用した交替例の付会的な網羅にとどまるものであり、今日の実証的検討に耐えうるものではない。

　ところで本書は「音韻と云フ事」という一章を設けている。「音韻」は、この学問を統合する概念であり、敷田がこれをどのように

規定しているのか注目される。敷田は、「音とは字の古衞を云ヒ韻とは字音の響（ヒビキ）を云フ。」としたうえで、従来の漢語音韻学の諸範疇の説明に費やしているが、新味のある記述は認められない。「音とは字の古衞を云ヒ」の意味は、詳らかにしない。本書の「音韻と云フ事」の章は、従来からの音韻学の既存の情報を祖述するにとどまっており、学術の統合概念としての「音韻」を理論的に規定したものではない。先に「篇目」を紹介したように、本書は、この後下巻にわたって音韻学の綱要を述べているが、記述に学説史的意義を見いだすことは困難である。

3.『古事類苑　文学部一』の「音韻論」

　明治前半期において「音韻」および「音韻学」がどのような知的存在として理解されていたのであろうか。それを知るには、敷田の『音韻啓蒙』と並んで『古事類苑　文学部一』の「文学部二　音韻」の項目が参考になる。本書「音韻」は、わが国の音韻学に関する諸書の記述を類従したものである。構成を見る限り、音韻学は梵漢和の伝統的な音声に関する学術を総称していると推測される。項目冒頭の「音韻論」において、この学術の規定がなされている。

　　音韻ノ学ハ、其の起源詳ナラズ、始ハ支那ノ韻書ノミヲ用キシガ、後ニハ邦人ニモ亦之ヲ著作スルモノアリキ、菅原是善ノ東宮切韻ノ類是ナリ、其後反切ヲ検シテ漢音呉音ヲ正スノミナラズ、年号人名ヲモ反切ニ由リ吉凶ヲ論ゼリ、徳川氏ノ時ニ至リテハ、韻学ニ用キル所ハ、韻鏡ノ一書ノミニシテ、之ヲ講ズルモノ陸続トシテ起リ、吉凶判断ノ用ニ供スルコト益々甚シカリシカバ、僧文雄ノ説ハ、唐音ヲ主トシテ我邦ノ漢呉音ヲ論ズルモノナリ、原来反切ノ法ハ頗ル復雑ニシテ知リ易カラズ、且ツ実用ニ供スル事モ極メテ少ナカリシガ、備後福山ノ藩士太田方、漢呉音図ヲ著シテ、従来ノ反切法ヲ棄却シ、一ニ五十音図ニ拠リテ、字音ヲ正スコトヲ主張セシヨリ、大ニ我国人ノ実用ニ適シ、古来伝ハル所ノ韻鏡ノ諸注、多ク廃棄セラルヽニ至レリ、五十音図ハ、悉曇ノ法ニ拠リテ組織セシ所ニシテ、母子音五十

字ヨリ成レルモノナリ、之ヲ以テ国語ノ解ヲ得ベシ、然ルニ中世以降、阿行王行ノ於乎錯置シタリシヲ、本居宣長出ヅルニ及ビ、之ヲ古書ニ徴シテ其誤ヲ正シヽハ、韻学ニ於テ其功大ナリト謂フベキナリ、尚ホ呉音、和音、漢音等ノ事ハ、外国語学篇ニ詳ナリ、

上記引用文のうち日本音韻に関する言及は、五十音図の「阿行王行ノ於乎」の錯置を本居宣長が是正した点を功績の大なる点として、記している。日本音韻学に関して『古事類苑』が注目するのは、もっぱら五十音図であり、その観点から宣長『字音仮字用格』「喉音三行弁」「おを所属弁」がコメントを付けずに引用されている。仮名遣いと五十音図そして古代日本語音声を不可分に結びつけて考察された契沖以来の日本音韻学の立場は、ここでは敷衍されておらず、「仮名遣」は同書「文学部三　国語学」において別項で取り上げられている。本書「仮名遣」が類従して部分的に引用する文献を以下に挙げる。

仮名文字遣　勢洲軍記上　難波江四　悦目抄　年山紀聞五　徒然草上　野槌上　右文故事九　万葉集二十（権少都成俊奥書文和二年）　仙源抄奥書（長慶天皇）　能書方仮名遣　北辺随筆初篇三　鶯峯文集九十四跋　仮字大意抄　和字正濫鈔一序　和字正濫要略乾　和字正濫要略坤　古事記伝一　倭字古今通例全書一　古言梯標註　拙堂文集六跋　玉勝間六

以上の文献で引用される文章は、中世から近世にかけて仮名遣いにおける書記規範に焦点を当てた個所を中心に類従されており、宣長の『字音仮字用格』は挙げられていない。このことは、18世紀以後鮮明になった「仮名遣い論・喉音三行弁・古代音声」の三位一体の論点を本書の編者が認識していなかった可能性が高いことを示している。『古事類苑』の「音韻」は、悉曇学と漢語音韻学を中心に把握されており、日本語の音声は、五十音図をめぐる認識に限定してとらえられている。また、仮名遣いと五十音図および喉音三行弁は、統一してとらえられておらず、喉音三行弁に関しては、その真意は理解されていない。

『古事類苑』が記載する「音韻」および「音韻学」は、伝統的な

知識を集成したものである。また、これに関連する「仮名遣」に関する認識は、五十音図と喉音三行弁に連結する古代音声再建の学理として理解されておらず本書の段階において解体している。

4.『音韻調査報告書』の学史的意義について

　『音韻啓蒙』と『古事類苑』は、明治期における音韻学に関するまとまった記述を持つ代表的な著作であるが、その実態は、近世の仮名遣い論が明らかにした古代音声再建の学理を没却した不十分な水準にとどまるものであった。しかしながら、仮名遣い論の基礎を形成した音韻と音韻学の概念は、その後も知識人の脳裏に残った。文部省国語調査委員会『音韻調査報告書』は、全国的規模で実施した当時における現代方言音声に関する調査報告であるが、その方法の源泉は近世以来の音韻学にある。本書に関する評価としては、方言研究者の間では方法上の未熟さと調査報告の信憑性が問題とされるが、本書の学史上の意義は方言音声の大規模調査によって次世代のphonetics導入の受け皿を形成した点にあるだろう。

　本書は、標題に「音韻」の語を冠することに注目したい。この事実は、本書が方言音声を「音韻」の概念で学理統合する点において、伝統的音韻学を継承していることが知られるのである。本書は、

　　主トシテ普通教育ニ於ケル仮名遣ノ改正及ビ標準的発音ノ制定
　　ノ参考ニ供センガ為メ、調査事項二十九箇条ヲ印刷ニ付シ明治
　　三十六年九月九日之ヲ各府県ニ発送シテ其調査ヲ依嘱シタリ

（序言）

とあるように、実際的目標のために編纂された。この調査が具体的にどのような学問的方法によって行われたかについて、本報告書に附属して刊行された「音韻分布図」の「目録」および「音韻分布図ニ就キテ注意スベキ点」に見ることができる。「目録」は、「長音ニ関スル部」「母音ノ変換ニ関スル部」「「ヤ」行及ビ「ワ」行ニ関スル部」「子音ニ関スル部」を併せて次の二十九箇条が挙げられている。

　　　　〇長音ニ関スル部
一、　国語ノ「ア」列長音二音分布図
二、　国語ノ「イ」列長音二音分布図
三、　国語ノ「ウ」列長音二音分布図
四、　字音ノ「ウ」列長音二音分布図
五、　国語ノ「エ」列長音二音二重音分布図
六、　字音ノ「エ」列長音二音二重音分布図
七、　国語ノ「オ」列長音二音二重音分布図
八、　字音ノ「オ」列長音二音二重音分布図
九、　「逢フ」「買フ」等ノ波行
十、　「食ヒ」「強ヒ」「用ヰ」等ノ動詞活用法ノ発音分布図
十一、「食フ」「吸フ」「縫フ」等ノ波行四段活用動詞ノ終止連体法ノ発音分布図
十二、「追フ」「思フ」「酔フ」等ノ波行四段動詞ノ終止連体法ノ発音分布図
　　　　〇母音ノ変換ニ関スル部
十三、「イ」列音「エ」列音変換分布図
十四、「イ」列音「ウ」列音変換分布図
　　　　〇「ヤ」行及ビ「ワ」行ニ関スル部
十五、「ユ」音の変化分布図
十六、「イ」音（ye）分布図
十七、「ウィ」音（wi）分布図
十八、「ウェ」音（we）分布図　甲
十九、「ウェ」音（we）分布図　乙
二十、「ウォ」音（wo）分布図　甲
二十一、「ウォ」音（wo）分布図　乙
二十二、波行四段活用動詞未来形ノ発音分布図
二十三、複合語中動詞「合フ」ノ転呼分布図
二十四、複合語中ノ「ア」音転呼分布図
　　　　〇子音ニ関スル部
二十五、「ガ」行鼻音（ng）分布図
二十六、語頭及ビ複合語中ノ「ガ」行鼻音（ng）分布図

二十七、「カ」「クワ」分布図
　二十八、「ジ」「ヂ」分布図
　二十九、「ズ」「ヅ」分布図
　以上の条目は、ほとんどが五十音図を駆使した日本音韻学、漢語字音学、活用研究、四つ仮名研究の成果に基づく問題把握によっている。ただし、語中語尾の鼻音に関する観察は、従来の日本音韻学にはない新知見を織り込んだもので注目に値する。また、ng あるいは wi we など所々に見いだされるローマ字に基づく補助的表示は、蘭学文法、英学文法などの既存の知識によるものであり IPA 表記の精密さに及ばないが、効果的な記述を助けている。
　本書の記述方針は、洋学文典も含めて漢語音韻学、日本音韻学、活用研究の成果を現代語記述に動員したものであり、その画期的意義は否定しがたい。『音韻調査報告書』の学史的意義は、仮名遣い論の精髄たる喉音三行弁を忘却し、また漢語音韻学の教条に縛られて低迷していた日本音韻学の急展開を実現したことにある。本報告書が「主トシテ普通教育ニ於ケル仮名遣ノ改正及ビ標準的発音ノ制定ノ参考ニ供センガ為」という実際的目標によって動機づけられたが故に、このような飛躍的応用が可能になったといえよう。本報告書によって日本語研究は、音声記述の具体性を確保し、phonetics 受け入れに向けての安定的な受け皿を担保したのである。
　また留意すべきはこの調査が事実上各府県庁および師範学校、府県教育会に設置された調査委員会によって行われたのであって、このことは、各府県に国語調査委員会の上記技術上の趣旨を理解して、これをよく実践しうる人材が育っていたことを示すものである。
　本報告は、五十音図に基づく音韻学、仮名遣いの要諦、動詞活用論と音便形、ガ行鼻音に関する音声学的知識、直音合拗音の別、四つ仮名等の伝統的古典語学の知識を動員して同時代の諸方言の実態に接近して言語政策に反映させようと試みた画期的成果である。本報告書に関して、従来しばしば言われる言語学や音声学の知識なしに行われたという方法論的未熟を指摘する遡及的評価は必ずしも当を得ない。

5. phonetics 以降の音韻学

　比較言語学の古音分析に方法上の資源を得て英仏で発達した新興科学の音声学 phonetics は、IPA（国際音声字母）の情報と併せて明治の終わり頃に我が国に紹介されたという＊6。

　音声に対する観察は、西洋においては伝統的に文法学の中で行われていた。この規範文法の積年の状況を変えたのが、比較言語学であった。比較言語学は、最初比較文法として発達したが、文法形態の比較から次第に観察が精密になり、文字の背後にある古代音声に想像力が及んでグリムの法則とウェルネルの法則に到達した。ここに「音韻対応 sound correspondance」の概念が浮上し、比較文法学は飛躍的な精度を獲得する。言語学の誕生である。その結果、古代語音復元の方法として完成した音声学が文法学から自立するに至った。近代音声学の祖として位置づけられるイギリスのヘンリー・スウィートは、ドイツに留学し、ヤーコプ・グリム J. Grimm の『ドイツ文法』第二版（1822年、始めてグリムの法則が報告された）に深く傾倒した。イギリス音声学の方法の源泉は、ドイツ歴史音声学であった。1886年に、パシー P. Passy、ジョーンズ D. Jones、イェスペルセン、スウィートらが結集して国際音声学協会（International Phonetic Association）が設立され、今日に継承される国際音声字母（以下、本文中では IPA とする）が1888年に発表された。神保格は、大正14年（1925）に『国語音声学』（明治図書）を著して、その中で、国際音声字母の存在に言及し、次のように述べている。

　　（前略）そのローマ字を基にして多少の変更を加へた音声符号にも数多の流儀があるが、今最も盛に使はれるのは「万国音標字母」（International phonetic Alphabet）で、近頃我国でも英学者の間に次第に使はれ出したものである。

（第3章「音声研究法」27頁）

　「音声学」の名を冠した著書で、先の神保『国語音声学』より前に出版されたものを筆者は確認していないが、この書物の刊行年は、日本における音声学協会設立の前年である。神保に続いて佐久間鼎

は、昭和4年（1929）に、『日本音声学』を東京の京文社出版から上梓している。その「はしがき」によれば、

> 著者が日本語の音声学的研究に従事してからすでに十余年を経た。その間しばしば日本音声学の体系化を企てたのであるが、まだその機会を得なかった。

と述べている。昭和4年から「十余年」をさかのぼるとすれば、1910年代すなわち明治の終わり頃から、佐久間の音声学が始まったと思われる。佐久間の『日本音声学』は後に昭和38年（1963）に風間書房から復刻されるが、その「序」で佐久間は音声学を研究するに至った端緒をやや詳しく語っている。少し長くなるが重要な情報を含んでいるので次に引用する。

> 本書は、日本における音声科学の研究の初期にあらわれたもので、一種の歴史的役割をも演じたものと認められている。全巻の主要な部分は、大正2年から7年（1913〜1918）までの5年間に著者が東京帝国大学大学院に在学して達成した研究の成果による。当時著者は、イギリス人のエドワーヅがソルボンヌ大学に提出した学位論文『日本語の音声学的研究』を読んで、そのころ一般に流布していた諸説の水準を抜いた最初の学術論文としての価値を認めたが、同時にその中にすこぶる疑問とすべきものあることを見出して、これを日本人の手で改めて検討しなければならないと痛感した。

時枝誠記によれば、上のエドワーヅ E. Edwardz の著書は、明治36年（1903）の成立で、昭和10年（1935）に高橋義雄によって翻訳刊行された（『現代の国語学』有精堂1956年）*7。佐久間は、日本語の諸方言のアクセント調査を行っていたロシア人言語学者ポリワーノフ Y. Polivanov に接して調査に協力したことを述べたうえで、当時の音声学に関する日本の環境を次のように評価している。

> 現在と比較するまでもなく、音声事象に対する一般の関心は問題にならない程度で、わずかに好事家の間の話題となり議論の的となったのに過ぎない。当時の音声認識は、まだ学術的水準に達したものとはいえないものが多く、参考に資するに足りる所論を見出すことが困難だった。ひとり卓越した業績を示した

のは、明治25年初版を出した山田美妙(本名武太郎)の『日本大辞書』にかかげられた『日本音調論』だといえる。いまでこそこれの所論の内容と価値とは学界にひろく認められてはいるが、明治の末期にあっては国語専門の学者もこれに説き及ぶものがない有様で、学界から忘れ去られ埋もれていた。著者も山田のアクセントに関する見解について聞知したのは、ポリワーノフからがはじめてだったと記憶する。ヨーロッパの一部の言語学者・音声学者の関心は、もはやその辺にまで及んでいたのだった。本書『日本音声学』は、前述の大学院論文の成果を根幹とし、多少の一般音声学的解説を緒論として添えたもので、大正年間の初頭における音声学の開拓したかぎりをおさめている。出版の年次は昭和四年となっている。

(佐久間『日本音声学』「序」昭和38年、風間書房)

　以上の事柄を考えると、音声学の導入は、明治期の終わり頃から模索され始め、以後十数年を経て大正期の終わり頃にはその気運が盛り上がってきたと推測できる。わが国の音声学協会(大正15年1926設立)の設立はこの気運を反映していた。その際、phoneticsを音声学と訳したことは、この新興の学問が伝統的な音韻学と一線を画する普遍的で科学的な方法を自覚していたことを表している。

　明治以降の音声研究は、近世以来の音韻学の蓄積を原資にして、音声の統合概念として「音韻」の語が使用された。音韻は、本質的に抽象語であり、今日の日本語学に継承されている。

　明治の終わり頃から、イギリスを発信地とするphoneticsの情報が流入し始めた。phoneticsは、歴史音声学に方法を学びながら、教育科学としての性格が濃厚であった。これに反応したわが国の学界は、従来の音韻学と区別してphoneticsを「音声学」と訳して差異化を図った。我が国の音声学の最初の著作は、筆者の見る限り神保格『国語音声学』と思われるが、その際、神保は従来の音韻の概念を彼の音声学の中に「抽象的音声」として生かしたと見られる。この「抽象的音声」が、昭和11年以後プラハ学派のphonologyが「音韻論」として紹介された際、有坂秀世の「音韻論」の心理的規定とともに「音韻」概念として位置づけられる。

6. 音韻学の再理論化としての有坂秀世の「音韻論」

　有坂秀世は、近代における不世出の古典音声学者として知られる一方で、学位論文『音韻論』（三省堂、昭和15年1940刊行）を著した音声理論家でもある。有坂は、昭和6年1931東京帝国大学文学部言語学科を卒業しており、音声学協会が設立されたのが大正15年であるから、彼は音声学の素養を積んだものと考えられる。有坂の最初の理論的著作である「音声の認識について」『音声の研究』第Ⅳ輯（昭和6年12月）において、彼は自らの観察対象をさして「音韻観念」の語を用いている。この時期は、phonologyが紹介されて「音韻論」と訳される以前のことであるから、有坂が用いる「音韻」の概念は、明治以来の音韻学の延長上にあるとみてよい。題目に「音声の認識」とあるように表向き音声学の論考であることを思わせるけれども、その中核概念を「音韻観念」とするのは有坂の依って立つ位置を象徴する。すなわち、有坂は、音韻観念の学を目指しながら、その方法として音声学を援用するということであろう。有坂は、伝統的音韻学を継承する理論家として登場したのである。

　同じ頃ヨーロッパでは、1926年に東欧プラハで自然科学に傾倒した音声学に対して、言語共同体に関与するもののみを現実の音声から選択的に観察するphonologyが提唱され、昭和7年1932にこれを我が国に紹介した菊沢季生が「音韻学」と翻訳し、以来菊沢の訳語を継承する「音韻論」として、我が国の学界に流布するようになった。詳細は次章に譲るが、phonologyが紹介される前から「音韻観念」の理論を構想していた有坂はこの事態に衝撃を受け、以来3年間の理論的沈黙を余儀なくされる。

　有坂の立脚点は、記述方法を音声学によりつつ、定義の根幹を思惟主体の認識に置くものであり、この概念を純化するために有坂はフッサールの現象学を参照した可能性がある*8。有坂の思索の出発点は、昭和6年の「音韻観念」にあり、伝統的な音韻学を継承するものであった。有坂の論は、近世以来の音韻学の再理論化と評価するに相応しいものである。有坂は、プラハ学派phonologyが我

第5章　明治以降の音韻学　　85

が国で「音韻論」の名の下に流布することに恐怖し、伝統的古典音声学の継承者の自覚から自らの音声理論を「音韻論」として世に問うた。トルベツコイの『音韻論の原理』の日本語訳が大幅に遅れたことと相俟って、有坂の理論はやがて我が学界で権威を獲得するに至った。有坂は、伝統的音韻学に再び生命を吹き込んだのである。

＊1　鳥越文蔵、和田修校注「参会名護屋」（1997）『江戸歌舞伎集　新日本古典文学大系96』（岩波書店）6頁
＊2　有坂秀世（1957）『国語音韻史の研究増補新版』（三省堂）
＊3　古田東朔・築島裕（1972）『国語学史』（東京大学出版会）
＊4　馬淵和夫（1993）『五十音図の話』（大修館書店）
＊5　古田東朔（1978）「音義派『五十音図』『かなづかい』の採用と廃止」『小学読本便覧第一巻』（武蔵野書院）
＊6　服部四郎（1951）『音声学』（岩波全書）66頁
＊7　Edwards, E. R (1903) Étude Phonétique de la langue japonaise: Thèse pour le doctrat de L'Université de Paris, present à la Faculté des Lettres à la Sorbonne
＊8　本書第10章を参照

第6章
phonologyと有坂秀世の「音韻論」

1. はじめに

　日本語音声の歴史的再建に不朽の足跡をとどめた有坂秀世は、音声理論の分野においても没することのできない業績を残している。有坂の学位論文『音韻論』は、昭和6年以来の彼の理論研究の集大成であって、爾来この書物は古典音声学の分野の権威と共鳴して長らく斯界の標準的理論書としての位置を占めてきた。しかし、本研究が明らかにするように、有坂の理論は彼の実証的な古代音声再建と併行してしかも密接に関連して形成されており、それらとのつながりで理解されるべき構成を備えている。したがって、有坂理論を一般言語学的に敷衍して、方言音声や未知の言語のフィールドワークで採集した音声の記述に適用することはできない。何故なら、彼の規定である「音韻＝発音運動の理想、目的観念」は、「注意深く丁寧に発音される場合に」現れる発音とするように、話者としての経験が先行してあらかじめ把握されているからであり、全く新しい経験を説明することができない。有坂理論の限界は、このような思弁的本質にある。

　一方、音声学の手法を用いて歴史的音声再建の方法を完成させたのが有坂であって、彼の方法は中国語音韻史研究を併行して実施し、その成果を古代日本語研究に援用するという余人の及ばない大規模なものであった。私見によれば有坂の理論は、自ら実践した古典音声再建の中核的指針である。有坂の古代語研究は、『韻鏡』『広韻』などの韻書を駆使するものであり、その特殊な教養源は明治の帝国大学にはなく伝統的な梵漢和の音韻学である。18世紀以後、わが国には音韻学という学問が確立していた。その源は、院政時代以来の悉曇学、『韻鏡』注釈、法華経字音学、近世仮名遣い論であって、

音韻学は、これらの学術が密接に関与して成立した。鎌倉時代以来、『韻鏡』注釈は、密教教学としての悉曇学の枠内で行われたが、室町時代以後担い手が仏家から儒者に移行して世俗化し、「音韻之学」などと呼ばれていた*1。仮名遣いは、契沖『和字正濫鈔』において、古代音声復元の学理として編成しなおされて日本音韻学が立ち上がった。『和字正濫鈔』と同年に刊行された鴨東萩父『仮名文字使蜆縮涼鼓集』は、四つ仮名の仮名遣い書であるが、著者は仮名遣いの学問的本質が音韻にあり、これらはすべて「音韻の学」に属すると述べる。文雄『和字大観鈔』には「日本音韻開合仮名反図」と名づけられた音図が付録されている。18世紀において「音韻」と「音韻学」は、音声に関する学術的統合概念であった。これが明治以後も引き継がれ、国語調査委員会『音韻調査報告書』「音韻分布図」などの「音韻」概念に継承された。有坂の「音韻論」は、この伝統的概念を背負っているのである。

　有坂によれば「音韻」とは、「発話行為の目的観念」「発音運動の理想」である。これは、多様性極まりなき現実的音声を貫く不動の標準が唯一心理の中に存するという独自の理論に基づくものであった。このように心理主義的色彩の強い理論は、弁別的機能を音声分析の基本にすえるプラハ学派のphonology（今は「音韻論」と訳されるがこのことについては改めて論ずる）とは著しい対照をなし、しかも有坂は、最終的に自説をプラハ学派に対抗する形で提出した。それが学位論文『音韻論』である。

　有坂は、自らの歴史音声研究遂行の指針として「音韻」の理論化を図った。その過程で出現した言語学の波は最初、20世紀初頭にphoneticsが到来し、近代科学として佐久間鼎や神保格らによって「音声学」と訳された。次いで到来した第二の波が1930年代に押し寄せたプラハ学派のphonologyであり、これが菊沢季生によって「音韻学」と訳された。菊沢の訳を継承してphonologyが「音韻論」として普及する趨勢に対抗して伝統的「音韻」観念の自覚的保持者である有坂がプラハ学派批判を展開した。本章では、彼の理論形成に不可分に絡んだプラハ学派批判のモチーフに焦点を当てて論じたい。

2. 1930年前後の学界動向

　有坂が学界に登場したのは、『音声の研究』第Ⅳ輯（昭和6年1931、12月）のことである。そこでは、有坂の論文が2本（「音声の認識について」「国語にあらはれる一種の母音交替について」）掲載されている。両編は、共に後の有坂の理論研究と実証研究の根幹をなす重要な論考であった。以下、『音韻論』に結実するまでの有坂の理論的研究の歩みを論文の執筆順に列挙したい。論文の執筆時期の考証は慶谷壽信「有坂秀世博士略年譜稿」による*2。

① 「音声の認識について」（昭和6年春頃執筆）『音声の研究』第Ⅳ輯（昭和6年12月16日発行）
② 「拙稿『音声の認識について』に対する訂正」（昭和7年6月1日執筆）『音声の研究』第Ⅴ輯（昭和7年12月10日発行）
③ 「音の『変化』の概念について」（昭和7年8月17日執筆）『音声学協会会報』第29～30号（昭和8年5月25日発行）
④ 「Phonemeについて」（昭和9年1月4日執筆）『音声学協会会報』第33号（昭和9年5月30日発行）
⑤ 「音韻に関する卑見」『音声学協会会報』第35号（昭和10年1月5日発行）
⑥ 「『音韻に関する卑見』中の用語の訂正」『音声学協会会報』第36号（昭和10年5月25日発行）
⑦ 「音韻論」（原稿を音声学協会へ送ったのが昭和10年8月末）『音声の研究』第Ⅵ輯（昭和12年1月5日発行）
⑧ 「音韻体系の理想と現実」（昭和10年8月末以後執筆）『方言』第5巻10号（昭和10年10月1日発行）
⑨ 「音韻変化について」『コトバ』（昭和10年10月、11月、12月号、昭和11年1月、2月、3月、4月、5月号）
⑩ 「意義の区別と音韻」『コトバ』（昭和11年12月号）

さて、上記①から⑩までの論考は、二つの種類に分けられる。一つは③と⑨の論考群であり、これらは通時的音変化に関する一般理論の構築を目指したものである。もう一つは、共時的な音声理論に

関する論考群である。この枠組みは、著書『音韻論』に継承されているが、本研究で当面の関心事となるのが後者の理論的研究である。共時的理論に関する有坂の論文は、学界デビューの①②と次回作の④との間にほぼ３年間の隔たりがある。彼の学問的精力を知る者にとって、３年の空白は長いと言わざるを得ない。昭和６年から９年までは慶谷が解明したように、結核の発病による二度の入院という障害を背負った時期に当たるけれども、この時期は有坂の研究が飛躍的に発展したのである。この期間の有坂の実証的方面の業績を列挙すると次のようになる。有坂は、病気療養中も研究を中断しなかった。

　「国語にあらはれる一種の母音交替について」『音声の研究』第Ⅳ輯（昭和６年12月）
　「古事記におけるモの仮名の用法について」『国語と国文学』（昭和７年11月）
　「古代日本語における音節結合の法則」『国語と国文学』（昭和９年１月）
　「不可能を意味する『知らず』について」（昭和８年９月19日執筆）『藤岡博士功績記念言語学論文集』（岩波書店、昭和10年12月）

　さらに、鎌倉の鈴木療養所再入所期間（昭和８年８月から年末まで）に『上代音韻攷』第三部（同書253–739頁）を執筆するという驚異的な事実も明らかになっている。有坂の研究の飛躍的発展期であったこの時期に彼の理論的思索が停滞したとは考えにくい。３年に及ぶ有坂の沈黙には学問的理由があった。すなわち、この時期に紹介されたプラハ学派 phonology の理論的動向を有坂が観察していたのである。これについては後述する。

　注目しなければならないのは、この沈黙を破って公表した次回作「Phoneme について」が後の集大成された著書『音韻論』に編入されていないということである。この論文は、『音韻論』に至る前の一連の著述のまとめと言うべき論文「音韻論」においても痕跡をとどめておらず、これは有坂の論考の中で孤立した地位にある。

　有坂の理論活動は、当時の国際的な学説史の流れと無関係ではな

いと考えられるので、彼が研究を開始した1930年前後の言語学の音声理論をめぐる環境を概観しておきたい。

19世紀後半から20世紀初頭に掛けて比較言語学の中からphoneticsが発展してきた。phoneticsの方法の原資は比較言語学の古音再建にあるが、phoneticsは、通時的研究への動機を持たず古典学的前提から解放されており、生理学、音響学などの手法を取り入れた自然科学としての精密な音声分析に新境地を拓いた。第5章で触れたように、これをわが国に紹介した佐久間鼎、神保格はphoneticsを音声学と訳したが、これは明らかに伝統的な「音韻学」と区別する意図があったと見るべきである。1886年にパシー、ジョーンズ、イェスペルセンらが音声教師協会を設立し、後に国際音声学協会に改組、今日に継承される国際音声字母を1888年に発表した。わが国では、大正15年(1926)に音声学協会が設立された*3。

19世紀後半に学問的絶頂を迎えていた比較言語学自体が自然科学（特に生物学）に啓発を受けた面を持っていたが、音声学は自然科学への傾倒を極限まで推進した。その一方で同じ頃、言語学の自然科学化の趨勢に対抗するかのように、社会的存在としての言語を認識の基礎に置く人文科学としての言語学を提案する立場が生まれた。その理論的始祖がスイス人フェルディナン・ド・ソシュールとロシア人ボードアン・ド・クルトネ de Courtenay である。この二人は、二十世紀初頭に別々に類似の理論体系に到達したと言われているが、共に音声学に対抗しうる音声研究の体系を生み出すには至らなかった。彼らの一般言語学理論を継承して、文化科学としての音声研究を立ち上げたのがプラハ学派である。マテジウス、トルンカ Trunka、ヤコブソン等の率先によって1926年にプラハで結成されたこのサークルは、まもなくトルベツコイを仲間に迎えて急速に充実した論陣を整えた*4。

彼らは、語の知的意味の区別に音声が関与するかどうかを基準にして、これに関わるもののみを音声において注目する phonology と素材としての音そのものを扱う音声学とを厳密に区別して前者の優位性を主張した。音声の弁別的機能を分析の根幹に据えたことと

phonologyと音声学を別個の学問とみなしたことはあたかもソシュール理論における反要素主義的記号論とラング・パロールの区分論をよく説明するのである。ソシュールの一般言語学理論の普遍的実証力がプラハの後継者たちによって証明された。今日に及ぶソシュールの権威は、プラハ学派の支えによるところが大きい。

彼らは、国際的な研究集会活動にも意欲的に取り組んで、自派の学説をよく普及した。第1回国際言語学者会議（1928、ハーグ）、第1回スラブ語学者会議（1929、プラハ）、第1回国際音韻論会議（1930、プラハ）、第2回国際言語学者会議（1931、ジュネーブ）、これらの研究集会を彼らのイニシアチブによって成功させ、学派設立後僅か数年にしてプラハ学派は、音声研究の国際的中心勢力に成長した。音声学協会を中心に国際的にも先進的な役割を果たしていた日本の学会もプラハ学派が提出した論争に巻き込まれていった。有坂が最初の論文「音声の認識について」を執筆した時期の学説史の流れは、このような音声研究の画期に当たっていた。

3.「音声の認識について」

「音声の認識について」は、有坂の学界デビュー論文であること前述の通りであるが、ここですでに彼の独自の理論的骨格が出そろっていることに注意しなければならない。先ず、論文の冒頭の一節を引用しよう。

> まづ私が自分の発音について観察した所を述べると、普通の場合「青」は［ɑo］であり「赤い」は［äkɑi］であり、「土産」は［mijæŋe］である。［ɑ］［ä］［a］［æ］の性質は皆それぞれに違ふ。併しどく注意して丁寧に発音するときには、「青」は［ɑo］、「赤い」は［ɑkɑi］、「土産」は［mijɑŋe］に変つて、皆一斉に［ɑ］となつてしまふ。これは何故かといふと、元来私の頭の中にある理想即ち目的観念は一種の［ɑ］なのである。注意がよく緊張してゐる時にはこの理想が充分に実現されるけれども、注意が散漫になつてゐるときには発音運動が充分に行はれず、種々の事情の影響を受けて［ä］［a］［æ］等に堕落し

> ていくのである。即ち上の［α］［ä］［a］［æ］等は、客観的の音としてそれぞれ性質が違ふけれども、実は同一の目的観念の実現である。その意味に於て、上の［α］［ä］［a］［æ］等の間に心理的連絡を認め、之を同一のphonemeに属するといふのは不合理ではないと思ふ。

　上のこの部分において既に有坂の理論の中心的動機が過不足無く提示されている。引用中の「客観的の音」とは、「注意が散漫になつてゐるとき」において観察される［α］［ä］［a］［æ］等の具体的な音変種を指すのであるが、これらは、「注意がよく緊張してゐる時」においては、皆一様に［α］に近付いていくというのである。ここで、αこそこれらの変種を貫通する「心理的連絡」なのであり、発音運動の「目的観念」なのである。有坂は、これをphonemeであると見なす。phonemeがもろもろの音変種を貫通する心理的連絡あるいは目的観念であるとしても、phonemeそのものは、その具体的実現たる客観的音の性質を残らず具備しているわけでもなければ、そのphonemeに属するすべての客観的音から共通性だけを抽象したものでもない。

> もしも音韻観念αが単に［α］［ä］［a］［æ］等の共通性のみから成る抽象的な概念であつたならば、これらを丁寧に発音する場合皆理想的の［α］に近付いていくといふ事実がどうして説明されようか。

という次第である。それでは、この理想的な目的観念は、どのようにして獲得されるのか。有坂は、これを注意の力によるものとする。

> それ故、理想的な典型的な［α］は、他の［ä］や［a］や［æ］に比して決して頻繁にあてはまるといふことは出来ない。然るに日常度々あらはれる［ä］［a］［æ］のやうな音が殆ど記憶にとまらず、却つてごく稀な［α］のみが最も根強く印象されてゐるのは、畢竟注意の力によるものである。［ä］［a］［æ］のやうな音は、話手にとつても聴手にとつても、注意が散漫になつてゐる時にしかあらはれず、従つてその印象は浅くぼんやりとしてゐて、間もなく消失してしまふ。しかるに［α］は注意が最も強くそれに集中されてゐる場合あらはれる音であるから、

第6章　phonologyと有坂秀世の「音韻論」　　93

最も強く深く印象され、永く保存せられて音韻観念を形作ることとなるのである。(中略)

　音声は一度口から出れば直ちに消滅するもので、恒久性が無い。従つて、比較的不変な音韻観念は無論単なる記憶上の存在である。併しこの観念が再生される場合、それに注がれる注意の強度や種々の連合関係によつてさまざまの形であらはれることは、目前にある樹木やその他客観的の対象と何ら変りがない。

　発音運動は畢竟音韻観念の客観的実現を目的とする意志活動である。その実現の完全不完全は、無論或程度まで生理的条件に支配されるけれども、心理的条件の如何に関係する所が甚だ多い。就中重大なのは、発音に際して音韻観念がどんな形で表象されてゐるかといふことである。一体われわれは自国語の発音には極めて熟練してゐるから、発音運動それ自身にはもはや何の努力をも必要としない。従つて注意はひたすら目的観念に向つてゐる。それ故、目的観念がどんな形で表象されるかといふことは、発音運動の結果如何に最も重大な関係を持つものである。

有坂によれば、発音運動とは記憶上の不変な存在である音韻観念を実現するための意志活動である。その観念が不変であるのは、注意が集中しているときに強く印象づけられ、記憶されたものであるからである。phoneme を心的観念として把握し、その成立と具現までを心理によって説明する点、有坂の理論が「あまりにメンタリスティック」であると評される所以である[*5]。有坂理論のメンタリズムの背後にフッサールの現象学の影響があると筆者は見ているが、この点については章を改めて論ずることにして当面、彼の音声理論に検討を加える。

さて、昭和6年執筆にかかる上記引用の「音声の認識について」で留意しておかなければならないのは、有坂が「音韻観念」という術語を用いていることである。プラハ学派 phonology が菊沢季生によって我が国に紹介され、「音韻学」と翻訳される前に有坂が「音韻」という用語を用いていることは、彼が近世以来の伝統的な「音韻」を自説に導入していることを示している。次に留意される

のは、有坂がphonemeという術語を使用しているという点である。この論文は、後に有坂理論の中間集成となる論文「音韻論」(昭和12年)、さらに著書『音韻論』(昭和15年)に継承されるが、phonemeの語の使用は放棄され、この部分は「音韻」に書き換えられた。この点も有坂の理論形成を知る上でゆるがせに出来ない。慶谷壽信は、「音声の認識について」を始め、

　『上代音韻攷』「第二部音韻変化について」
　「音韻に関する卑見」
　『有坂秀吉氏音韻論手簡』(次章で詳しく論ずる)
　「『音韻に関する卑見』中の用語の訂正」

などの諸論稿が内容的に展開を遂げて論文「音韻論」に流入していることを考証した*6。

　「音声の認識について」は、上述のように若干の留意すべき点を除けば、音韻を発音運動の理想あるいは目的観念とする有坂の理論の根幹部分を既に提案しており、完成度の高さが認められる。題名に「音声」を標榜するように音声学の論考であるように見せながら、その認識の所在地に「音韻観念」という伝統的音韻学の用語を置く点に有坂の依って立つ位置が象徴されている。すなわち、音声学の技術を援用しながら音韻学を再理論化するという有坂の立場をこの標題が示しているものと思われる。

　後の著書『音韻論』の重要な動機の一つであるプラハ学派批判は、有坂の初期の理論活動の段階では観察されない。わが国の研究者がプラハ学派に関心を示した最初の国際会議は、1931年8月24日から29日までジュネーブで開催された第2回国際言語学者会議である。ここでは、プラハのphonologyとジョーンズやイェスペルセンらの音声学派を巻き込んだ討論が行われたという。『音声学協会会報』第26号(昭和7年4月25日発行)において斉藤静が「万国言語学会に列して」と題する報告を行っている。ただし、会議で報告を行ったトルベツコイについての言及はない。ジュネーブの会議の前年にプラハで第1回国際音韻論会議が開かれたことは既に述べたが、ここで採択された文書が「標準音韻論用語案 Projet de Terminologie Phonologique Standardisée」であるが、菊沢季生は、

「日本式ローマ字綴り方の立場に就いて」『学士会月報』第529号〜第531号（執筆時期は文末自署によれば1932年3月31日）において、この文書と併せてジュネーブ会議におけるトルベツコイの報告を詳しく紹介している＊7。

　わが国へのプラハ学派の紹介は、事実上この菊沢論文が最初である。ここで菊沢は、phonologyを「音韻学」と訳した。これ以後、「音韻学」あるいは「音韻論」と訳されたphonologyは、日本の学界で盛んに議論の対象となる。有坂の音声理論に関する昭和7年から10年までの沈黙が学問的意味のあるものであると述べたが、その内実は有坂が理論活動を開始したあたかもその時期にphonologyが紹介され、彼はその真価について息をひそめて観察していた。有坂は、昭和10年「音韻体系の理想と現実」（『方言』第5巻10号）でプラハ学派批判を開始する。そこで次のような一節が見いだされる。

　　之を要するに、現実の言語制度に於ては、二つの音韻の区別は、必ずしも常に語義の区別に役立つもののみとは限らない。「或一言語において、二つの音が、音韻学上同じ条件のもとにおかれ、これらの音の一方を他と取り代へて見た時、必ずその単語の意味の変化を伴ふやうであれば、これらの二つの音は単語の意味の区別をなし得るのであるから、二つの違つた音素に属する、併し、もし、二つの音が、音韻学上同じ条件の下におかれ、各が単語の意味をぶち毀さないで取り換へることが出来るならば、これらの二音は、もはや単語の意味の差別をなし得ないのであるから、同一の音素の二つの変形にすぎない。」等々。かくの如きは、「その使命を果さんが為に必要且十分な音韻体系は、かくあるべきものなり。」といふ理想を規定する所の公式に過ぎない。（傍線は釘貫）

　上の文章の傍線部分について、有坂は引用出典を明らかにしていないが、これは、菊沢論文の「標準音韻論用語案」の翻訳を写したものである（『学士会月報』第530号34頁）。さらに言えば「単語の意味をぶち毀さないで」という部分だけが有坂独自の翻訳である。菊沢の翻訳に有坂は、このような粗野な訳文を付け加えている。

1931年のジュネーブ会議の報告として先の菊沢論文のほかに千葉勉編『第二回国際言語学会報告』(冨山房、昭和8年1月)が存在する。プラハ学派が国際的権威を獲得したのは1932年アムステルダムで開かれた第1回音声科学国際大会であると考えられ、これは古典的音声学の流れをくむ一派とプラハ学派が一堂に会した画期的な集会であり、ここで始めてプラハ学派(L'École de Prague)という呼称が用いられたという*8。このアムステルダム会議の議事録の翻訳を佐伯功介が行っている*9。わが国ではこの会議を境にしてプラハ学派の議論の深刻さに気付き始めたものと思われる。大正15年(1926)以来、わが国の音声研究の中核を占めてきた音声学協会の機関誌『音声学協会会報』は、第32号(昭和8年12月)で神保格「音韻学について」を掲載、第33号(昭和9年5月)で石黒魯平「言：言語：：音声学：音韻学」を掲載するなどphonologyに対する反応を示し始めた。コトバの会発行の機関誌『コトバ』は、第4巻第7号(昭和9年7月)において「音韻学と音声学(主題号)」を組み、この中で菊沢季生「音韻論の発達」、波多野完治「音韻学の展望」がphonologyに言及すること詳しい。このように昭和8年から9年頃にかけてのわが国の音声学界ではプラハ学派の理論が「音韻学」あるいは「音韻論」の名の下に盛んに紹介され、もはやこの学統の動向を無視することが出来ない状況が生まれていた。有坂の沈黙の時期は、まさにこの時期に相当していた。後の有坂の激越なプラハ学派批判から判断して、有坂はこの時期、理論活動を休止したのではなく、phonologyの真価を観察していたのである。

　『音声学協会会報』は、第35号(昭和10年1月)で「日本語音韻論我観」特輯号を組むに至るのである。ここに掲載されている論文と研究者には有坂の名も見える。

ンの発音構図三つ	千葉勉
音韻論特輯に際して	新村出
「音声学」か「音韻学」かといふ意味	佐久間鼎
音声学と音韻論	菊沢季生
我観「音韻論」	金田一京助

我観小景	安藤正次
音韻に関する卑見	有坂秀世
所謂音韻の研究に就いて	神保格
「音韻論」について	大西雅雄
日本語音韻論我観	三浦勝吉
「音韻学」「音素」及び「音韻学的音韻選出法」	佐伯功介
音韻ドグマ断片	大岩正中
日本語音韻論我観	宮良当壮
現代日本代表方言の音韻	石黒魯平
拗音論	三宅武郎

　上記の諸論文は、言うまでもなく立場や論点が一様ではないがphonologyの紹介とこれへの「音韻学」「音韻論」という訳語の定着により、昭和10年代以降のわが国の音声に関する学術は、伝統的音韻学と音声学に加えてphonologyとしての音韻論が定立するという複雑な様相を現出するに至った。その状況は、現在も変わらず継続している。

　上記中の有坂論文は、音声学の知識を基礎にした伝統的音韻観念の理論を展開している。

4. 「Phonemeについて」

　「Phonemeについて」は、有坂が一般的で共時論的な音声理論を述べたものとして、「音声の認識について」に次ぐ二度目の論文である。これが発表されたのは『音声学協会会報』第33号（昭和9年5月30日）であったが、執筆時期は、同9年の1月4日であることが文末の自署によって知られる。前作「音声の認識について」の執筆時期（昭和6年4月頃）からおおむね3カ年に及ぶ空白がある。この有坂の沈黙は、既に述べたように研究の休止を意味するのではなく、プラハ学派の理論を観察していたのである。しかしながら、結局彼が沈黙を破って公表した「Phonemeについて」は、後の著書『音韻論』は勿論、中間的なまとめである「音韻論」においても痕跡をとどめない孤立した論考となった。結果的に著者自身に

よって没却されたこの論文は、どのような内容のものであったのか。これは短文であるので以下全文を引用する。

　Daniel Jones 氏等の説に拠れば、同一 phoneme に属する音はすべて互に交換し得るものであるといふ。果してさうであらうか。凡そ音韻を認識するといふことは、言ふまでもなく、個々の音声の現実に於ける生理的・物理的性質を認識することではない。その際発音者が如何なる音韻を実現しようとしてその発音運動をなしてゐるのであるか、といふその目的を認識することである。すべて、或対象を認識するためには、必ずしもその対象の持つ属性の全部を知覚しなければならないのではない。場合によつては、単にその一小部分を知覚するのみで、直ちにその全体を認識することが出来る。否、実際上、一つの対象の属性が一時に全部知覚されるやうなことは、よし有り得るとしてもごく稀なことである。通常認識の際には、記憶によつて補充される要素が、多かれ少なかれ必ず関係してゐる。例へば、犬を認識するためには、必ずしもその全身を見なければならないのではない。垣根の間から出てゐる尻尾だけを見ても、直ちに犬を認識することが出来るのである。又例へば獅子を認識するためには、必ずしもその身体を見なくてもよい。森林の中から聞こえてくる咆哮を聞くのみで、直ちに獅子を認識することが出来る。音韻の場合も亦かくのごとく、必ずしもその音韻の持つ属性の全部を知覚せずとも、たゞその一部分の実現された形を知覚するのみで、直ちにその音韻を認識することが出来るのである。然るに、同じ尻尾を見るにしても、万一それが地面から生えてゐるのであつたら、我々は果たしてそこに犬を認識することが出来ようか。同じ咆哮を聞くにしても、万一それが戸棚の中から聞こえてくるのであつたら、果たしてそこに獅子を認識することが出来ようか。同じ尻尾であり、咆哮であつても、それが犬又は獅子を認識せしめる目標となるためには、それぞれ然るべき環境の中になければならない。同じゴトゴトいふ音にしても、時と場合によつて、或は鼠の目標ともなり、犬の目標ともなり、泥棒の目標ともなり得るのである。音韻にと

つても亦同様である。例へば、同一の音韻pが、甲条件の下ではaの形で、乙条件の下ではbの形で、丙条件の下ではcの形で実現されたものとせよ。音声aが甲条件の下で、音声bが乙条件の下で、音声cが丙条件の下で、それぞれ音韻pの目標となり得ることは事実であらうが、さればとて、音声aが乙条件または丙条件の下でもやはり音韻pの目標となり得るといふことを、誰が保証出来ようか。　　　　　　　　　（一月四日）

　この文章が有坂の後の著書で痕跡をとどめなかったことは既に述べたが、内容には問題がある。先ず、文章の冒頭でジョーンズ批判らしきコメントを述べるが、これがジョーンズ説を正確に再現したものか疑わしい。1932年の音声科学国際大会（アムステルダム）においてジョーンズは、次のような音素についての考察を報告している。

　　音素の概念は具体的の実例から見るのが一番解り易い。keep call cool に含まれるkの音は、皆異るが一つの音素に属する。フランス語に於て例へば oncle の様な語が最後に来た時に起る無声のlは普通のフランス語のlと同じ音素に属する。イタリヤ語では鼻音ŋをn‐音素の中に含めなければならない。：kとgの前でそれはnに"置き代る"から。h、ç及Φは皆日本語の中に起るが、それは一つの音素に属する音と見なければならない。hはe、a及oの前だけ：çはiの前だけ、Φはuの前だけに起るものである。音素の定義：与へられた「国語」に使はれる一群の音が性質上親族関係があり、しかもその中のどれとどれをとつて見ても決して語中の同じ環境には来ない様なものである時は此の一群の音を一つの音素とする。(訳文は佐伯功介による) *10

　ジョーンズの音素の定義は、長い期間をかけて変化している。例えば、"The pronunciation of Russian"（Cambridge 1923）に公表された最初期の定義は、次のようである。

　　一つの音素とは、その国語の中で重要な（即ちその群の中では最も屢々用ゐられる）音と、特殊な音群に於て其音に代り得る他の音とを含む所の一群を言ふ。(訳文は菊沢季生) *11

A phoneme is a group of sounds consisting of an important sound of the language (i.e. the most frequently used member of that group) together with others which take its place in particular sound-groups.

　また、1931年の国際言語学者会議（ジュネーブ）提出論文における音素の定義には次のようにある。

　一つの音素とは、ある国語（又は言語）の中での重要な音と、或る特殊な音連合に於てその音に代り得る他のそれに似通つた音とを含む所の音の一族をさすのである。（訳文は菊沢季生）

A phoneme may be defined as a family of sounds in a given language, consisting of an important sound of the language together with other related sounds, which take its place in particular sound-sequeces.

　『音声学協会会報』第15号（昭和4年7月31日）でH. E. パーマーPalmerによってジョーンズが音素の定義を行うに至った詳しい経緯が証言されている。

　1916年に私はDaniel Jones教授に対して「一国語に於て語義に影響しないで互に交換しうる二つ若くは二つ以上のsounds」をあらはす術語がほしいと言つた。私が考へてゐた例は日本語に用ゐられる〔l, r〕、Englishの〔ɑ:, a:〕、Germanの〔R, r〕などであつた。フランスの音声学者は"Sound of language"の意味で"phoneme"といふ名を用ゐてゐる。そこで私は上にいふ様なphonetic unitを表す語として"phoneme"をEnglishにも使つたら如何かと言つて見た。所が当時はProf. Jonesはまださようなunitをdoubtful validityのものと考へ、従つて特殊な名称の必要を感じてゐなかつた。然るに二年程してロシア語の音声を調べてゐる間に氏は、斯る例（精しく言へば之によく似た例）の頗る多いのを知つて、断然phonemeといふ名称を採用し、その定義を与へたのであるが、何方かといへば窮屈な定義を与へてしまつた。その趣意は「一国語の一speakerの発音に於て、隣の音の影響によつて互に交換し得る様な、二つ或は二つ以上の連絡ある音」といふ様な風であつた。Jones氏

の指摘した例は、key,cat,college の三つの k は違つてゐるが、English では、同一 phoneme の三 member であるとか、clear l と dark l とは違つた音であるが、English では同一 phoneme に属し、Russian では別である、といふのであつた。Jones の definition と私の最初の suggestion との間の相違は主として、私が「一国語に於て」と言つたのに、Jones は「一国語の一 speaker の発音に於て」と言つてゐる点にある。

（「Phoneme,phone,Diaphone に就て（佐伯三浦二氏の論争を観て）」）

　有坂は、当然この文章にも目を通したはずである。しかしながら、有坂「Phoneme について」でのジョーンズの音素説の要約は粗雑で不正確である。ジョーンズやパーマーの言う「交換し得る」というのは例えば東京方言において［g］と［ŋ］は、「語義に変化を生ずることなく交換しうる」という場合の学問上の抽象的操作を指すのであって、自然言語のレベルで生ずる現象を言うのではない。その意味において同一音素に属する音声群は「互いに交換しうる」のである。これに対して有坂は、「Jones 氏等」の学説が同一音素に属する音声群がすべて無条件に交換しうると主張しているかのように解釈している。部分的な把握であってもしかるべき環境下においては全体を認識できるとする全文の趣旨をジョーンズ説に対置していることから有坂がそのように解釈していると考えざるを得ない。むしろ有坂の主張は、ジョーンズの phoneme = as a family of sounds の理解と近似するものである。ヨーアンセンが指摘するように、ジョーンズの音素論は後の相補分布 complementary distribution の認識に至っているもので、有坂がこれを理解しなかったことを露呈している*12。「Phoneme について」が後の著書『音韻論』に加えられなかったことは、この書物の理論的統一にとっては当然の処置であった。恐らく有坂は、この短文の持つ修復しがたい瑕疵を悟ったのである。

　ところで３年に及ぶ沈黙を破って公表した理論的著作がこのような失敗作であったことを我々はどのように理解すればよいのであろうか。有坂がこの３年間、理論活動を休止していたのではなく、特にプラハ学派の理論に対して格別に注目していたと筆者は推測した。

有坂が「音声の認識について」で理論家として出発した直後に、彼の出鼻をくじく形でphonologyが紹介され、しかもこの学術が「音韻学」「音韻論」と訳されて学会に流布しようとしていた。かかる事態は、伝統的音韻学に依拠する有坂にとって耐えがたいものがあったのではないか。phonologyの紹介者でこれを「音韻学」と訳した菊沢に対して見え隠れする有坂の敵対心には興味深いものがある。この時期の論争は、phonologyから批判された音声学者に対しても自らの理論的根拠を反省させる機会を提供して、学界未曾有の理論的活況をもたらした。このような騒然たる論争的状況に際会して、野心的な有坂が心中穏やかならざるものを抱いていたとしても不自然ではない。「Phonemeについて」で有坂が踏み込んだ勇み足は、このような青年の客気と理論的動揺の瞬間を垣間見せたものと筆者は想像する。

5．プラハ学派批判について（上）

　有坂の最初の理論的著作である「音声の認識について」が「音韻観念」の論を中核にして高い完成度を示していた。この論文は、phonologyが紹介される前に執筆されたものであり、このことは、有坂の理論が伝統的音韻学に立脚したことを示している。その直後、にわかに押し寄せたプラハ学派のphonologyが「音韻学」「音韻論」と訳され、日本における音声の学術世界を席巻し始めた。伝統の「音韻学」を理論化しようとしていた有坂にとって技術論を柱とする音声学と違い、独自の言語観を背景に持つphonologyが自らの立場と決して両立できない学説であることを確信させたのであろう。3年間の沈黙ののちに再起を期した「Phonemeについて」の躓きは、有坂の危機意識の反映である。有坂の論文「音韻体系の理想と現実」は、彼が最初にプラハ学派批判の口火を切った作品として注目される。これは、『方言』第5巻第10号（昭和10年10月）に掲載されたが、留意すべきは本論文が昭和12年1月25日発行の『音声の研究』第Ⅵ輯に掲載された論文「音韻論」より後に執筆されたものであるという点である。「音韻体系の理想と現実」末尾の

次の一文がその理由となる。

> 私は、すでに自分の「音韻論」を簡単に書きまとめて、「音声の研究」第六輯原稿として八月末に音声学協会へ送つてある。
> 本稿は、言はばそのの補遺として書いたものであるけれども（後略）

この事実は、有坂が「音韻論」執筆によって、独自の理論体系を一応完成させてからプラハ学派批判に乗り出したことを示している。「音韻体系の理想と現実」は、有坂のプラハ学派批判の動機を論題化したものである。というのは、彼がプラハ学派に対して繰り返し主張した批判が「理想と現実を混同した理論」であるということだったからである。よく知られる著書『音韻論』におけるプラハ学派批判の言説を見よう。

> 併しながら、私はこのTrubetzkoyの学説については、若干の重要な点に関して疑問を抱かざるを得ない。第一、同氏の見解に従へば、音韻論的対立とは、その言語に於て知的意義の分化に適用されるところの音的差異をいふ。従つて知的意義の分化に役立たない音的差異は、音韻を相互に区別する性質とは認められない、といふことになる。ところが、よく考へてみると、実はこれ理想と現実とを混同してゐるものである。
> 　　　　　　　　　　　　　　　　　　　　　　（『音韻論』3頁）
> 理想と現実とはそもそも別物である。現実の社会制度たる音韻体系は、我々が何を欲しようとも、それとは無関係に儼として我等の外に存在してゐる。　　　　　　　　　（『同書』4頁）
> かようなわけで、私は、Trubetzkoy 一派の誤れる「普遍主義」「構造主義」を排撃し、理想から現実を演繹するやうな論理的誤謬を斥け、あくまで音韻を「与へられたる既存の対象」として観察しようとする。　　　　　　　　　　　（『同書』10頁）

以上のように『音韻論』におけるプラハ学派批判は、相当激しい調子を帯びているが、論文「音韻体系の理想と現実」における有坂の批判は、上の引用に見るようなあからさまな名指しではなく、佐久間鼎による phonology の要約を借りて検討を加えるという間接的な手法が特徴である。

さて、一、音韻は言語制度を組み立ててゐる素材としての音的要素であり、社会的な音声意図であると言ふことと、二、語義を区別するに役立たない音声的差異は音韻を相互に区別するものたること能はずといふことと、この二つの観念が果たして結果において相一致し得るものかどうかは大いに疑問である。この二の観念は、推し詰めて行けば、結局、(い) A <u>音韻体系の使命は</u>、「語義を担ふそれぞれの単語を、異なる<u>語義のものから区別する</u>」（国語科学講座、佐久間鼎博士著「音声心理学」68頁）ことに存し、(ろ) 音韻体系は「各人の母国語に於ける、さらに限定すれば、その用ゐる方言に於ける、必要で十分な音韻体系だ」（同上）といふことになる。この中、B <u>（い）は音韻体系の使命・理想を示すものであり</u>、(ろ) は現実に於ける音韻体系を定義したものである。「音韻は言語制度を組み立ててゐる素材としての音的要素であり、社会的な音声意図である。」といふ一の命題、及びC「<u>音韻体系の使命は、語義を担ふそれぞれの単語を、ことなる語義のものから区別する</u>」ことに存するとしても、現実の音韻体系（例へば現代東京方言の音韻体系）がこの使命を果たすための機関として、「必要にして十分」なものであるかどうかは、直ちには判断できない筈である。
　　　　　　　　　　　　（下線ABCは、釘貫が施した。後述。）

さて、上掲の引用文二箇条は、プラハ学派の理論の要諦を有坂が要約したものである。出典を明らかにしておらず、有坂がこの情報をどこから入手したのか不明である。この時期、プラハ学派に関するまとまった情報を入手するための手頃な文献として『音声学協会会報』第35号（昭和10年1月1日）「日本語音韻論我観特輯号」があった。この中で安藤正次が次のように言う。

　プラーグ学団の人々のいはゆるphonologieはいかなるものであるかと申せば、Trubetzkoy教授などの定義によりますと、音韻学は、phonemeすなはち、その国語において、意義の差異をつけるに用ゐられる音声意図Lautabisicht、さらに一般的にいへば、音声概念を取り扱ふものといふことになつてゐます。しかして、音声学の対象であるphonemeは、それらの論者に

よれば、語音に実現され、言語意識のうちに生きてゐる音声意図であり、音声志向であるといふことであります。

（「我観小景」）

また、菊沢季生は、次のように言う。

音韻論は、併し、明確な此の（音声の―釘貫注）抽象の基準を持ってゐるのである。それは国語の意味機能を顧慮するといふ事である。Trubetzkoyの言葉によれば、国民的な意声意図（ママ）にしたがふといふ事である。

（「音声学（phonetik）と音韻論（phonologie）」）

有坂、安藤、菊沢のトルベツコイ説の要約はおよそ以上の通りであるが、これらは、1931年のジュネーブ会議でのトルベツコイ報告によっていると思われる。有坂は、プラハ学派の理論構成を如上の一、二および一定の評価を加えた（い）（ろ）の四箇条にまとめている。その内容は、原文に依拠せず佐久間鼎の記述を通じて得られたものである。そこで、佐久間の『音声心理学』（国語科学講座Ⅱ、昭和8年8月30日発行、明治書院）から、有坂が依った該当部分を前の文脈を含めて次に挙げる。

すでに見たやうに、音声がその現実的特性においておのづから親疎の関係を以て排列され、一連の系列、または、一段の体系を成す次第で、正常の聴感性を具有し、特定のおとの世界に生活してきた各個人においてはそこに各自の間に相応し照合する音響系列乃至体系の成立つことが、最大の確からしさを以て期待される。各個別のおと乃至音声の現象は、その系列乃至体系のうちにおける特定の地位に定位されることによつて、それとして認識される。

各人において成立つ、この現象的体系は、感性的性能において正常で、まつたく共通な場合でも、その経歴の如何によつて異なることを免れない。各個の現象的事実の知覚・認識にもとづける、この体系そのものゝ殊別は、同一の刺激による感性事実をも別異の現象とする。色彩の認識における、しろうとの見るところと、画家の見るところとは、同一景観に対しても異なるものがある。音声的事実の認識においても、同様なことがある。

すなはち、特定の態度によつてこれに対する音声学者の所得は、同一の客観的事態における普通人の聞きとるところと相異なるわけだ。音声学的態度において用意されてゐる音声的体系は、音声学的に定立され、専門的教養として習得された国際共通のもので、その中に占める位置によつて、その都度与へられた個別的音声は推定される。こゝに音声は、一応それぞれの単語として結成されて語義を保つといふところの制約を脱し、それ自体として措定されるわけだ。

　もちろん、各個人における音声言語の発達に併つて[ママ]、その当初与へられる体系は、かういふ種類の精細な規定を示すものではない。語義を担ふそれぞれの単語を、異なる語義のものから区別するといふ点にまづ音声のけぢめが認められる次第だ。すなはち、それは各人の母国語における、さらに限定すれば、その用ゐる方言における、必要で十分な音声体系だ。

（『音声心理学』68頁）

　ここで、有坂の箇条要約（い）（ろ）と佐久間論文とを比較してみよう。両者を対照して分かることは、（い）における傍線部A「音韻体系の使命は」の部分が佐久間の原文には存在しないということである。さらに（ろ）の「必要で十分な音韻体系だ。」が佐久間の原文では「必要で十分な音声体系だ。」となっている。（ろ）の相違する部分は、後にこれを吸収した『音韻論』第二編（49頁）では佐久間の原文通り「音声体系だ。」に訂正された。そこで問題は、（い）の要約に関わって存在する。有坂論文傍線部A「音韻体系の使命は」の一句は、佐久間の文章にない有坂の追加であった。有坂は、この追加部分を含めて傍線部B「（い）は音韻体系の使命・理想を示すものであり」と自ら書き加えた内容を、あたかもプラハ学派本来の主張であるように念押ししたうえ、書き加えた部分をその要約として示している。批判対象の学説に対する有坂のこのような作為は、とても肯定できるものではない。次に傍線部Cを見よう。これは一見、既述の傍線部Aを含む要約（い）の繰り返しの表現のようであるが鉤括弧の位置のずれに注意されたい。

　　傍線部A：<u>音韻体系の使命は</u>「語義を担ふそれぞれの単語を

　　　　（後略）
　傍線部Ｃ：「音韻体系の使命は、語義を担ふそれぞれの単語を
　　　　（後略）

　このように括弧の位置がＣにおいては、文頭に移動しているのである。このずれは、著書『音韻論』においても訂正されていない。（ろ）に関わる部分の訂正を注意深く行ったほどの有坂が、この鉤括弧の位置のずれに気付かないはずがない。括弧の位置をずらせることによって佐久間原文にない「音韻体系の使命は」の部分を佐久間論文へ「塗り込め」たのは、有坂の意図によるものである。有坂論文を読み進む者は、傍線部Ｃを以て佐久間原文のままの状態であると判断する可能性がある。何故なら傍線部Ｃは、先行する傍線部Ａの内容を再確認するものだからである。さらに読者は、佐久間の紹介文の背後に想定されるプラハ学派があたかも「音韻体系の使命が語義と語義とを区別することに存する。」と主張しているかのような想定に無理なく導かれるのである。有坂は、自ら創作した「音韻体系の使命は」の部分をプラハ学派の主張内容の中に塗り込めた。批判対象へのこのような不公正な作為は、到底肯定することが出来ない。1928年以来、採択されてきたプラハ学派の一連の公式文書において、phonologyの基本概念である弁別的機能を以て、それが「音韻体系の使命・理想である」と規定したものは存在しない。同派最高の到達であるトルベツコイ『音韻論の原理』（1939年）においてもそのような記述を見いだすことはない＊13。

　phonologyにおいて弁別的機能とは、有坂が言うような音韻体系の「使命・理想」などではない。プラハ学派は、現実の音声の中から言語共同体の中で関与的な特徴すなわち弁別的機能を持つものを抽出し、これによって音韻体系を記述、構築するのであって、弁別的機能は音韻体系の前提を成す先行概念である。有坂は、弁別的機能というphonologyの要点に対して、それは「音韻体系の使命・理想である」という架空の概念を意図的に付け加え、理想と現実はそもそも別物ではないかという俗世間の常識を根拠にプラハ学派を叩いたのである。phonologyにおいて、弁別的機能を音韻体系から切り離して、前者を後者の「使命・理想」などと規定すれば音韻体

系の概念自体が成り立たない。有坂は、プラハ学派の理論が「理想と現実を混同するもの」との批判を『音韻論』で繰り返し系統的に行っており、これが彼の批判の中心的動機であった。

> 勿論、私は、「音韻体系は知的意義の相違を区別して表すことをその使命とする。」大ざっぱに言へば「音韻体系は一の語を他の語から区別して表すことをその使命とする。」といふことに対しては、何ら疑を挿むものではない。併しながら、それは音韻体系の使命(理想)を言ひ表したものに過ぎない。
> 　　　　　　　　　　　(『音韻論』第1編「音韻観念」第1節 3–4 頁)

上の引用文では、鈎括弧の部分があたかもプラハ学派の主張内容であるかのごとく表現している。興味深いことに「音韻体系の使命・理想は、語義と語義を区別することに存する。」という主張は、実は有坂自身のものである。

> 而して、音韻体系は、歴史的背景を有する社会制度であり、言語の意義(主として知的意義)の相違を区別して表すことを使命とするものである。　　　(『音韻論』第1編「音韻観念」35 頁)

有坂が自説を操作的にプラハ学派の説として再建し、彼らが弁別的機能(有坂によれば理想)から音声分析(現実)を実行していくという架空の学説を創作し、これに向けて「理想から現実を演繹するな」「理想と現実とを混同するな」という非論理的な世俗の実践倫理を根拠に非難を浴びせたのである。

6. プラハ学派批判について(下)

有坂『音韻論』第2編「音韻体系」第2章は、プラハ学派に対する批判を主題にしているが、ここで有坂はトルベツコイの論文"La phonologie actuelle" 1933 を引用している。訳文を小林英夫(「現代の音韻論」『音声学協会会報』第43号、昭和11年8月)に依っているので、この章の執筆時期は、昭和11年8月以降であることが分かる。トルベツコイは、この論文で音声学と音韻論(以下 phonology を音韻論とする)の区別について次のように述べる。

> 音声学者は、譬へてみれば、機械の働きを研究するときのやう

> に、発音器官に通じその働きぶりを巨細に亙つて研究しようとする。之に反して音韻論者は、一団体（民族、社会層等）の言語意識に通じ、与へられたる言語の語の能記を組成するところの示差的音観念の内容を研究しようとする。大まかにいへば、音声学は、一言語を喋る時に<u>実際に発音するところのもの</u>（ce qu'on prononce en realité）を探求し、音韻論は、<u>発音してゐるつもりのもの</u>（ce qu'on s'imagine prononcer）を探求する。「実際に発音するところのもの」は、利那毎に個人毎に変化する。例へば、今 temp といふ語を幾人ものフランス人に幾回も発音せしめ、彼等の発音を音声学的装置によつて記録してみるとするに、個人毎に発音の相違が認められるのみならず、同じ人間のなす同じ発音においてもその度毎に差異が認められよう。然しながら「発音してゐるつもりのもの」は変化しない。（少なくとも与へられたる一言語状態においては）（中略）一方、「実際に発音するところのもの」を研究し、他方「発音してゐるつもりのもの」を研究するには、全然趣を異にする二つの学科が必要なるは明らかである。このやうな音声学と音韻論との大いなる径庭は、これを如何に特筆大書するもし過ぎることはない。
>
> （小林英夫訳）

　上記のトルベツコイの主張において印象的なのは、彼が音韻論の対象を「発音してゐるつもりのもの」と心理的に規定していることである。これは、プラハで採択された「標準音韻論用語案」（1930年）やトルベツコイ『音韻論の原理』では、見いだされない規定である。この立場は、1931年のジュネーブ会議でトルベツコイが表明している。

> 音韻学は、物理的な生理的な、又は心理生理学的な現象としての言語音を取り扱ふものではなくて、音素、即ち言語音に実現され、言語意識の中に生きてゐる音声意図を取り扱ふものである。与へられた国語に於て、その意味差別に予り得る此様な音声差別のみが音韻学的に通用するのである。何となれば、此様なものだけがその国語意識の見地からして意図的であるからである。
>
> （菊沢季生訳）＊14

このトルベツコイ報告の内容が、わが国学界のプラハ学派理論に対する理解を助けていたことは、安藤正次と菊沢季生の要約で見たとおりである。プラハ学派の公式見解や同派の集大成的文書というべき『音韻論の原理』に見いだすことの出来ないこのような心理的規定について、ヨーアンセンが次のように論評している。

　　初期の著作においては、JakobsonもTrubetzkoyも、Baudouin de Courtenayに従って、音素を心理的単位、音声心象、あるいは音声意図として定義していた。これに対して、Mathesiusは、最初から純粋に機能的な定義を用いていた。その後Jakobsonはすぐに心理的定義を放棄したが、Trubetzkoyの方はこれを1931年になっても依然として採用していた。1931年に発表された「用語案」（TCLP Ⅳ）では、機能的な定義の方が採用されており、心理的な定義は、同巻に収められている多くの論文の中で批判されている。　　　　　（『音韻論総覧』（邦訳）26頁）

　トルベツコイは、『音韻論の原理』においてかつて自ら主張した心理的規定を次のように自己批判している。

　　音素に関して、筆者も音韻論に関する初期の論文で、「音表象」（"Lautvorstellung"）という表現を用いたことが何度かあった。この表現は不適当であった。それは上述のJ.Baudouin de Courtenayの定義の場合と全く同じ理由からである。すなわち、調音が話し手によって規制され、調整される限り、聴覚＝運動的諸表象は一つ一つの音声的変種に対応するからである。また、これらの表象の或るものは「意識的であり」、或るものは「無意識的」であるとする如何なる根拠もない。調音過程をどの程度意識するかは単に訓練の問題である。或る特別な訓練をすれば音の非音韻的諸特徴をも意識して聴き取ることが出来、これによっていわゆる「聴覚音声学」が可能となるのである。かくして音素は、「音表象」とも「意識された音表象」とも定義できず、また言語音（音声的変種）と対置され得るものでもある。ジュネーブでの第二回国際言語学者会議の発表で筆者が用いた「音意図」（"Lautabsicht"）と言う表現は、実際は「音表象」として捉えた音素を意図と言う観点から言いかえたものに過ぎ

ず、同様に不適当であった。　　　　　（『音韻論の原理』(邦訳) 44 頁)

　初期のトルベツコイが持っていた心理主義的傾向は、理論的源泉であるソシュールやクルトネの理論が抱えていた心理主義の残滓であって、トルベツコイは『音韻論の原理』の段階でこれを克服したのである。プラハ学派音韻論の持つ学説史的意義について特筆されるべきは、音声分析の方法として彼らが交換テスト commutation test を重視したことにあるだろう。これは、語の区別に関与する単音の最小対を蓄積することによって音韻体系を再建するという従来にない方法を実現した。この方法の優れた点は、言語共同体に関与する音韻論的対立の抽出に際して個人心理や抽象的理念型の介入を排除できることにある。音素という究極の要素を前提し、これを論理化するには、神保格の抽象音声や有坂の目的観念などの音表象を要請する。phonology における最小対の交換テストは、このような表象化を通過させずに音韻体系を再建できる。トルベツコイは、「音素」主義による要素還元が「循環論」であることを洞察していたが、志半ばで客死した*15。彼の遺志を継いで、音素の優位性に疑念を表明して、弁別素性 (distinctive feature) 論を提唱したのが、同僚のヤコブソンである*16。

　無論、このような評価は完結した理論体系としてのプラハ学派に対するものであって、有坂が彼らを批判していた昭和 10 年代前半において彼がトルベツコイの『原理』を読んでいたわけではない。当時の本邦学界では、トルベツコイがプラハ学派の理論的指導者と目されており、その彼が当時抜きがたく持っていた心理主義的傾向と同派の公式文書である「用語案」が基調とする反心理主義との理論的不整合が一括りにわが国に流入していた。プラハ学派に対する意図的批判で問題のある有坂ではあるが、実は余人を超越して、プラハ学派の内部矛盾を指摘していた。この点の批判は、正当に評価すべきである。有坂『音韻論』は、トルベツコイ "La phonologie actuelle" の心理主義的傾向のある定義を引用した後に次のように続ける。

　　その註に曰く、「1930 年の国際音韻論協議会に提出された『標準音韻論用語に関する草案』(Projet de terminologie phonologique stanndardisée)」の中では、次のやうな定義が見いだされる。音韻的対立とは「与へられたる言語において知的意味の分化に役立ち得るところの音的差異」である。「何らかの音韻的対立の各項」は音韻論的単位である。音韻とは「それ以上細かなそれ以上単純な音韻論的単位に分解し得ざる音韻論的単位」である」と。之を要するに、トルベツコイは、知的意味の分化に役立ち得るところの音的差異、すなわち語と語とを相互に区別するに役立つ音的差異のみが、言主（sujet parlant）にとつて意図的であり、これのみが音韻論の研究対象となり得る、と主張する。従つて、氏にとつては、「言語の諸性質の中で、語と語とを相互に区別するに役立たないものは、一音韻を他の音韻から区別し得る性質とは認められない。」といふことになるのである。併しながら、これ果たして妥当の説であろうか。

(46-47頁)

上の指摘に続いて有坂は、例えば東京方言におけるgとŋの様に音声としては明確に区別されているが、意義の区別に役立っていない音の違いを取り上げて言う。

この場合、gとŋとの差異は、語の意義を区別する力が無い故、Trubetzkoyの如きは、之を音韻的区別に非ずと考へてゐる。併し、私自身としては（中略）gとŋとは互に区別された二種の音韻であると考へる。東京の言語に於ては、例へば［ʃiŋoto］の［ŋ］を発する場合、我々は決して口音韻≪g≫を発音する積りで偶然［ŋ］を発音してゐるのではない。最初から鼻音韻≪ŋ≫を目的観念として発音運動を行つてゐるのである。

(47-48頁)

以上の有坂の指摘は、「用語案」の特徴である弁別的機能に基づく記述に徹底する反心理主義と、トルベツコイの論文に残存する「発音意図」のような心理的傾向との矛盾を衝いたものである。これは、有坂が自ら音韻＝目的観念説の心理主義に徹底したが故に見抜くことの出来た論理矛盾である。この不整合は、最終的に『音韻論の原理』の自己批判によって解消されるに至るが、論争当時における有坂のこの批判的論点は、記憶にとどめられるべきである。

7. おわりに

　有坂の「音韻論」は、近世以来の伝統的な「音韻」の観念を継承して、その再理論化を目指したものであった。その際、有坂は新来の音声学の技術、心理学等を参照しながら、満を持して理論家として出発した。別章で論ずるように、彼は「音韻」に関する疑問の余地ない把握を担保するための認識論的基礎に、ドイツ形而上学の系譜を引くフッサールの現象学を置いた。現象学に関しては、時枝誠記が彼の言語過程説の基礎にフッサールを学んだことが知られているが、有坂もまた時枝と同じ教養基盤に立脚していた。ところが、理論家有坂にとって不運なことに、時あたかも機能主義に立つプラハ学派 phonology が大々的に紹介され、しかもその学問が「音韻論」の名の下に本邦学界を席巻しつつあった。その間彼はプラハ学派理論と自らの音韻観念の論が共存できるかを見極めていた。その結果、有坂は、自説に詳細な技術を提供する音声学や観察対象の均質性と安定性を担保する心理学、現象学などとは共存できるが、弁別的機能から記述を始めるプラハ学派 phonology と前提的に「音韻観念」を置く持論が決して共存できないことを自覚した。よって、プラハ学派批判は、有坂にとって一流の理論家として自立するための避けられない関門であった。phonology の理論をねじ伏せることは、有坂が最初から自らに課した使命であって、そのためには敢えて意図的な批判をも辞さなかった。

　昭和10年以前のプラハ学派に関する情報の入手は、幾つかの国際学会に出張した一部の研究者の口頭報告によっていた。プラハ学派の論文が翻訳されるのは、昭和11年以後のことであり、それ以前に公表された有坂の論文が名指し批判ではなく比較的慎重な態度で執筆されているのは、騒ぎの大きさと裏腹の情報の乏しさも関係している。昭和15年に刊行された著書『音韻論』のプラハ学派批判の激しい口吻は、有坂が同派に関する一次資料に目を通してからのものであり、自説に確信を得たのであろう。

　しかしながら、すでに述べたように、彼の批判には功を奏した点もあるが、結果的にトルベツコイ自身の努力で克服されており、全

体として有坂のプラハ学派批判に関する学説史的意義は、本章において解明したとおり今日では消滅している。

*1　釘貫亨（2007）『近世仮名遣い論の研究』（名古屋大学出版会）第1章
*2　有坂愛彦・慶谷壽信編（1989）『有坂秀世言語学国語学著述拾遺』（三省堂）所収
*3　「国際音声学協会の50周年とわが音声学協会の10周年」『音声学協会会報』第36号（昭和10年5月25日）
*4　J. Vachek "The Linguistic School of Prague"（Bloomington and London）
*5　服部四郎（1951）『言語学の方法』（岩波書店）では、有坂の理論が「あまりにmentalisticである点が惜しまれる」（200頁）とする。
*6　慶谷壽信（1988）「有坂秀世「音韻論」（『音声の研究』第VI輯）の成立に関する卑見」『東京都立大学人文学報』第198号
*7　この「用語案」は、『プラーグ言語学サークル紀要 Travaux du Cercle Linguistique de Prague, IV 1931に掲載された。
*8　Marta K. Jonson（1978）"Recycling the Prague Linguistic Circle" Karoma
*9　『音声学協会会報』第36号、第37号（昭和10年）
*10　佐伯功介（1935）「1932年の国際音声科学大会に於ける音韻学の論議（続き）」『音声学協会会報』第37号（昭和10年7月20日）
*11　菊沢季生（1932）「日本式ローマ字綴方の立場に就て（二）」『学士会月報』第530号（昭和7年5月）
*12　Eli Fischer Jørgensen（1975）"Trends in Phonological Theory" Copenhagen
*13　Trubetzkoy（1939）"Gruntüge der Phonologie" Travaux du Cercle Linguistique de Prague VII
*14　注11菊沢前掲論文
*15　トルベツコイ（1980）『音韻論の原理』（長嶋善郎訳、岩波書店）
*16　ヤコブソン（1977）『音と意味についての六章』（花輪光訳、みすず書房）

第7章
有坂の神保格批判と金田一京助との論争

1. はじめに

　有坂秀世『音韻論』の理論構成は、心理主義に基づく音韻観念の論とともにプラハ学派批判に代表される学説批判からなっている。有坂の他説批判と言えば、激烈な調子から専らプラハ学派に対してのものが注目されてきたが、有坂は名指しこそ避けているが、自説の根幹に関わる重要な理論的考察として、当代の音声学の権威である神保格に対する批判を行っていた。それを示す資料が「有坂秀吉氏音韻論手簡」(有坂愛彦・慶谷壽信編『有坂秀世言語学国語学著述拾遺』第二部所収)である。この資料は、『音声学協会会報』第35号(昭和10年1月5日)に掲載された有坂の「音韻に関する卑見」について金田一京助が有坂宛に意見を述べたことに返答した私信である。私信とはいえ「一紙十二行、九十二枚」という常識を超える大量のもので優に一本の論文に値する*1。文献の命名者は、金田一京助である。この資料の学術的価値についていくつかの角度から検討可能と思われるが、学説批判の側面から見ると、有坂が神保格の理論に対して立ち入った批判を加えていることが明らかになる。神保といえばダニエル・ジョーンズに影響を与えた「抽象的音声」説によって国際的に知られた音声学者である*2。従来、刊行されてきた有坂の諸論考において、神保への名指しの批判は極力抑えているのでかなり注意深く読み込まない限り、有坂の神保批判を再現することは難しい。その点本資料は、神保への批判的観点の全貌を明らかにすることができる点で注目される。さらにこの書簡で見逃すことができないのは、特に後半部分において有坂の論に批判的見解を示した金田一に対して、相当激しく反論しており、このことも改めて検討に値する。神保、金田一に対する有坂の批判と反論

は、意図的に行われたプラハ学派批判と違って彼の理論の根幹に触れる部分があり、学説史上逸することのできない論争資料と言える。

2. 神保格「共通な要素」批判

　本手簡（以下これを「手簡」と記す）は、『音声学協会会報』第35号掲載「音韻に関する卑見」について、金田一京助が批判的見解を述べた手紙（未公開）に対して有坂が応答したものである。「手簡」末尾の日付けは、「二月十五日」であり、昭和10年初頭の一ヶ月あまりの間に、金田一と有坂の手紙のやり取りが行われたことになる。有坂の「音韻観念」の理論が一応の完成を見たといわれる論文「音韻論」の原稿を音声学協会へ送ったのが同年8月末のことであるから、「手簡」執筆の後に「音韻論」が執筆された可能性が高い*3。「手簡」執筆時の有坂は、理論的著作として「音声の認識について」（昭和6年）、「Phonemeについて」（昭和9年）、そして「音韻に関する卑見」の三作を公表していた。

　「手簡」の内容は、大きく二つに分けられる。前半（『有坂著述拾遺』297–312頁上段11行目まで、以下頁数は本書から表示する）が神保格の「抽象的音声説」批判であり、後半が金田一の批判に対する反批判である。

　先ず神保批判であるが、有坂は「手簡」執筆以前においても一定程度行っている。「音声の認識について」の次の記述を見よ。

　　音韻観念はかやうに客観的音の諸性質の中たゞ一部分をしか具へてゐないものであるが、さればとて又そのphonemeに属するすべての客観的音から共通性だけを抽象したものでもない。もしも音韻観念αが単に［α］［ä］［a］［æ］等の共通性のみから成る抽象的な概念であつたならば、これらを丁寧に発音する場合皆理想的の［α］に近付いて行くといふ事実がどうして説明されようか。　　　　　　　　　　　　　　　　　　　　（10頁）

　上は、当時神保が提唱していた「抽象的音声説」を批判したものと考えられる。「音韻に関する卑見」には次の記述が見える。

　　音韻の本質は、「音声の集団」（所謂Lautfamilie）にもあらず、

一定の領域にもあらずして、発音運動の理想でなければならない。音韻の音声に対する関係を、種（species）の個物（individuum）に対する関係、或は類（genus）の種に対する関係の如く考へてはならない。何故なら、個々の音声は、その代表する所の音韻に本質的な属性の全部を具備してゐるものとは限らず、寧ろたゞその一部分をしか実現してゐないことの方が普通だからである。
(29頁)

さらに、金田一の批判的指摘を受けて執筆した「「音韻に関する卑見」中の用語の訂正」『音声学協会会報』第36号（昭和10年5月25日）では、次のような名指し批判に至るのである。

かくの如き音声対音韻の関係は、音族説（D. Jones説の如き）や抽象的概念説（神保先生の御説の如き）の立場からは果して如何様に説明されるのでせうか。
(33頁)

しかし、有坂はこの後神保説に対して原典に遡って検討を加えることを、公表された論考の中では実行しなかった。これは、矯激なプラハ学派批判の態度と対照的である。従って有坂『音韻論』の学説批判が問題になるとき、神保批判は殆ど問題にならなかった。しかしながら、「手簡」において有坂は、神保説に対して原典に遡った根本的検討を行っており、その批判的論点の全貌を伺いうるのである。その結果、有坂理論を確立する上で、神保説の批判的克服が不可避の階梯であったことが知られる。「手簡」において有坂は、神保の学説を次のように大略する。

私がここで「音韻を音声の抽象的概念と考へる説」と申しましたのは、「音韻は、すべての人すべての場合（或は少くとも、大多数の人大多数の場合）の現実的具体的音声に共通な要素のみをその固有な性質とするものである。」と考へる所の説を申します。而して、私がその代表的なものと考へて居りますのは、神保格先生の御説でございます。
(298頁上段)

有坂が批判対象とする神保説は多くの場合『言語学概論』（岩波書店、大正11年1922）であるが、上の大略に該当するのは、『音声学協会会報』第32号（昭和8年12月20日）所収の神保「所謂音韻の研究に就いて」の次の一節であろう。

慣習的言語音声（音韻）を組立てる要素は必ずしも心理的のも
　のばかりとは限らない。実地に発せられた具体的な音声の中慣
　習として定まつた部分も亦音韻の事実である。故に一回の具体
　的音声の中一方の極端に於てはその一回の音声属性全部を問題
　とし、その人その声その場合の声として取扱ふ。他の極端方向
　に於ては同じ社会の総ての人総ての場合に共通なる要素だけを
　抽き出し、更に進んでは、かゝる音韻の組立て要素の中、或一
　つの性質だけを抽出して取扱ふ。

　上のように神保は、個人的にも社会的にも極めて多様な具体的音
声を一貫する共通の要素を「抽象的音声」、「慣習的音声」すなわち
「音韻」などとする。これに対して有坂は、次のように批判する。

　　今この説を批評してみるに、変幻出没定め無き現実の音声現象
　の中に何らか恒久的な性質が存在するかの如く考へることが、
　そもそも大きな妄想なのである。例へば、英語の助動詞 have
　は［hæv］［hɜ́v］［həv］［əv］［v］［f］等いろいろな形で発音
　されるが、［hæv］と［f］とは外形上全く異なる形である。こ
　れらのすべてに共通なものを求めるならば、これらのすべてが
　同一の理想《hæv》を実現せんがためになされた発音運動であ
　る、といふ事実を措いて外には無い。　　（「音韻に関する卑見」）

また「手簡」では次のように言う。

　　さて、この抽象的概念説に対し、私の懐きます疑の第一は、左
　の如き点についてでございます。例へば、私が今回の論文に引
　きました「然うかい」を例に取つて考へませう。「然うかい」
　は、比較的丁寧に発音する場合ならば［sookai］［so:kaï］等
　のやうな形で現れませう。併し、無造作に言ひ放すならば
　［so:kae̯］［so:kaɛ̯］［so:kaæ̯］等のやうな形で現れませう。然
　らば、この最後の部分、即ち、現実の発音に於て［i］［e］［ɛ］
　［æ］等の形で実現されて居る所の音韻の本質は、一体どんな
　ものでございませうか。現実の音声［i］［e］［ɛ］［æ］等の中
　から共通点だけを抽象して見ますならば、ただ前舌＝非円唇＝
　母音といふことより外には、何も言へないわけでございます。
　然るに、右の場合、現実の音声［i］［e］［ɛ］［æ］等を発音す

る際に、目的観念（発音運動の理想）として吾々の心に存する
　　所のものは、果たしてかくの如く内容空虚な概念でございませ
　　うか。仮に然りとせば、発音の仕方が丁寧になればなる程現実
　　の発音運動が一層［i］の方に近付いて行くといふ事実は、如
　　何にして説明されませうか。　　　　　　　　（299頁上段）
　このように有坂は、変幻出没定まり無き現実の音声から直接共通
の要素を抽き出そうとする素朴経験主義の神保説を批判している。

3. 神保説の雑居的性格への批判

　神保の学説は、「抽象的音声」説として知られるが、その理論構成は単純ではない。前節で触れた「共通の要素」から「抽象的音声」を定義するのは、神保学説の一側面に過ぎない。有坂が「手簡」においても引用する神保論文の次の一節を見よ。

　　前に音声には具体の音声と抽象の音声とあるといつた。音声学
　　や言語学で取扱ふ所の音声は主として抽象的の方である。例へ
　　ば日本語の母音のアイウエオを論ずる時、問題になるのは誰が
　　何時何処で発した声であるかといふ事よりも寧ろ「ア」なら
　　「ア」といふ音声の質である。言換へれば多くの人が多くの場
　　合に発した「ア」といふ声の中に共通に含まれた性質を主とし
　　て問題にするのである。吾々が「ア」といふ音の観念として心
　　に記憶して居るものは、多くの人多くの場合の具体的「ア」
　　（各人固有の声色をも含んだ）を屢聞いてその中から抽象した
　　観念である。故に「ア」といふ音の研究には、此の記憶したも
　　のを研究する事が一つの仕事であり、且一方には多くの人の多
　　くの具体的の「ア」を聴いてその中に含まれた常住的要素を研
　　究するのが一つの仕事である。　　　　（『言語学概論』31頁）

　上記引用中の「具体的「ア」を屢聞いてその中から抽象した観念」というのは、文脈から見て前述の「共通な要素」と大体同じ意味で用いられている。しかし、厳密に言えば「共通な要素」と「抽象した観念」とは概念が違う。前者は、経験に依拠した具体的表象であり、後者は文字通り経験を超えた抽象概念である。神保は、自

説の「抽象音声」を次のようにも定義する。

> 今何か言葉を使ふ必要が起つてその音声を口を発しようとする[ママ]時は、此の音声観念（発音器官から来る要素もこめて）が意識に現れる。之が即発音といふ意志行動の目的観念となる。而して吾々の発音器官（喉や口など）が之に応じて動き、茲に音声を発する。此の時発した音声は一つの具体音声である。その人特有の声色を帯び、その時その場処で何か一定の強さ長さ高さを具へた音声である。此具体音声と、目的観念となつた抽象音声とを比べて見ると、抽象音声の方が遥かに内容属性が少ない。
> （『言語学概論』25頁）

ここで神保は、「抽象音声」を定義するに「発音といふ意志行動の目的観念」という有坂と同様の規定を行っている。

このように神保の「抽象音声」の内実は、具体音声に対する経験を集約した「共通な要素」、論理的操作による「抽象的観念」、心理的目標としての「目的観念」という元来異質な作業によって到達すべき諸概念を「抽象的音声」の名の下に雑居させている。その雑居的性格は、神保自身の姿勢によるのである。

> 抽象的音韻は単に音声表象といふ記憶再現の心理的事実であるのみならず、具体現実の音としても存在するといはなければならない。
> （「所謂音韻の研究に就いて」）

このように神保は、「抽象的音声」を一元的に定義しようとしない。神保「抽象的音声」説のかかる多元的性格に対して、有坂は唯一心理主義に立つ論理的一貫性によって批判の矛先を向けた。

> 神保先生の「抽象音声」は、潜在的な観念なのであるか、それとも顕在的な表象であるか、その点がはっきりして居りません。
> （「手簡」311頁）

ただし、ある種複合的論構成からなる神保説のそれぞれの要素は、互いに未整理なままであっても、いずれも当時の音声研究の最重要論点であり、論理主義の部分がジョーンズに影響を与え、心理主義の部分を有坂が継承したのである。

4. 金田一京助への反論

　有坂「手簡」後半部（『著述拾遺』312頁上段12行目〜320頁下段）は、その主たる内容が有坂論文に対する金田一の批判的指摘に応えた反論である。「手簡」後半冒頭に言う。

　　さて、次には所謂 strong form 及び weak form の問題に移らうと存じます。この点につきましては、率直に申し上げますと、私の考へは先生の御見解とは根本的に相違して居るのでございます。私が書きました［hæv］［hæv］［həv］［əv］［v］［f］等の形は、決して「大勢の人により、幾度もその音があらはれる、そこに共通な所を取つた」ものではございません。「インデイヴィヂュアルな誰かの発音」而も誰かが或一つの場合になした発音を写した積もりでございます。　　　　　　　　（312頁上段）

有坂は、金田一に対して強い調子の反応を示しているが、そもそも金田一の批判がいかなる内容のものであったのか。今日では、有坂宛の金田一書簡が伝わらず、「手簡」で引用される断片や有坂の反論によってそれを推測するしかないが、金田一の書簡には次のような一節が存在するらしい。

　　英吉利の子供等が語を覚へて行く時に、父さん兄さんなどが aiʃtfθɔːtsou と発音するのを何遍も経験したら、それだけで理解して、こんどは子供から aiʃtfθɔːtsou と云ひ得はしないであらうか。でなかつたら、赤坊が語を覚へて行く時どうするであらう。この f が［hæv］と結合されるのは文法的知識で、後のことではなからうか。　　　　　　　　　　　　　　（312頁上段）

この直後に続けて有坂が応える。

　　さう致しますと、イギリス人にとつては、hæv と f とが各独立の語形として別々に記憶されて居るものであり、語形 hæv と語形 f との間にはただ文法的な連合関係が存するに過ぎない、といふお考へなのでございますか。率直に御説を批判させていただきますならば、私は「断じて然らず。」と明言して少しも憚りません。事実は御説と大いに異なり、英米人は所謂 weak form を記憶しては居りません。　　　　　　　　（313頁上段）

右の二人のやり取りを検討すると、金田一は有坂の論文に関して概略以下の如き解釈をしたのではないか。すなわち、「音韻に関する卑見」において例示した英語 have の音声上の諸顕現［hæv］［hǽv］［həv］［əv］［v］［f］や英語文 I should have thought so. の「粗末に発音した結果」の顕現［aiʃtfθɔːtsou］を金田一が社会的慣習としてある程度固定した形として理解したのである。これに対して有坂は、これらを「インディヴィチュアルな誰かの発音而も誰かが或一つの場合になした発音を写した積り」で記述した。この点に二人の了解の食い違いがあった。すでに見たように、有坂の反発は激しく、感情的なニュアンスさえ感じさせるが、実は金田一の指摘には有坂理論の根幹に触れるものがあったと思われる。

　音韻すなわち発音運動の理想や目的観念がどのようにして形成されるのかと言えば、有坂の説では「注意の力」に依るのである。完結した有坂理論によれば、丁寧に発音する場合の話し手の「注意」に起因する力強い態度が聴き手の「注意」を喚起して、双方の「注意」が呼応することによって成立するのである。

　　そもそも音韻観念は、我々が過去に於ていろいろの人から聴いた無数の音声の印象の蓄積から生じたものである。然るに、個々の音声は、その物理的強度に於ても大小さまざまであるし、付帯せる感情価値の高下もまた場合によつて大いに異なつてゐる。従つて、一々の音声の与へる印象の深さや持続性は、実に種々さまざまなものである。即ち、軽く弱く無造作に言ひ放たれた音声は、一般にその印象が浅くて、多くは間も無く消失してしまふ。之に反して、力を入れてしつかりと発せられた音声は、概して物理的強度が大なるのみならず、話手の力強い態度それ自身が聴手の注意を大いに喚起するから、自然、強く深く印象され、永く保存されて音韻観念を形作るに至るのである。故に、我々が或音韻なり語なりを思ひ浮かべる場合、普通に思ひ浮かぶのは、それを最も丁寧に発音する場合の形である。粗末に発音した場合の形は通例記憶には留まらない。

　　　　　　　　　　　　　　　　　　　　　　　　（「音韻論」136頁）

　話し手の注意の集中が聴き手の注意を喚起して音韻観念が形成さ

れるという過程が、有坂の論考において始めて記述されたのは、論文「音韻論」の上記引用箇所である。これは、金田一とのやり取りの後である。「音韻論」より前の著作である「音声の認識について」や「音韻に関する卑見」においては、話し手の注意の方に重点を置く記述になっており、聞き手の注意に関しては、比較的淡泊な記述となっている。つまり、「音韻論」公表前の有坂の論文は、音韻観念の獲得過程に関して次のような解釈を読者に許すのである。

　先ず、話し手の注意深い発音が聴き手の記憶に留まりやすいのは言うまでも無い。この点は問題ない。ところが話し手の注意が散漫な場合に発せられた粗末な発音に対して聴き手が注意を向けた場合、これが記憶に印象されて記憶に留まることもあり得るのである。「英吉利の子供等が語を覚えて行く時に、aiʃtfθɔ:tsou と発音するのを何遍も経験したら、それだけで理解して」というのは、金田一がまさにそのような読解をしたことを示している。後の完成した有坂の理論に従うならば、粗末な発音である aiʃtfθɔ:tsou が聴き手の記憶に留まって音韻観念を形成することはあり得ない。有坂によれば、音韻観念の獲得は話し手の注意が聴き手の注意を喚起し、両者が呼応することによって実現する。したがって、粗末な発音が音韻観念の獲得過程に介入する余地は存在しないし、してはならないのである。粗末な発音とは、話し手の注意を伴わない発音のことである。話し手の注意を伴わない発音ならば、聴き手の注意を喚起することはあり得ない。よって、粗末な発音が聴き手の記憶に留まることはあり得ない。「事実は御説とは大いに異なり、英米人は所謂 weak form を記憶しては居りません。」という有坂の反論は、このことを指している。そこで、粗末な発音が聴き手の記憶に留まって音韻を形成することがあり得る、という金田一の解釈を許すならば、「音韻＝発音運動の理想、目的観念」という自らの理論構築の根本が崩壊するだろう。有坂は、金田一のこのような解釈を絶対に許容できなかったに違いない。有坂理論の一応の完成形態となった論文「音韻論」の執筆が第二節で述べたように「手簡」執筆以後の可能性が高いのであるが、その際有坂は、金田一とのやり取りを踏まえたうえで、誤解を防止するために上記の補強的論説を加筆したのであろ

う。

　さらにもう一点、金田一の誤解を呼んだ要因があった。有坂は、「音韻に関する卑見」冒頭で次のように述べている。

> 私が音韻と称する所のものは、言語制度即ち langue を組み立ててゐる素材としての音を意味するものでありつまり根本に於てはフランスの社会派の phonème に最も近いものであるといふことを、予め呑み込んでおいていたゞきたい。本稿では、仮に Palmer 氏に倣ひ、音韻を表すのに、例へば《b》《hæv》の如く、二重括弧に包まれた音声記号を以てするが、私の音韻観念は Palmer 氏のものとは全く違つたものである。　　（27頁）

昭和10年当時、日本人研究者が言語学の phoneme についての論に接し得たとすれば、ジョーンズか、プラハ学派以外にあり得ない。有坂がよって立つという「フランスの社会派」がソシュールの理論を指すとすればプラハ学派のそれに近いと思われるが詳らかではない。プラハ学派とジョーンズは、立場上対極の位置にあるが、phoneme を環境変異音 allophone の集合とみる考え方は共通である＊4。そこでこのような内容を含む phoneme と有坂の使用する「音韻」とが「最も近いものであるといふことを予め呑み込んで」いる読者は、本論文の次のような記述をどう解釈するであろうか。

> 例へば、英語の助動詞 have は、［hæv］［hǽv］［həv］［əv］［v］［f］等いろいろな形で発音されるが［hæv］［f］とは外形上全く相異なる形である。これらのすべてに共通なものを求めるならば、これらのすべてが同一の理想《hæv》を実現せんがためになされた発音運動である、といふ事実を措いて外には無い。

（30頁）

英語 have 自体は、phoneme ではないが、自らの「音韻」の概念を説明するためにこの例を持ち出しているのは明らかであるから、金田一が have の種々の顕現を以て allophone に類似する変異と解釈したのかもしれない。言語学の phoneme が allophone を重視し、従って有坂の音韻＝発音運動の理想の考え方を allophone に厳格に適用すれば、それぞれの allophone がそれぞれ独自の発話行為の理想、目的観念を有する別個の音韻と言うことになろう。事実有坂は、

『音韻論』において東京方言におけるガ行子音のgとŋを異なった目的観念を持つ別個の音韻であるとしている。しかし、このような例は、日本語ではきわめてまれであって、例えば「三人」と「三枚」の「ん」の音声のn韻尾とm韻尾の違いを日本語母語話者は、意識することがない。これらは発話行為の目的観念に組み込まれていない。有坂の論にはallophoneの考え方が存在しない。有坂の音韻の種々の実現形はallophoneすなわち環境変異ではなく、注意の強弱によるのである。有坂の「音韻」と、allophoneの概念が付随するphonemeは、原理的に相容れない。有坂はこのことを悟り、先に引用した「音韻に関する卑見」の冒頭部分を、これを引き継いだ「音韻論」ではそっくり削除した。また、「音声の認識について」において使用していたphonemeが「音韻論」では、「音韻」と改められている。該当部分を下線で表示した。

　即ち、上の［α］［ä］［a］［æ］等は、生理的物理的の音声としてはそれぞれ性質が違ふけれども、話手の意図から言へば、皆同一の目的観念≪α≫の実現である。その意味に於て上の［α］［ä］［a］［æ］等の間には意味的連絡が存在する。この場合、意味的連絡の根底に存する所の共通の目的観念≪α≫を、我等は、<u>音韻</u>と呼び、その実現たる個々の音声［α］［ä］［a］［æ］等から区別するのである。　　　　　　　　　（134-135頁）

これ以後、有坂は自説を論ずる際にphonemeという術語を使用しなくなる。かつて有坂は、「Phonemeについて」において、ジョーンズ批判と彼なりの理論的整理を試みたが記述が破綻し、後続の研究に継承されなかった。結局有坂は、自らの音韻観念とphonemeとの共存の不可能を悟った結果、phonemeの概念の放棄を決断したのであろう。音声学的音素の概念は、欧語の音声記号を前提した先入観が介入した仮構的実態であって、音素自体が「存在」するかのように考えることは誤りである。経験的に存在するのは、あくまで意味を持つ音声塊（単語あるいは形態素）である。phonemeとは、この音声塊から二次的に分析されたものに過ぎない。

　有坂はこの点を直観していたようで、『上代音韻攷』第二部第1

章「音韻変化について」の中で、この事情を次のように説明している。

　日常談話の際、音韻が唯一つ単独に表象されることは極めて稀であり、数個の音韻が同時に意識されてゐるのが普通である。例へば「土産」{mijαŋe}の{α}を発音しつゝある時、発音者の注意はおもに{α}に向かつてゐるとしても、その瞬間に於て意識されてゐるものは、決して{α}だけではない。{i}の表象は、未だ消失して居らず、一方{ŋ}の表象は既に意識の一隅に現れてゐるのである。否、普通には恐らく、{m}から{e}に至るまでの語の全形が、たとひ漠然とではあつても、同時に{α}の背後に意識されてゐるのである。（『同書』114頁）

また『音韻論』第一編「音韻観念」において、次のような記述を見いだすことができる。

　一体、日常談話の際、音韻が唯一箇だけ単独に表象されてゐることは殆ど無く、数箇の音韻が同時に意識に上つてゐるのが普通である。例へば、「土産」《mijαŋe》の《α》を発音しつゝある時、話手の注意は主としては《α》に向つてゐるとしても、その瞬間に意識されてゐるものは決して《α》だけではない。普通には、少くとも《m》から《e》に至るまでの語の全形が、たとひ漠然とではあつても、同時に《α》の背景として意識されてゐるのである。　　　　　　　　　　　（『音韻論』16頁）

上の二つの類似した記述は、これらの元になった論文「音声の認識について」（『音声の研究』第Ⅳ輯、昭和6年（1931）12月）には存在しない。また、論文で使用していたphonemeの語は姿を消し、同じ位置に「音韻」が代わって出現した。有坂は、単独（単音）で意識される「音韻観念」が専門的観察者による抽象的作業単位であり、通常の話者が意識することではないことを事実上認めている。話者が直接に経験するのが意味を伴った単語あるいは形態素に相当する音声塊であって、音素は欧語のアルファベット文字を観察の前提とする仮構の存在であることを有坂は事実上語っている。すでに見たように、有坂は自説の「音韻」を説明する際、英語の「have」や「然うかい」「土産」などの単語の発音の仕方から記述

を始めている。有坂の「音韻」は、単語から導き出された概念であることが明らかである。有坂の論を継承する我々の「音韻」の概念によれば、単語である「犬」の音韻「イヌ」という言い方は可能だが音素「イヌ」とは言えない。言い換えれば、有坂音韻論が体現する「音韻」は、phoneme のごとき究極の要素ではなく、単語を前提とする概念であり、それの発音の詳細な記述を音声学に求めるのである。

　以上のように、有坂は、音素 phoneme が自説の「音韻」と共存出来ないことを悟ったのは確実である。有坂が音声を抽象しようとしたとき、言語学による抽象（phoneme）と伝統的音韻観念との解決できないずれが露呈した。その結果、有坂は伝統的音韻観念を再定義した「音韻」を選択し、phoneme の放棄を決断したのである。

＊1　慶谷壽信（1989）「「有坂秀吉氏音韻論手簡」について」有坂愛彦・慶谷壽信編『有坂秀世言語学国語学著述拾遺』第三部解説
＊2　Jones（1933）"Concrete and Abstract Sounds". 邦訳は「具体音と抽象音」（大西雅雄訳）『音声学協会会報』第 59 号（昭和 14 年 11 月）
＊3　有坂（1935）「音韻体系の理想と現実」『方言』第 5 巻 10 号に次の記述がある。「私は、既に自分の「音韻論」を簡単に書きまとめて「音声の研究」第六輯原稿として、八月末に音声学協会へ送つてある。」
＊4　1931 年第 2 回国際言語学者会議（ジュネーブ）にジョーンズが提出した音素の定義には次のようにあるという。「一つの音素とは、ある国語（または言語）の中での重要な音と、或る特殊な音連合に於てその音に代わり得る他のそれに似通つた音とを含む所の音の一族をさすのである。」菊沢季生（1932）「日本式ローマ字綴り方の立場に就て（二）」『学士会月報』530 号
トルベツコイは、「音素設定のための諸規則」の中の「規則Ⅲ」として次のように規定している。「或る言語の、聴覚上あるいは調音上互に類似する二つの音が決して同一の音環境に現れることがない場合、それらは同一の音素の結合的変異と解釈される。」『音韻論の原理（邦訳）』55 頁

第8章
時枝誠記とソシュール『一般言語学講義』

1. はじめに

　フェルディナン・ド・ソシュールの出現は、言語学の研究領域を飛躍的に拡大したという意味において近代言語学史上最重要の出来事の一つである。ソシュール『一般言語学講義』（Cours de linguistique générale 1916年パリ、以下『講義』と略称する）は、昭和3年1928に小林英夫によって日本語訳された（『言語学原論』岡書院）。これは、『講義』の外国語訳の中で最も早いものであり、ドイツ語訳1931年、ロシア語訳1933年、スペイン語訳1945年、英語訳1959年、イタリア語訳1967年のどれよりも先んずるものである。この事実は、日本におけるソシュールに対する関心の高さを示している。日本人は、何故ソシュールの出現に敏感に反応したのであろうか。

　ソシュールが1928年に日本に紹介されて以来、彼の理論は共感と反発の間を振幅しながら長い期間をかけて定着してきた。本章では、日本におけるソシュール理論の受容過程において重要な役割を果たした二人の人物に注目した。それは、ソシュールの理論に正面から反発し、批判を加えることによって自らの言語理論の正当性を主張した時枝誠記である。もう一人の人物は、ソシュール理論を個別領域で支えたプラハ学派のphonology（普及した日本語訳に従って以下「音韻論」とする）に反発して自論を展開した有坂秀世である。

　時枝のソシュール批判には、『講義』に対する看過出来ない誤解の存在が指摘されており、今日においてその学理性が論議されることはなくなった[*1]。また有坂のプラハ学派批判も第6章で解明したようにトルベツコイのテクストに対する意図的操作を施して行っ

ており、その学理性が消滅している*2。結果として時枝のソシュール批判と有坂のプラハ学派批判は失敗に終わったが、彼らが主張した独自の理論までが意義を失ったわけではない。有坂と時枝は、ほぼ同時期に言語本質論と音声理論という別々の分野で、似たような行動主義的理論によって、ソシュールとプラハ学派という最新の理論に対抗し、伝統的日本語研究の蓄積を守ろうとしたと思われる。本章の目的は、彼ら二人の独自の行動主義的言語理論の形成を助けたのが、当時の哲学的潮流である現象学であったことを明らかにしたいと思う。

2. ソシュール学説の受容までの日本の言語研究の蓄積

　近世までの日本における言語に関する知的観察は、日本古典学、中国古典学、悉曇学、近世中国語学、蘭学、英学などであった。これら近代以前の言語研究は、19世紀末に日本に紹介された比較言語学に対する独自の伝統を構成した。日本の伝統的言語研究は、比較言語学、イギリス音声学、プラハ学派音韻論を理解するための原資となったと同時に、対抗の拠り所となった。明治維新は、日本語をめぐる様々な近代化を促進した。それは、最初に教育現場と言語政策から始まった。「文法」科の創設とその目標である標準語（書記語、口頭語）の制定、近代的書記生活の確立とそれを支える近代辞書の制作が近代国家の言語政策の課題であった。明治初期の日本文法は、伝統的なテニヲハ、係り結び、活用研究の成果をふまえた国学派によるものと蘭学・英学をふまえた洋学派のものとが試みられたが、蘭学の流れをくむ大槻文彦が『広日本文典』（明治30年1897刊行）によってはじめての近代的日本文法書を達成した。同書は、大槻が制作した近代的国語辞書である『言海』付録の「語法指南」を増補したものである。大槻の方法は、助辞を優先的に分離してその機能に注目する国学派のテニヲハ論と蘭学文典の品詞分類を適切に折衷したものである。大槻の仕事によって、日本文法学は言語学が紹介される前に独力で近代化に成功した。

　明治19年1886、帝国大学令布告によって帝国大学文科大学に博

言学科が創設され、西洋の言語学が日本に紹介された。英国人言語学者チェンバレンに師事した上田万年は、明治23年1890から明治27年までベルリン大学、ライプチヒ大学に留学し、言語学の理論と方法を学んで帰国、文科大学に国語研究室を創設し、制度としての国語学が立ち上がった。上田の最もよく知られた業績は、古代日本語の両唇破裂音が喉頭摩擦音にまで変化する子音推移（p＞Φ＞h）を論じたもので（「P音考」）、比較言語学の手法を用いた日本ではじめての歴史音声学的研究であった。しかし、現代語のh音がp音にさかのぼることはすでに大槻文彦が『広日本文典』で明らかにしていた*3。

官学アカデミーの日本語研究が規範文法の編纂からではなく歴史的研究から始まったのは、歴史的研究全盛の比較言語学の実態を反映していた。現代語研究の理論的根拠は、未だ熟さなかったが、在野の文法学では、松下大三郎『日本俗語文典』（明治34年1901）が編まれるなどの進展があった。松下は、当時日本に留学していた清国の学生に日本語を教える経験があり、このような実際的動機と明治後半頃から始まる言文一致運動が松下を自覚的に口語研究に向かわせた。明治時代の日本語研究は、在野が大学より先んじていた。

ソシュールの『講義』が翻訳され、彼の理論が紹介されるまでの間、日本語研究では、何を以て自らの学問対象とするのかの議論はもちろん、言語とは何かの定義はほとんど行われなかった。このような中で時枝誠記は、大学の卒業論文（大正14年1925完成）で日本語研究における伝統的言語観念の形成過程を論じている*4。時枝の卒業論文は『日本ニ於ル言語観念ノ発達及言語研究ノ目的ト其ノ方法（明治以前）』と題するもので、そのうち第一章「総論」第四節「言語学ノ対象」が注目される。近代の日本語研究の中で、学問の対象と本質論が正面から取り上げられた有意義な考察である。時枝論文の出現は、「言語」とは何か、言語研究の対象が如何に規定されるべきかの議論がこの時期に待望されていたことを明らかにする。その意味で1928年のソシュール『講義』の日本語訳刊行は、時宜にかなうものであった。『講義』は、言語学の対象の規定を真正面から論じているからである。

『講義』が提案したラングとパロールの区別、共時態の言語学、記号の恣意性などの諸概念は、日本の研究者に刺激的な理論的問題を提供した。これらの諸概念は、日本の伝統的言語研究に存在しないものであった。このうちラングとパロールについては、観察対象に具体と抽象の区別を設定するものであるが、日本における近代音声学の紹介者である神保格に類似のとらえ方があった。具体的音声と抽象的音声というのがそれである。

> 　音声の性質自身を基礎にして考へると、例へば「ア」「オ」「カ」「キ」等一つ一つの音、又は之が連がつて言葉となつた「アオ」「カキ」などに就いて、多くの人多くの場合に通ずる共通な要素を抜き出す。通例いふ音声の種類とは主としてこれを指す。すなはち例へば「ア」の音は斯々の性質のものである等いふ時、それは誰が何時何処で発した音声であるか等は暫くおき、それ等多くの人多くの場合に共通な点だけを考へていふのである。之を要するに、或る一つの具体音声を取ればそれを組み立てる要素の中に、他の具体音声に共通する部分と、然らざる部分とあるわけである。前者を共通要素と名づければ後者は特殊要素と名づけられる。その中でも比較すべき具体音声の数を多く取れば、之に共通なる要素は次第に減ずることになる。この意味で、或音声を研究するといふことは大抵具体音声の要素全部についていはず、その一部、主として共通要素について考へることになるのである。　　　　（神保格『国語音声学』12頁）

　神保格の説は、ダニエル・ジョーンズに影響を与え、トルベツコイ『音韻論の原理』にも引用されたものであるが、観察対象である素材としての具体的音声に対立する抽象的音声の考え方は、神保の言うところによれば日本人がまだソシュールを知る前の考察であり、しかもこれらの概念は、ラングとパロールの区別と同じではないが近似している。したがって、ソシュールのラングの言語学を学んだときに、日本人言語研究者は神保の抽象的音声説を連想することが出来た。ところで神保が上記の『言語学概論』を執筆した当時においてすでにソシュールの理論を知っていた可能性が指摘されている。神保は、ソシュールの学説を日本人の誰よりも早く知っていた。時

枝は、神保の講演を通じてソシュール学説をはじめて知ったときの経緯を証言している。

> ソシュールの言語学が我が国に紹介された時代については私はこれを詳らかにし得ないが、神保格氏が欧米留学より帰朝せられた際に、東京帝大山上御殿に於ける講演にフランス言語学特にソシュールの言語学を紹介されたのは大正13年であつたかと記憶してゐる。事実同氏の言語学概論（大正12年11月刊）に於ける言語観念及び言語活動の概念は、ソシュール学説に於けるlangueおよびlangageの概念に著しく似てゐる（同氏から直接伺った所によれば、それは全く偶然の一致ださうである）。その後、昭和3年1月、小林英夫氏は、ソシュールの遺著Cours de linguistique generaleを翻訳して、これを言語学原論として出版されてから、ソシュールの名は遍く我が学界に知られる様になり、国語学に与へた影響も甚大であった。
>
> （時枝誠記『国語学原論』58頁）

『講義』が提案した理論のなかで特に反応が大きかったのが共時言語学と通時言語学の区別であり、この考え方に対する反発と疑念は近年に至るまで去らなかった。服部四郎は、ソシュールの共時態の発想は伝統的日本語研究にもあると主張し、その実例として江戸時代の上代語研究から山田孝雄の文法論に明瞭な形で実現していると述べている*5。しかし、江戸時代の上代語研究は古典文法の業績であり、また山田の文法論も明治期の標準的書記言語としての文語を対象としたものである。これらの研究は、歴史的動態を度外視したものであっても実態はソシュールの共時言語学と似て非なるものである。共時態とは、話し手聞き手（言語の使用者）にとっての価値体系であるラングの存在様態であり、古典文法が対象にするような格付けされた排他的なテクスト言語ではない。

> 言語事象を研究してまずおどろくことは、話手にとっては、時間におけるそれらの継起は存在しないということである。：眼のまえにあるのは、状態である。
>
> （『講義』第Ⅰ編第3章§2（岩波書店1940年）115頁）

通時論的なものと共時論的なものとの対立は、あらゆる点に現

われる。たとえば—もっとも見易い事実から始めるならば—それらには同等の重要性がない。この点からすれば、共時論的部面のほうが他を抑えていることは明らかである。話す大衆にとっては、これこそ真正・唯一の実在だからである。

(『講義』第Ⅰ編第3章§5（岩波書店 1940 年）126 頁)

　他方、記号の恣意性は、比較言語学が暗黙の公理的前提にしていたものであり、これがなければ言語間の歴史的系統関係を想定できない。ソシュールは、この暗黙の前提を言語の学理規定のコンテクストに引き出して、共時言語学の指導原理にした。記号の恣意性原理に支えられた共時言語学の画期的意義は、言語外的な格付けを拒絶した凡俗の体系としてのラングの構想を可能にした点にあった。これによって、格付けされた既存のテクストも現代口語も方言談話もそれぞれが対等の学問的価値を持つ資料と見なされなければならなくなった。文明圏のラングも無文字社会のラングも対等の学理的価値を持つのであり、それぞれのラングには典雅と素朴、洗練と粗野の別は存在しない。ソシュール以後の言語学は、由緒ある古典テクストだけでなく現代文章語、談話、方言、流行語、メディア言語など多方面の観察に学理的根拠が与えられた。西洋言語学は、アレキサンドリア学派以来の古典文法の拘束から長い時間をかけて離脱してきたが、ソシュールの登場はそのような離脱過程の決定的局面であった。現代言語学では、古典テクストを観察対象にする研究も談話や方言に関する研究も等しく学術的価値が尊重されている。ソシュールが現代言語学の始祖と見なされるのは、このような実態を反映している。

　ところで実際にソシュールの衝撃を経験した日本語研究者は、多様な形でこの理論に対する共感と反発によって応えた。ソシュールに対する反発の代表格として知られる人物が時枝誠記である。ソシュールは、今日において言語をその「存在」の局面からとらえた人物であると考えられている。このような理解は必ずしも間違ってはいない。これに対して、言語を行為、行動あるいは過程としてとらえた日本人の研究者として時枝が知られている。時枝は、行動主義的言語観を提案した恐らく日本で最初の研究者である。時枝は、ど

のような契機から言語を行動として把握しようとしたのであろうか。それを次節で解明したい。

3. 時枝誠記と言語過程説

　時枝誠記は、文法学者であるがそれ以上に彼の名を学説史にとどめるのが言語過程説と呼ばれる言語理論である。「言語とは何か」に関する定義や本質規定を日本語学者が回避する傾向のあった中で、時枝の姿勢は個性的であり、注目される。言語過程説は、時枝の著『国語学原論』(以下『正篇』と呼称する)、『国語学原論続篇』(以下『続篇』と呼称する) において述べられている。『正篇』『続篇』ともに、時枝が言語過程説を主張する際にソシュールの『講義』を批判して自説を提案するという形を取っている。この時枝の姿勢は、学生向けの教科書『現代の国語学』(有精堂 1955 年刊行) の記述に至るまで一貫している。

　時枝は、ソシュールの理論を「構成主義的」であると批判し、言語を思考の表現過程および理解過程とする行動主義的言語観を主張する。言語を静的に「存在」と捉えるか動的「行為」として捉えるかは、哲学者や言語学者を悩ませてきた未解決の議論であるが、これが日本では時枝がソシュール学説を批判する過程で実現した。

　時枝は、ソシュールのラングが学問の対象として「純粋に心的なものを把握したけれども、その方法に於いては、明らかに自然科学的構成観の反映」(『正篇』84 頁) であるとして、次のように述べる。

> 既に述べて来た如く、具体的な言語からは、構成的単位は見出すことが出来なかつた。それならば言語は多様であり、混質的であり、我々は言語に於いて、純一な学的対象を把握することが出来ないのであらうか。構成的単位を追求する限り、言語の学は、心理学、生理学、音響学等に分散せられ、その固有の対象を把握することは困難である。しかしながら、若し既に述べた如く、言語の対象に即して、言語の本質を一の心的過程として理解するならば、その過程に参与するものとして、生理的物

理的等のものがあるとしても、その過程それ自体としては、他の如何なる過程にも混じない、そして言語を言語たらしめる一様にして純一な対象を見出すことが出来ると思ふのである。言語表現は、他の思想表現、例へば、音楽絵画等に比較して、単に外部に表現せられる部分即ち音或は色等に於いて相違してゐるといふよりも、そも〳〵の出発点からして異つた方向をとつて現れる表現過程を持つ。これを明かにするには、言語過程に参与する種々な要素の一を除外して見ればよい。概念なき言語、音声なき言語を我々は考へることが出来ない。即ち概念、音声は、言語に於ける並列的構成要素として重要であるのでなく、言語過程として不可欠の段階であり、かくの如き過程の存在に於いてのみ、我々は言語の存在を意識することが出来るのである。

(『正篇』86-87頁)

　時枝によれば、「概念と聴覚映像が結合したラング」（注：これはラングではなく記号signeの誤り、このような間違いによって時枝は孤立した）は、構成主義的言語観によるものであり、言語を実体として認識しようとする限り、構成要素は個別科学的分析の中に分散、解消されてしまうだろう。時枝は、言語を概念と聴覚映像の同時並列的結合と捉えるのではなく、言語全体を表現過程、理解過程として捉えることによって概念や音声を統一的に把握することが出来るとした。

　　言語過程説は、言語構成説における言語の考へ方の矛盾を認識するところから出発する。もし、言語を一つの構成体と見るならば、言語学は、当然、音声を対象とする生理学或は物理学と、意味を対象とする心理学とに分属されて、言語学は、その独自の対象を見出すことが出来なくなる。これが、疑問とされる第一の点である。右の、問題を解決するために、ソシュールは、概念と聴覚映像との結合したものをラングとして、これを言語学の真正の対象と考へた。概念も、聴覚映像も、ともに心理的なものであるから、ソシュールの設定したラングは、確かに彼のいふやうに、心理的実体であり、それ故に、言語学が、心理学と生理学（或は物理学）とに解体される危険から免れることにな

るのであるが、いふところのラングは、言語の最も具体的な事実である、表現及び理解の事実とは、何の拘はりもないものとされた。これが、疑問とされる第二の点である。言語を以上のやうに考へることは、たとへソシュールのやうに、これを心理的実体であるとし、表現において使用されるところの資材であるとしても、ラングの人間に対するありかたは、自然が人間に対するありかたと少しも異らない。従つて、その研究課題は、このやうな実体相互の張り合つてゐる状態（共時態）が実体の変遷（通時態）かに限定されてしまふ。これが疑問とされる第三の点である。以上のやうな諸々の疑問点を解決するものとして、日本の古い国語研究に現れた考へ方が取り上げられることとなつた。そこでは、言語は、専ら、人間がその思想を感覚的なもの（音声或は文字）を媒材として外部に表出し、また、そのやうな感覚的なものによつて、何等かの思想を獲得する、表現及び理解の行為そのものであると考へられてゐる。そこで、言語が、要素の結合体として、実体化せられる代りに、言語は、人間の心理・生理的過程現象として捉へられることとなる。これが言語過程説（或は観）といはれる所以である。このやうに言語を考へることは、言語を、概念と聴覚映像との結合体であると考へる場合と同じやうに、言語についての仮説に過ぎないのであるが、しかし、それは、我々の、言語についての具体的な経験に対する省察から設定された仮説であつて、経験の奥に、或は、それ以前にあるものとして予見された、ソシュールのラングの如きものとは性質を異にする。　　　（『現代の国語学』141–142頁）

　この引用文におけるラングに対する評価は、『正篇』からやや変化しているが、言語過程説の論理構成がよく表現されている。すなわち、概念と聴覚映像が結合した構成体と捉えられる「ラング」によれば、表現し理解するという言語の具体的行動を観察することができない。

　ここで注目されるのは、時枝がラングを経験に先立って予見されたものであると批判していることである。言語過程説もラングもともに仮説であるが、ラングが経験に先立って予見されたものである

のに対して、言語過程説は、具体的経験から導かれたものである。時枝は、この点にラングの言語学にはない自説の強みを強調する。

　このような方法論批判の手法は、20世紀前半の哲学を指導した現象学が特徴的に備えているものである。エドムント・フッサール（1859〜1938）が開いた現象学やその先駆者である物理学者エルンスト・マッハ E. Mach（1838〜1916）の経験批判論においては、経験未到の存在を前提的に仮構して論理を展開して行く素朴実在論的な手法は排除される*6。マッハやフッサールの理論は、ルネサンス期以来、発展を遂げてきた自然科学の共通認識であった対象の実在をあらかじめ前提することを拒絶し、認識主体による経験可能な現象から稠密な実証を施してゆくという20世紀以後の知的潮流を代表的に形成した。

　我々は、日常生活者として外在的なモノの存在を前提にして生活しているが、モノを理性的に認識しているのではなく、経験による諸感覚を統合してその存在を直観しているに過ぎない。モノの存在の認知とは、複数からなる感覚の複合であるに過ぎず、直観的心理作用が諸感覚を統一し（総合 synthesis あるいは統覚 apperception して）、モノとして知覚することができるのである。大抵の場合、その直観が誤りでないが故に、我々は安全に日常生活を送ることができる。しかし、素朴実在論的生活感覚ではすまされない高度の緊張を要する知的認識においては事情が異なってくる。抽象的観察対象の存在証明や学理的基本概念の定義、刑事訴訟手続きにおける犯罪の立証などにおいて、未経験の存在に関する予断は厳密に拒絶されなければならない。マッハやフッサールは、それまで自然科学者が共有し、問題として露呈しなかった素朴実在論に疑いを表明した。

　　省察する者は、徹底した一貫性をもって絶対的な認識という目標に向かいつつ、やがて疑わしくなる可能性が考えられるようなものは、存在するものとして通用させない。それゆえ彼は、経験と思考のうちに自然に生きている時には確かなものも、それが疑う可能性がある限り方法的な批判を向け、疑いの可能性を持つものをすべて排除することによって、おそらく後に残るはずの絶対的に明証なものを得ようとする。私たちが自然に生

きている時、世界は感覚的な経験の確信をもって与えられているが、前述の方法的な批判に、この確信は持ちこたえられない。それゆえ、世界の存在は、この始まりの段階では通用させてはならない。省察する者は、ただ自らの思う(コギタチオ)ことをする純粋な我(エゴ)としての自分自身のみを絶対に疑えないものとして、たとえこの世界が存在しないとしても廃棄できないものとして、保持している。このように還元された我(エゴ)が、いまや一種独我論的に哲学し始めるのだ。　　　　　　（フッサール『デカルト的省察』
「第一省察」浜渦辰二訳（岩波文庫、2001））

目の前のモノは、あるように見えるし、あるはずである。しかし、その総てを経験できず、したがって論証できないそのモノを、あるものと前提することは出来ない。したがって、厳密な知的処理を要する現場では、あるはずのモノであっても素朴な直観的前提を排除して、とりあえずないものとして出発しなければならない。この逆説的ともいえる認識構成は、20世紀の人文科学や社会科学の実証的方法の精密化に多大の貢献をなした*7。

時枝は、ラングの理論も言語過程説もともに「仮説」であるとしながら、「経験に先立って予見された」ラングと「我々の、言語についての具体的な省察から設定された」行動としての言語を比較し、自説の優越性を主張している。その根拠が、「我々の具体的経験の有無」に帰せられているのである。これは明らかに、経験批判論や現象学の認識方法に基づくものである。現象学は、人間の認識に限界のあることを自覚して、先ずは経験可能な領域から徹底的な分析を加えようとする方法である。したがって、その実証主義の前提に人間の主観的経験が存在するという心理主義が車の両輪のように寄り添っている。徹底した経験主義と心理的主観主義が現象学の基底にある。時枝『正篇』の次の記述は、彼が現象学的立場に位置していることを如実に告白している。

　以上の様に見て来るならば、観察的立場と主観的立場とは、本来言語に関する別個の立場であるが、その間には次の様な関係が見出されるのである。

　『観察的立場は、常に主体的立場を前提とすることによつて

のみ可能とされる』

　即ち言語を観察しようと思ふ者は、先づこの言語の主体的立場に於いて、彼自らこの言語を体験することによつてのみ、観察することが可能となることを意味するのである。

(『正篇』28-29頁)

　時枝は、フッサールの哲学に傾倒していた。言語過程説に対する現象学の影響については既に指摘されていたが、時枝が自著でフッサールや現象学について直接言及しておらず、不明の部分が多かった。時枝の晩年（1967年）の講演で彼が山内得立著『現象学叙説』（岩波書店1929年刊行）の影響を受けたことを告白しているのが本人による唯一の証言であろう*8。それによると時枝は、朝鮮の京城帝国大学在職中の「昭和十年過ぎ」頃、同僚の高木市之助を訪れて、大学を辞して京都帝国大学の山内得立教授のもとに赴いて現象学を学びたいと願い出たことがあるという*9。結局、高木の説得によって、時枝はその計画を断念したが、自説の形成のために時枝が現象学の修得を不可欠のものであると考えていた。フッサールは、現象学がまとまった哲学体系であるというより学問の「方法」と認識していたようであるが*10、このような開放的な認識の体系が20世紀前半の人文諸科学に、有力な方法論を提供した。日本の言語研究もその例外ではない。時枝は、『正篇』において、彼と同じ世代の研究者で古典音声学者有坂秀世の理論に全面的な共感を表明している。

　次に既に述べた所の音韻 phonème の論についてみるに、観察的立場は、当然主体的立場を前提としなければならないとするならば、言語の音声研究の対象は、観察者の感覚に直接訴へる処の音声表象、或は物理的生理的特性ではなくして、この言語の主体的意識に於ける音声を対象とすることでなければならない。主体的意識に於ける音声を対象とする処の方法は、既に述べた様に、観察者が自らこの言語の主体としての経験を経なければならないのである。言語の音声を他の音響と区別し得る根拠は、その音響的特質に存するのではなくして、実にそれが主体的であるか否かに存するのであつて、主体的立場を無視した

音声研究といふことは、そのこと自身が既に矛盾を含んでゐ
　　るのである。(中略) かくして特に音声論と音韻論を研究対象の
　　相違から対立させる必要はない。従来の音声研究には、屢々こ
　　の立場の混同があつた。音韻を音の一族であるとする考方や、
　　　　　　　　　フォネーム
　　抽象的音声であるとする見方は、主体的意識を除外した観察的
　　見解であり、音の理念とする考方や、言語音を区別する示差的
　　性質のものとする見方は、寧ろ主体的立場であるといへるであ
　　らう。しかもこれらの所説には、未だ明かに立場の相違につい
　　ての弁別が存在してゐなかつた。真の観察的立場は、主体的立
　　場を前提としなければならないことを明かにすることによつて、
　　右の音韻に関する見解の是非を決定することが出来ると思ふの
　　である。　　　　　　　　　　　　　　　　（『正篇』32–33頁）

上の「主体的意識に於ける音声を対象」として音声理論を立ち上げたのが有坂秀世であり、時枝は明らかに有坂の理論を念頭にしてこの部分を記述している。有坂によれば、音韻とは「発音運動の理想」または「目的観念」であり、これが変幻出没定まりなき現実の音声を一貫する不変の対象であるとした*11。ここで時枝が批判する「抽象的音声であるとする見方」を主張したのが神保格であり、「音韻を音の一族であるとする見方」を唱えたのがダニエル・ジョーンズを指すことが明白である。有坂は、ジョーンズや神保の説を批判して自説を確立したのである。さらに有坂が最大の論敵として全力を傾注して批判に臨んだのがプラハ学派の音韻論である。上の記述で時枝の言う「言語音を区別する示差的性質の者とする見方」とはプラハ学派を指している。時枝は、音声研究において有坂の方法論批判をそのまま肯定的に跡づけることで、有坂音韻論への全面的な賛同を表明している。

　プラハ学派の音韻論は、ソシュールのラングの言語学の説明力を音声研究の方面で支えた。時枝の言う「構成主義的言語観」を個別領域の方面で支持したのがプラハの理論であるとすれば、時枝が賛意を表した有坂のプラハ学派批判の立場が、その方法論的基底との関係で注目される。

4. 有坂秀世の音声理論

有坂秀世は、古典音声学者として業績を残した一方で、独自の音声理論を建設した。有坂理論は、音声に関する徹底した心理主義的定義で知られる。有坂が理論的活動を行った時期は、1931年（「音声の認識について」『音声の研究』第Ⅳ輯）から1940年（『音韻論』三省堂刊行）までの間である。あたかもこの時期は、プラハ学派の音韻論が日本に紹介されて盛んに議論されていた時期に相当する。有坂の理論は、激烈なプラハ学派批判を特徴とする。しかし、有坂のプラハ学派批判は、時枝の言語過程説が終始一貫、ソシュール批判と一体で提案されたのと違って、プラハ学派を知る前の段階から伝統的音韻観念の理論的骨格を構築していた（「音声の認識について」）。

有坂は安定的な研究対象としての「音韻」を定義する際に、音の一族や客観的音声という疑似観察者的定義を排除した。有坂は客観的に観察される多様な音声から抽象的概念を抽出するのではなく、主体的経験の確かさだけを根拠にして音声を規定する。この主体的経験の確かさを担保するのが有坂の言う「心理的連絡」であり、観察主体の疑うことの出来ない経験である。時枝が有坂の理論に共感したのは、有坂のこのような現象学的な観察態度であった。

> 音韻は発音運動の理想であり、音声現象の背後に在つて之を意味づけるものである。音韻を理解するとは、音声の現実に於ける生理的物理的性質を知覚することではなく、音声現象の中に実現せられつつある理想、即ち音声現象の意味を把握することである。一層通俗的に言へば、話手が如何なる音韻を実現しようとしてその発音運動をなしつつあるのであるか、といふその目的を理解することである。（中略）音韻の本質は、「音声の集団」（所謂 Lautfamilie）にもあらず、一定の領域にもあらず、又音声の抽象的概念にもあらずして、発音運動の理想でなければならない。
>
> （「音韻に関する卑見」『音声学協会会報』第35号、1935年1月）

有坂は、神保の抽象的音声説やジョーンズの音族説を批判したが、

ここで神保と有坂の学問の背景を比較しておきたい。
　有坂は、18世紀以来の日本音韻学の伝統的教養を継承しようと自覚しながら大学では言語学科に学んで西洋の学術を身につけた。有坂は、比較言語学の手法によって中国古典音再建に足跡を残したスウェーデン人言語学者バーナード・カールグレンB.Karlgrenの跡を継いで中国語音韻史研究の近代化に貢献した。有坂は、中国語音韻史の該博な知識を動員して8～9世紀の古代日本語音声の再建に業績を残した。有坂の音声理論には、古典音声学の基盤があった。
　これに対して神保は、学術活動の当初から一貫して音声学phoneticsの紹介と日本音声学の確立に尽力した。イギリス流音声学の方法の原資は、ヤーコプ・グリム『ドイツ文法』第二版（1822）で報告されたグリムの法則の歴史音声学的手法である。ドイツに留学したヘンリー・スウィートは、グリムに深く傾倒した。
　1886年にパシー、ジョーンズ、イェスペルセン、スウィートらが協力して音声教師協会、国際音声学協会を設立した。彼らは、1888年に国際音声字母（IPA）を発表した。IPAについて、神保は次のように言う。

> ローマ字を基にして多少の変更を加へた音声符号にも数多の流儀があるが、今最も盛に使はれるのは「万国音標字母」（International Phonetic Alphabet）で近頃我国でも英学者の間に次第に使はれ出したものである。

（神保『国語音声学』「音声研究法」）

明治維新以後の日本の音声研究は、言語学と音声学が紹介されるまでの間、伝統的な音韻学を原資として言語政策の立案とそのための方言調査が行われていた。用語も伝統的な「音韻」の語が使われており、国語調査委員会編集にかかる『音韻調査報告書』「音韻分布図」では、片仮名で音声の記述を行い、補助的にローマ字が使用されている。IPAは使用されていない。また1901年編纂の百科全書である『古事類苑』「文学部」第一巻において「音韻」の項目が立てられており、近世までの音韻学の成果が類従されている。明治30年代までは、日本語音声研究において音声学が影響している兆候は見出されない。

日本語研究における音声学の最初の業績は、イギリス人エドワーズがソルボンヌ大学に提出した学位論文『日本語の音声学的研究』（Edwards, E, R:Étude Phonetique de la langue japonaise :Thèse pour le doctrat de L'Université de Paris, présente à la Faculté des Lettres à la Sorbonne. 1903　1935年に高橋義雄訳刊行）である*12。これに啓発をうけた佐久間鼎がロシア人言語学者ポリワーノフの指導を受けて日本語の方言調査に従事し、音声記述を経験したという*13。

　以上の経過を見ると、日本において音声学は、20世紀初め頃（明治30年代）から次第に認識され始め、佐久間鼎、神保格らを指導者として、1920年代前半には日本における音声学確立の気運が盛り上がっていたと見られる。日本で音声学協会が設立されたのは、1926年（大正15年）である。古典語学や通時的研究に動機を持たない自然科学的な音声学が日本において立ち上がった。

　20世紀以後の現代言語学の特色は、文法学からの音声学の自立と1920年代のphonologyの出現にある。19世紀後半に音声学が確立し、自然科学への傾倒が極限に至ったとき、人文科学としての音声研究を模索する動きが台頭してきた。その最大の支持母体となったのがソシュールの理論であり、ラングの概念を拠り所にして音声学に対立するphonology音韻論がプラハで立ち上がった。プラハ学派の音韻論は、自然科学への傾倒を深めた音声学に対して、言語構成体において一定の機能を果たすもののみを音声として注目する人文科学としての音論を確立した。音声学に対する音韻論の*14 関係は、ソシュール理論のパロールとラングの関係をよく説明するものである。このように音声学と音韻論の区別を確立したことで知られるプラハ学派の学者達であったが、トルベツコイが音声学の論理構造を批判していたことは余り強調されないので、次節で改めてそれを考証しておきたい。

5．トルベツコイの音声学批判の論点

　素材としての音声自体を観察対象にする音声学に対して、言語構

成体に関与するもののみを音声の中で注目する音韻論を確立したトルベツコイは、音声学を音韻論から区別しただけではなく、音声学自体の論理構造を批判している。トルベツコイの音声学批判は、音素抽出に際しての心理主義的な方法、結合的変種を認定する方法および抽象的音声を設定する方法をそれぞれに批判している。

　先ず、トルベツコイは、音素の抽出に際して心理主義的な手法を、自身もかつてはその立場に立っていたことの自己批判とともに拒絶した。この点は、第6章で明らかにしたとおりである。トルベツコイは言う。

> 音素を定義する場合に心理学を援用することは避けなければならない。音素とは言語学の概念であって心理学の概念ではないからである。音素の定義に際しては「言語意識」("Sprachbewutsein") との如何なる関係づけも排除しなければならない。「言語意識」というのは言語構成体（「ラング」）を比喩的に言い換えた名称かあるいは、さらにそれ自身定義されなければならない概念でありながら恐らく全く定義できない、極めて曖昧な概念だからである。したがって、N. Van. Wijk が（De Nieuve Taagids 1936, p.323 で）提案した音素の定義も批判の余地がある。N. Van. Wijk によれば「或る言語の音素は或る言語共同体のすべての成員の精神に存在する言語要素の一範疇を成す」。音素は「言語意識がこれ以上さらに分割できないと感ずる最小の単位」である、という。このように音素の概念を、「精神」("Psyche")、「言語意識」、「感ずる」("empfinden") などの曖昧模糊たる概念を明確にする助けにはならない。仮にこの定義を採るとしても、何を音素と見なすべきか、具体的な場合においては全く分からないであろう。なぜなら「或る言語共同体のすべての成員の精神」の中に入り込むことは（特にそれが死語の場合には）不可能だからである。
>
> 　　　　　　　　　　　　　　（『音韻論の原理』邦訳45頁）

また本書の同じ章の中でダニエル・ジョーンズの「音族説」と神保格の「抽象的音声説」が批判されている。

　もう1つの、同じく不十分な定義は、結合的変種

（kombinatorische Variante）の存在という事実に由来するものである。Daniel Jones は、音素を同じ音環境に決して現れることのない聴覚的または調音的に類似した言語音の 1 グループまたは 1 家族と定義した。したがって、Daniel Jones のこの最初の定義は、人間の言葉が音素と言語音から成り、音素と言語音とが異なった平面にあるのではなく同一の平面に共存しているということを前提としている。ドイツ語の Wiege ≪揺りかご≫のような単語において、v, i: は（ふつうの耳で聴き取ることの出来る結合的諸変種を示さないから）言語音であり、これに対し g は（音環境によって違って発音されるから）音素だということになる。言語音と音素という言葉のこのような用い方が文字との関連においてしか意味を持たないことは明らかである。；つまり、「音素」とは単語内の位置によって様々に発音される文字を意味し、「言語音」（あるいは「単音」（"Phone"））とは常に同じように発音される文字を意味するものと考えられる。音素の概念は D. Jones の場合ももともと「音声表記」の問題と密接な関係があった。しかし、彼はすぐにこのような形での「音素論」は支持し難いものであり、さらに修正を要するものであることを悟った。　　　（『同書』45–46 頁）

彼（D. Jones）は日本人神保教授と東京にいたイギリスの言語学者 Palmer 博士とが発展させた「抽象音」（"abstrakten Lauten"）の理論を拠り所としている。我々が聞く具体的な音はすべて違っており、同一の音を正確に 2 度発音することは不可能である。しかし或る幾つかの音は非常に多くの共通した特徴を持ち、互いに非常に似ているので、これらの共通の諸特徴を 1 つの表象のもとにまとめ、この表象そのものを考えることができる。（中略）しかしこれは第 1 段階の抽象に過ぎない。さて、一方では或る幾つかの類似性を互いに示すと同時に他方では当該言語において同一の音環境には決して現われないこのような抽象音の 1 家族全体を一般的な表象のもとにまとめるならば、抽象の第 2 段階が得られる。音素は正にこのような第 2 段階の抽象音であると言う。（中略）D. Jones は抽象音を問題にし

ているが抽象が行われるその基準については問題にしていない。抽象は、「第1段階」では、聴覚・調音的類似性の観点から行われ、「第2段階」では音環境との関係という観点から行われている。これら2つの抽象的基準は非常に違っているために、如何なる場合も同一の抽象過程の2つの段階とみなすことは許されない。さらに「言語音」(「具体音」("konkreterLaut"))という概念の不明確さを再び強調しなければならない。

(『同書』46-47頁)

　このようにトルベツコイは、音素抽出における心理的表象説、音族説、抽象的音声説を批判している。トルベツコイは、音声学の音素規定に関する主要理論のすべてに批判的見解を表明した。

　トルベツコイは、音声学による音素の定義の何処に問題点を認識していたのであろうか。それは、音声学の音素抽出法が抱えている論理構造にある。トルベツコイは、『音韻論の原理』第Ⅰ章「3 音素の定義」冒頭において次のように言う。

ここで下した「音素」、「言語音」、「変種」の概念の定義はすべての言語学者によって認められているわけではなく、また最初からこのように定義されてもいなかった。

　最初、音素は心理学的な言葉で定義された。J. Baudouin de Courtenay は音素を「言語音の心理的等価物」("psychische Aquivalent des Sprachlautes")と定義した。この定義は認めがたい。なぜなら多くの言語音が(変種として)同一の音素に対応することが出来、その場合にこのような言語音の各々は固有の「心理的等価物」―すなわちその言語音に対応する聴覚的および運動的表象―を有するからである。とりわけこの定義は、言語音そのものが全く具体的な、積極的に与えられる1つの単位であることを前提としている。しかし事実はそうではない。積極的に与えられているのは、発話行為の具体的、連続的な音声の流れだけであり、この連続体から我々が個々の「言語音」を引き出すのは、まさに、音声の流れの当該の断片が或る特定の音素を含む単語に「対応する」からなのである。言語音の定義は、言語音を音素と関連づけて初めて可能である。しかし音

素の定義に際して言語音からはじめるならば悪循環におちいる。

（『同書』44頁）

　ここでトルベツコイは、音素から類推した「言語音」を音素に到達するための前提にするのは循環論であると主張している。それでは、トルベツコイは、「発話行為の具体的、連続的な音声の流れ」の中からどのようにして音素を取り出そうとするのであろうか。すなわち、「この連続体から我々が個々の「言語音」を引き出すのは、まさに、音声の流れの当該の断片が或る特定の音素を含む単語」からだけであるという。音素抽出は、内省によってあらかじめ設定された音の断片からではなく、単語から始めなければならない。単語の区別から音素に至る、これがプラハ学派の音韻論の作業手順である。連続的な言語音が言語構成体の機能に関与するかどうかは、言語音の対立が単語の意味の区別に役立っているかどうかの認識に究極的に到達する。その認識は、単語同士の最小対 minimal pair によって音韻的対立が抽出されることによって実現する。音連続体としての単語の区別の極限の在り方が単語間の最小対立である。この操作手順によって音韻論は、音声の観察から音韻論的対立の抽出までに至る如何なる段階においても、心理的、抽象的概念を設定することから免れることが可能になった。

　音韻論は、ソシュールのラングの理論をよく説明するものである。しかし、音韻論における音素抽出は、ラングが抱えていた「心理的実体」という残滓を根絶した。ソシュールが今日に至るまで、現代言語学の始祖としての高い評価を受け続けているのは、プラハ学派の論証力の支えによるところが大きいが、何よりの貢献はソシュールのラングが抱えていた心理主義の克服という点にある。

6. 有坂のプラハ学派批判

　有坂が手の込んだ文脈的操作を施してトルベツコイ批判を行ったことは、既に第6章において明らかにした*15。彼のプラハ学派批判が失敗に帰したことは疑問の余地がない。有坂のプラハ学派批判の論点は、次の内容に尽きる。

プラハ学派が重視する弁別的機能は、音韻体系の使命あるいは理想を言い表したものであるに過ぎない。しかし理想と現実は、そもそも別物である。音韻体系にとって語の意味の弁別は、究極の理想に過ぎず、現実の目的は、音と音との違いを区別する示差的機能に存するものである。

　　私は、この Trubetzkoy の学説については、若干の重要な点に関して疑問を懐かざるを得ない。第一、同氏の見解に従へば、音韻的対立とは、その言語に於て知的意義の分化に適用されるところの音的差異をいふ。従つて知的意義の分化に役立たない音的差異は、音韻を相互に区別する性質とは認められない、といふことになる。ところが、よく考へてみると、実はこれ、理想と現実とを混同してゐるものである。
　　　　　　　　　　　　　　　　　　　　（『音韻論』「音韻観念」3 頁）
理想と現実とは、そもそも別物である。現実の社会制度たる音韻体系は、我々が何を欲しようとも、それとは無関係に儼として我らの外に存在してゐる。　　　　　　　　　　　　（『同書』4 頁）
Trubetzkoy は、現実の音韻制度を、あたかも我々の現在の欲望から生まれ出たもののやうに誤解してゐる。私は、それとは反対に、現実の音韻制度を、我々の欲望とは無関係に我々の外に儼存する所の客体として観ずる。　　　　　　　（『同書』4 頁）
音韻体系は意義の相違を区別して表すための手段として存在するが、その存在自体は、何ら意義関係に依存するものではない。音韻は音韻として独立に存在し、意義とは無関係にそれ自身で体系を作ってゐるのである。この点に於て、Saussure の見解は、私自身の見解と全く一致する。　　　　　（『同書』6 頁）
現実の音韻体系は意義の相違を区別して表すための手段として、未だ必要且十分なものとはなつてゐないのである。目的と手段との完全な調和は、望ましいことではあるが、それは畢竟一の理想であって、未だ現実にはなつてゐない。然るに、その点を思ひ誤り、完全な調和の現存を前提してかゝる所に、Trubetzkoy 音韻論の根本的誤謬が存するのである。

　之を要するに、音韻の示差的機能とは、直接には、一の音韻

を他の音韻から区別する機能を指すものでなければならない。言ふまでもなく、示差的機能は、音韻にとつては本質的なものである。音韻は、実にこの示差的機能に基いて体系を構成してゐるのである。　　　　　　　　　　　　　　　　（『同書』6頁）

　かようなわけで、私は、Trubetzkoy 一派の誤れる「普遍主義」「構造主義」を排撃し、理想から現実を演繹するやうな論理的誤謬を斥け、あくまで音韻を「与へられたる既存の対象」として観察しようとする。　　　　　　　　　　（『同書』10頁）

　有坂のトルベツコイ理解は、誤っている。トルベツコイは、音韻体系の使命、理想が意義の相違を区別することにある、とは主張していない。それはむしろ、上記の引用にあるように有坂自身の主張である。「音韻体系の使命が語の意味の区別を行うことにある」という主張を作為的にトルベツコイに押しつけることによって論理的矛盾に追い込もうとしたのが有坂のトルベツコイ批判の要点である。上記の引用で有坂がソシュールに賛同する記述が見えるのは、彼のソシュール理解の程度を示しているだけで論議の本筋と無関係である。

　トルベツコイを始めとするプラハ学派の音声分析は、音声学の諸潮流があらかじめ前提する「言語音」すなわち単音からではなく、単語から出発する。なぜなら話者が音声言語において最初に経験することができるのは、単音でも音素でもなく音的特徴の連続体としての単語だからである。単語は、発音の違いによって相互に区別される。例えば、日本語の「からだ［体］」と「すがた［姿］」の音形は、相互に違っている。音声の違いによって二つの単語の意味の弁別が外的に保証される。

　それでは音声による単語の区別の究極のありかたは、どのような方法で抽出できるのか。その分析法が最小対の構成である。例えば、「傾斜（けいしゃ）」と「芸者（げいしゃ）」は、先の例と違って極めて限定された音声の断片（第一音節内の［k］と［g］）によって単語が区別される。僅かでも調音を誤れば両者の区別は保証されない。そこでこの音の断片の対立は、「言語構成体に関与するものである」と認められ、音韻論的対立として注目される。このような最

小対の構成を経て音韻論的対立が証明され、音素/k/と/g/が抽出される。留意しておかなければならないのは、上記の音切片［k］［g］があらかじめ前提された音声学的実体と考えてはならない点である。これらがもし実体であるとすれば、音声学的音素を前提にして音韻論的音素を抽出する循環論におちいる。

「傾斜けいしゃ」と「芸者げいしゃ」の相違を［k］―［g］で説明しようが、「清濁」で説明しようが同じ事態を観点の違いによって便宜的に説明したものに過ぎない。経験的には「けいしゃ」も「げいしゃ」も意味を有する音声塊である。これらを単語と呼ぼうが形態素と呼ぼうが本質的な問題ではない。

音韻論が分析の最初に関与出来るのは、音素のような要素的実体ではなく単語（形態素）同士の超分節的な弁別的関係である。この事実が後年、ロマーン・ヤコブソンによって音素が事実上解体され、弁別素性論が立ち上がる前提となった*16。プラハ学派によれば、「音韻体系の使命が語の意味の区別を行うことにある」のではなく、音声が語の意味の区別を担っていることを最初に明らかにし、その後に音韻体系が構築されるのである。音声は物理的生理的な連続体として、話し手と聞き手が丸ごとの形で利用している。音韻体系は、言語の使い手が主体的に選択し精錬したものではない。音韻体系は、ラングと同様に言語の使い手が選び取ったものではなく、受け身的な「存在」であるほかない。音韻体系は、有坂が言う「使命・理想」などという「主体的意志」とは一切無関係である。音韻論者は、与えられた丸ごとの連続体の中から、心理を介入させない方法によって「言語構成体に関与するもの」だけを取り出し、不連続な音切片（音素）に便宜的に分析するのである。有坂のトルベツコイ理解は、このように本末が転倒している。

単語の区別からはじめるプラハ学派の音声分析によって、心理的構成や抽象的概念を設定する方法が免れ得ない個人判断による誤差を回避出来るようになった。音韻論的記述の客観性の根拠は、単語の区別が代表する言語構成体（すなわちラング）にある。

有坂は、音韻が「与へられたる既存の対象」と呼び、「現実の社会制度たる音韻体系は、我々が何を欲しようとも、それとは無関係

に儼として我らの外に存在してゐる」としてその客観的存在を主張している。プラハ学派の音声分析の客観性と有坂の主張する客観性のどこに違いがあるのであろうか。有坂が言う「我々の外に厳として存在する音韻体系」とは観察者の心理主体的経験と判断を経て確認されるものである。これに対してトルベツコイの音韻論的対立は、単語の区別から取り出される。有坂が「我思う。」の排他的経験から獲得された確実性に依拠したのに対して、プラハ学派は語同士の最小対の不動性をよりどころに音韻体系を再建したのである。

7. 現象学と近代的日本語研究

　時枝誠記は、自らの行動主義的言語観を理論的に支持するものとして、哲学の潮流である現象学に傾倒した。同時に彼は、言語過程説を際だたせる目的で、ソシュールのラングを「構成主義的」であるとして批判を加えた。その際、ラングが不当なものであるとする根拠に、経験に先行する「存在」を前提にしてはならないという現象学の原則を強調した。時枝は、著書においてフッサールからの引用を行っていないが、私的会話や講演会で言語過程説と現象学の関係を語っており、影響関係は明白である。

　有坂は、観察対象を観察者の心理すなわち主体的経験を根拠にする方法を最後まで貫いた。著者は、このような有坂の理論構成が濃厚に現象学の影響を受けたものであると考える。時枝が有坂の音声理論に全面的な賛同を表明したのも、その理論が現象学的認識法に共通するものとして了解されたからに違いない。

　一方、ラングの理論の説得力を音声分析の分野で支えて、結果的にソシュール学説に不動の権威をもたらしたのがプラハ学派であった。この新来の理論に激しく反発したのが有坂秀世である。有坂は、近世以来日本で独自の伝統を持つ音韻学に教養源を持っていた。有坂は、プラハ学派の phonology が「音韻論」と訳されて普及する趨勢に対して、自らの理論を伝統的音韻観念の継承者に相応しく「音韻論」として対置した。

　時枝と同じ世代に属する有坂は、伝統の音韻学の近代化に直面し、

研究対象の均質性の担保を観察者自身の主観的心理に求めた。その「主体的」な立場は、現象学的な手法を想起させたので、有坂の理論は、時枝の全面的な共感を得たのである。

　しかし、時枝のソシュール批判は、『講義』の日本語訳に専ら依拠したものであるとされ、論点も現象学的原則に依拠したイデオロギー的批判に終始した。しかも当然行ってよい現象学者からの引用も行わなかった。その結果、時枝のソシュール批判は当初から支持者を得ることが出来ず、敗退した。

　有坂のプラハ学派批判も表だった賛同者が現れなかったが、彼の音韻観念の理論は、プラハ学派の理論が断片的にしか知られない中で権威を獲得し、橋本進吉は定年退官直前の昭和17年東京帝大の講義「国語音韻史の研究」において、有坂の理論に従った講義を行った＊17。橋本の講義は、従来「国語音声史の研究」と題されていたものを改めたものである。言語学に学んだ橋本は、当初伝統的な音韻の観念を受け入れることに消極的で、昭和17年以前に開講した記録の残っている二回の講義では、いずれも「国語音声史の研究」としていた。橋本は、昭和10年代に行われた音声学と音韻論および伝統的「音韻論」の論争を観察し、学界の大勢が有坂の理論に傾くのを見定めた上で、自らの研究を「音韻史」と改めた。伝統的音韻学を再理論化し、プラハ学派音韻論への防波堤たらんとした有坂の目的は、ほぼ達成された。

　有坂の意図的で作為的なプラハ学派批判と趣を異にして、時枝のソシュール批判はラングという経験に先立った概念前提の弱点を指摘する点があり、行動主義的言語観は、言語学説史の上で幾人もの言語学者や哲学者によって表明されている。時枝の言語過程説は、ラングの学説と同様に言語思想としては表明される価値のあるものである。それは、言語を能動的行為として捉えるのか、体系的存在として把握するのかという古代哲学以来の論争を反映する。

　また有坂は、神保の理論に批判を加えており、その点には論理性が認められる。徹底して観察者の心理に依拠した有坂の主体的理論は、歴史音声学者に今も厚い信頼を獲得している。現象学に基づく行動主体的言語論は、20世紀初頭の日本で言語の定義と音声の定

義において独創的な学説を生み出した。

　時枝の文法学説は、客観的意味を表示する形式を「詞」、話し手の主体的立場を表示する形式を「辞」として分類し、統語分析を施して行うものである。「詞」「辞」は、中世以来の伝統的な日本文法学の用語である。テニヲハとも呼ばれる文法的形式をテクストから優先的に分離するのは、800年来変わらぬ日本文法学の体質である。有限個の詞を連結して、無限の表現を可能にするのが辞（テニヲハ）の働きであり、辞の使い方によって歌文の巧拙が決定するとされる（『手爾波大概抄』）。テニヲハを駆使することは言語使用者の直接的経験であり、言語はこの経験を通じて取り出すことが出来る。時枝は、伝統的なテニヲハ学を近代化する意図のもとに、現象学的認識論を導入した。

　有坂もまた、『韻鏡』注釈以来の音韻学を教養源としながら、近代言語学を学んだ。有坂の理論は、音声学ともプラハ学派の音韻論とも異質であり、彼の心理主体的音声理論は、近世以来の古典音声学を近代的学術体系として位置づけたものである。古文献を駆使して再建される古代語の音声は、研究者にとって古代人の声を聞く直接的経験である。また、意識的に、丁寧に発音するときに、認識される現代音声は、観察者すなわち「純粋な我（エゴ）としての自分自身」（フッサール）にとってかけがえのない主体的経験である。「音韻」は、観察者によるこのような直接的経験によって取り出すことが出来る。その場合の観察対象は、現代人があこがれてやまない典雅な古代音声であるか、現代の都の教養深い人々の理想的な音声であるに違いない。

　西洋においても比較言語学が確立するための原資として、民族主義的な各国語の文法があり、古文献を駆使して国語と国民精神を探求するphilology（国学、通常「文献学」と訳される）の伝統があった。philologyの成果を借りて比較言語学が成立してくるときには、philologyとlinguisticsの間に、様々な対立や葛藤があったと言われている。日本の場合にも同じようなことが考えられたが、比較言語学は殆ど抵抗なく日本の学界に受け入れられた。それは、日本語には、比較言語学を学ぶことによって、事実上歴史的論証の方

法論だけが輸入されたという事情が関わっている。上田万年「P音考」が高い評価を受けていることから分かるように、日本では比較言語学が philology を乗り越えたというより技術的な補強を与えたのである。伝統的言語研究は、自尊心を傷つけられることなく比較言語学によって自らの学統を補強した。このような経緯によって日本では、文献学者 philologist が言語学者を兼ねることも出来るのである。

　日本の伝統的言語研究者が言語学の理論に最も頑強な反発を示したのがソシュールとプラハ学派に対してであった。それは、彼らの理論が伝統的古典語学の規範的枠組みを根本的に変革するものであったからである。その際にドイツ形而上学が伝統的古典語学の近代化とラングの言語学に対抗する理論装置として利用された。20世紀前半において世界の言語学の指導理論の日本への流入に対抗し、伝統的古典文法学と音韻学が現象学によって理論武装し、独自の主体主義的言語学説を発信したのである。

＊1　服部四郎（1960）「ソシュールの langue と言語過程説」『言語学の方法』（岩波書店）
＊2　釘貫亨（1996）「有坂秀世『音韻論』成立の一断面―プラハ学派との関わりから―」『古代日本語の形態変化』（和泉書院）
＊3　内田智子（2005）「上田万年「P音考」の学史上の評価について」『名古屋大学国語国文学』97
＊4　根来司（1976）『時枝誠記研究言語過程説』（明治書院、昭和60年1985）時枝誠記『日本ニ於ル言語観念ノ発達及言語研究ノ目的其ノ方法（明治以前）』（時枝誠記博士著作選Ⅰ、明治書院）
＊5　服部四郎（1979）「はしがき」『日本の言語学』第4巻「文法Ⅱ」（大修館書店）
＊6　エルンスト・マッハ（1971）『感覚の分析』（1918ウィーン、須藤吾之助・廣松渉訳、法政大学出版局）Die Analyse der Empfindungen und das Verhaltnis des Psysischenzum Psychischen von Dr. E. Mach（em. Professor an der Universitat Wien）7. Auflage,Verlag von Gustav Fischer, Jena, 1918.
　エドムント・フッサール（2001）『デカルト的省察』（1931パリ、浜渦辰二訳、岩波文庫）Cartesianische Meditationen. Eine Einleitung in die Phanomenologie,

Edmund Husserl

＊7　本文第3節で述べたようにフッサールは現象学をまとまった哲学体系であるよりむしろ「方法」と考えていた。事実、現象学は、社会学、経済学、法律学、政治学など広い分野に影響を与えたと見られる。真理への到達という学問の究極目標に対する現象学者の懐疑的で謙虚な姿勢は、世界の知識人に深い感銘を与えた。世界は存在し真理には到達しうることを楽観的に呼号して自前の国家群まで作り出したマルクス主義の巨大な広がりと比べて、その存在感はあくまで地味であるが、後代の知識社会への影響力はマルクス主義に決して劣らないのではあるまいか。

＊8　根来司「時枝誠記博士の国語学」注4前掲書『時枝誠記研究言語過程説』所収

＊9　高木市之助（1972）「時枝さんの思出」『国文学』（昭和47年3月臨時増刊）

＊10　フッサール（2004）『ブリタニカ草稿』「第四草稿」序説（谷徹訳、ちくま学芸文庫）Encyclopaedia Britannica Artikel (Psychological and Transcendental Phenomenology and the Confrontation with Heidegger (1927-1931), Kluwer Academic Publischers 1997

＊11　有坂秀世（1931）「音声の認識について」『音声の研究』第Ⅳ輯（音声学協会、昭和6年12月）

＊12　時枝誠記（1956）『現代の国語学』（有精堂）

＊13　ポリワーノフの来日は服部四郎によれば、大正3年1914であるという。服部四郎「日本の言語学」『言語学の方法』（岩波書店、1960）同じ論文の服部の見解によれば「音声学は、1889年から1914年まで東京帝国大学でドイツ文学や言語学を講じた前述のK. A. Florenzによって紹介されたが、明治30年（1897）頃より本式に輸入時代が始まる。」とある。

＊14　小泉保（1971）「ヨーロッパの音韻論」太田朗編集『英語学大系1音韻論Ⅰ』（大修館書店）

＊15　釘貫亨（1996）『古代日本語の形態変化』（和泉書院）

＊16　ヤコブソン（1977）『音と意味についての六章』花輪光訳（みすず書房）Roman Jakobson: Six Lecon sur le son et de la sens, préface de Claude Levi-Strauss, Les Editions de Minuit, 1976

＊17　橋本進吉（1966）『国語音韻史』（橋本進吉博士著作集第六冊、岩波書店）

第9章
山田文法における「統覚作用」の由来

1. はじめに

　前章では、時枝誠記、有坂秀世という伝統的日本語研究の近代的再生の道を模索した学者が理論的よりどころを現象学に求めたことを明らかにした。伝統的日本語研究の蓄積を近代的学術に生かそうと努力した学者は、彼ら以前にもいた。その代表格と目されるのが文法学者山田孝雄である。山田文法と呼ばれる独自の理論体系は、今日においても高い評価を受けているが彼の理論的なよりどころは従来、西洋の論理学や心理学にあると言われてきた。本章ではその深奥に、ドイツ形而上学とりわけカントの哲学が存在することを山田の文法理論における独特の用語選択から解明したい。

2. 語、句、統覚作用

　山田孝雄の文法理論を特徴づける基本概念として「統覚作用」が知られている。それは、ひとまとまりの思想の表明である句（文）の成立要件とされる。言語伝達の要素というべき単語が生きた会話において用いられる場合、通常、複数の単語が同一話者によって一挙に配列される。それが単語の無意味な羅列ではなく、意志伝達が実行されていると考えられるとき、その単語列は「文 sentence」と呼ばれる。単語がどのように配列されれば文が成立するのか。どのような条件が整えば、文と呼ばれるに相応しいまとまりのある内容（思想）が成立するのか。このような根本的な問いを発したのが山田孝雄である。山田は、単語を配列して有意味な思想にまとめ上げる精神の作用に注目してこれを統覚と呼んだ。

　今なほ立ち入りて文法学の内容につきて論ぜむ。吾人の精神は

或実体、或感覚、知覚、或感情、欲求、又は事物の関係、様式等を個々に思惟す、しかして一方には又之を統一して一の思想として思惟す。吾人の心的作用に分解と統合との二方面存する事実によりてなり。之によりてこの分解の結果吾人の一観念と認むるものを代表するもの、之を単語といひ、単語を材料として統覚をあらはすもの之を文といふ。（『日本文法論』「序論」3頁）

　山田によれば、文には単文のほか複文のような複雑な構造を持つ種類があるので、文の直接の構成要素は「句」である。句は、単語から構成されるひとまとまりの思想の表明であるので、文論の基礎には句論が存在すべきであるとする。

　吾人は右に国語の本性を握り、左に論理の学を参して歩武を進めざるべからず。しかも、これたゞ単語の本性の発揮せられたるにすぎずして思想発表の方法として、此の単語どもが、以下に運用せらるゝかの委曲に至りては遂に知るべからざるなり。之に於いてか、句論の必要生ず。句論に於いては、語論に於いて分析的に研究せられたる語を基礎として之を以て如何に思想を発表するかを総合的に研究す。しかして其の句論は人間の思想と言語との交渉の状態を研究するに外ならざるものなれば、之が研究に従事するものは、心理の学と国語の状態とを参考研究せざるべからざるなり、吾人の研究方針実にかくの如し。

（『同書』「序論」9頁）

　山田は、単語同士をまとめて思想を表明する最小の要素が句であり、句の解明によって自ずから文が解明されると考えたようである。山田は、文法における分析的研究の基本に「語論」を置き、総合的研究の基本に「句論」を置いた（「序論」8頁）。山田は、語論の対象である「単語」を、イギリスのスウィートに倣って次のように定義する*1。

　単語とは言語に於ける、最早分つべからざるに至れる窮竟的の思想の単位にして、独立して何等かの思想を代表するものなり。

（『同書』第二章「単語分類の方法」76頁）

　さらに、単語の「分類的説明」として、次のように言う。

　第一、単位とは最早分解せられざる極限を示す。即なほ其の上

160

に分らるゝ時は、其の物の本性作用を滅却すべき点に至れる終極のものをさせり。

第二、単語は思想の単位をあらはす。しかも、そは、必言語といふ一の形制せられたるものなるべし。「白し」といふ語は単語なり。しかも、こは、物体の光学的属性観念と人間精神の統覚作用とをあらはせり。その観念と統覚作用とは心理的論理的にいはゞ二の単位なり。然れども、そは言語としては一なり。この故に二者は思想上の単位なることを得としても言語上単位なることを得ざるなり。

第三、思想にては一単位なりとも、そがなほ語としては叢りたるものなるときは単語と称すべからず、例へば「梅の花」といへば思想上唯一の観念なり、されど語としては「梅」といふ単語と「の」といふ単語と「花」といふ単語とに分解せらるべきものなれば「梅の花」は単一思想なれども単語にあらず。

(『同書』第二章「国語の単位分類の方法」76頁–77頁)

ここでは、単語が統覚作用を経たものであると述べている。山田によれば、単語は自然界に対して人間精神が特定の認識を示し、言語の形となって現れたものである。山田は、彼の言う「思想」すなわち自然に対する認識には、実在観念と属性観念およびこの両者を統一する精神作用の三要素があるとする。言語において実在観念を代表するものが体言であり、属性観念を代表するものが用言である。実在観念と属性観念を統一するものが統覚作用である。用言といえども属性観念だけを表す際には一種の体言というべきものに過ぎないけれども、人間思想の運用（つまり具体的な言語的文脈）の場で生ずると思われる際には、用言は「統覚作用の寓せられたる詞」として姿を現すことになる。

吾人の胸中に或一思想の活動するや混然たる状態を呈するものなるが、一度思考を之に加へば、こゝに二の意義を生ず。即、先、実在と思惟するものを認め、又別にこれが属性たるもの認む。この二つは実際上決して分離すべからざるものなれども、吾人の思想の方便として之を分離せしめたるなり。従つて言語の上に於いて、自二様の区別を生ず。こゝに実在といへるは、

哲学上にいふ厳密なる意義の実在にあらず。事実にあれ、空想にあれ、抽象的概念にあれ、具象観念にあれ、人間の思想に於いて実在なると認めたるものゝ謂なり。正邪、善悪、美醜、真偽は語学の関するところにあらず。吾人の体言は実にかゝる意義にての実在を代表する単語なり。一面よりいへば、概念をあらはしたるものなり。この故に吾人が一の概念と認めたるものは、何にてもあれ、直に体言たるなり。用言にもせよ、助詞にもせよ、副詞にもせよ、はた外国語にもせよ、之を一の概念として取扱ふときは、直に体言の資格を有するなり。吾人の体言と称するものは実にかくの如し。体言は実在をあらはす概念なりとすれば、直に之に対する属性観念を想起せざるべからず。然れども属性観念といへども、一の観念なる以上は直に体言の部類に入らざるべからず。吾人の用言は属性観念をあらはせり。しかも体言とは異なり。その差異いずくにかある。これ余が最力をこめて説かむとする所なり。かの実体と思惟するものと、其れが有する属性観念と思惟するものとを結合してこれを統一して思想に上すことは、これ実に人間精神の貴重なる作用にして思想の最要々素なり。今こゝに実態と其れの属性とが相対立せるものとせば、其の間の関係を統一して決定する作用なかるべからず。実態と属性とのみありとても吾人の思想之を統一することなくば、唯片々たる観念の累々たるのみにして一思想を組織すること能はざるべし。この故にこれが統一作用のこの実態と属性との外に存在するは明らかなり。こゝに於いて思想を厳密なる意義にて分析せば、三要素に区分せらるべし。実態属性精神の統一作用これなり、而してこの統一作用の最必要なることは之を欠かば思想は毫末も成立すること能はざるによりても明なり。吾人が用言として一括せしものは西洋流の名目にていはゞ、動詞、形容詞、助動詞なり、従来用言と称せられたる種類の語は其本体は属性観念をあらはすと同時に精神の統一作用をあらはせるものなり。従来の学者の用言の定義は形態上の議論にすぎざりき。余が用言といふ名の下に蒐集せし詞はいはゆる動詞又は作用言或は用言などいふ諸家の説明に見ゆるが如

きはたらき詞又ははたらきをあらはす義にあらず。用とは思想の運用なり。人間思想の運営によりて生ずと認めらるゝ所謂統覚作用 Apperception の寓せられたる詞を示せるなり。統覚作用をあらはす詞即用言たるなり。属性観念即動作性質をあらはすものといふは当らず。属性観念をのみあらはすものならば、なほ、一の体言なり。属性観念と同時に統覚作用の入り込みてこそ始めて用言とはいはるべきなれ。この故に吾人の説明は古来のと異なれり。通例西洋語の Verb を動詞と訳すといへども、彼らの動詞とても動作をあらはすものに限らず、たとへば存在状態をいふもの頗多し。存在、状態は決して動作にあらざるなり。又単に属性観念をあらはすものにあらず、抽象的に何等の観念をもあらはさず、唯決定要素となるのみの to be の如きものは到底属性観念を含有するものと見るべからず。又語尾に変化ある詞の義にもあらず。実に統覚作用の具存せられたる語の義にあらずや。 　　　　　　　　　　　　（『同書』160–163頁）

　上の文中で言及される統覚作用には Apperception という原語が充てられている。統覚作用 Apperception について次節で詳しく論じたい。

3. 統覚作用と言語的統一の関係について

　山田の論は、スウィートとハイゼの文法から影響を受けているが、文の定義に関して、両文典の記述に注目し、批判している。

　　スキート氏曰はく、

　　　A sentence is a word or group of words capable of expressing a complete thought or meaning .A sentence is, therefore, "a word or group of words whose form makes us expect it to express a full mcaning". We say "expect", because it depends on the content whether or not any one sentence express a complete meaning. Thus such a sentence as **he is coming**, though complete in form, shows on the face of it that it is incomplete in meaning, for **he** means "some one who has been mentioned before" and makes us ask "who is he ?". Neverthless **he is coming** is a complete sentence because it has the same form as **John is coming, I am coming**, etc, which are complete in meaning as well as form -as far, at least, as any one sentence can be said to be complete.

　これを以て見れば我文法家の所説の英文典などに胚胎せることを見るに足る。ベイン氏も亦
Any complete meaning is a sentence. といへり。さるにても complete thought or meaning とは如何なるものぞ。吾人はなほ従来維持し来れる疑問を解すること能はざるなり。こゝに去つて独逸文典の説く所を見む。ハイゼ氏曰はく。
Ein Satzs ist ein ausgesprochener Gedanke order eine Aussage von etwas Gedachtem. Eine solche Aussage entsteht, indem der Verstand die Einheit einer Wahrehmung in ihre Bestandteile zerlegt und diese wiederum zu der Einheit eine Gedankens verknupt. こゝに於いても亦 ein ansgesprochener Gedanke order eine Aussage von etwas Gedachtem. と称するものの本義は明瞭ならざるなり。

〈『同書』1165–1166頁〉

　山田は、文 sentence の定義において英文典、独文典を参照しつつ何を以て「まとまった思想 complete thought or meaning」の存在根拠とするのかについては、未解明のままであると疑問を呈している。山田によれば、文成立の根源的要因を明らかにするには、従来の文法学の説明では不十分であり、人間の精神作用に関する学問である心理学の成果を参酌する必要があるとする。山田は、『日本文法論』「序論」において、文法学の二部門である「語論」と「句論」の区別を論じたが、中でも文成立の要因を探求するために句論において、心理学が参酌されるべきであるとする。

　（語論と句論は）かくの如く区別あるが上になほ著しく相違せる要点あり。そは他ならず。句論の甚深く心理的なるにあり。元来語論とても語が観念の符号たる以上は心理的なることは論

なしと雖も個々の語は観念の代表に過ぎず。たとへこゝに文ありといへども、吾人は語論に於いて論ずるときと句論に於いて論ずるときとは其の趣を異にす。例へば

　　松は常盤木なり。

といふ文ありとせむに、之を句論的にも語論的にも説明することを得べし。而して其の区別那辺に存するか。これ実に語論と句論との異同を明にするに最良の機会なり。吾人が之を一の句なりと思惟する間は音節文字単語の数の多少に拘泥せずして之を一個体なりと考ふるなり。これ吾人が統一的なりといひし所以なり。かく統一的なるが故にこの単語は句の要素たるのみにして更に語としての本性等は思惟に上らざるなり。しかして一旦之が意識の注点を放散せしむか、こゝにこれらは唯声音の集合文字の集合観念の集合に過ぎず。実に語論の第一歩はかく句となれるものを意識の注点を放散せしめて之を死物となし、これが静止的状態を解剖学的に分解して其の本性を研究したるものなり。而して語論に於いて死物視して研究したるものも句論にて取扱ふときは直に之を活動せしめて以て思想を発表する方法として観察す。一の語にても文として見らるゝこと往々あるはこれが為なり。かく活動的なるは何に因るかといふに実に意識の注点が之に寓せられたるによりてなり。語論と句論との最主要なるは意識の注点の放散と活動との間にありといふべし。かく句論は意識の注点の語に寓せられたる場合の研究なれば自然に意識と密接なる関係を有す。この故に語論よりも一層深く心理的現象に関係を有するは明なり。吾人が序論に語論には論理学の関係する所大にして句論には心理学を参酌せざるべからざることを述べしは決して偶然の言にあらざるなり。

(『同書』1159–1160頁)

ここで、ともにまとまった思想の表明とされる句と文の違いについて山田は、すべての文は句からなり、句は文を分析して得られる要素であるとする。一個の句からなる文は、単文であり、複数の句からなる文は、複合体文あるいは合体文と呼ばれる。したがって、文成立の根拠は、直接的には句論を通じて行われることになる。

> こゝに吾人は文素は句なりといふ。即すべての文は皆句を以てす。即文は之を分析してその結果句に至りて止むべきなり。かくて一個の句にてなれるものをば称して単体文又は単文といふべく、二個以上の句にてなれるものをば複体文合体文といふことをうべし。而、句は句にして之を分析しうべからず。これを分析して二三となさば、句たることを失ふに至らむ。かくの如きもの、これ句なり。而、これ実に文の素たるものなり。こゝに於いて句論の研究の基礎たるべきものは必然にこの句ならざるべからず。而、語論と句論と全く視点を異にするものなれば従つて研究の方法も範囲も異にしてその性質の大に差ある事の基点も亦こゝに存するなり。　　　　　　　　（『同書』1174頁）

山田は、従来の文法家が文成立の根拠として、主語と述語の完備を挙げるのを疑問とする。山田によれば、文成立のためには主語、述語の完備だけではなくこれらを統一する精神作用の解明が必要であるとして心理学者ヴントの論を引用する。

> 諸文法家殆一斉に唱へて曰はく、単文の必要元素は主語と述語となり、之を欠かば文にあらずと。然れども、未遽に首肯すること能はざるなり。惟ふに主語と述語との出来りし所以は蓋ハイゼ氏の言の如くならむか。氏は前に引ける語につぎて曰く、
>
> Indem aber der Verstand die Zufalligen Bestimmungen von den Gegenstandigen abgesondert auffasst und durch die Aussage beides ausdrucklich miteinander verknupft, entstehen die Satze.
>
> かくて所謂主語と述語との由来する所を述べたり。吾人は又心理学者の言よりしてかゝる説明を聞くことを得たり。
>
> 了解活動（Verstandes function）ノ根本的動機ハ一致及ビ差異ノ識得、並ニ之ヨリ生ジ、之トハ異ナレル経験内容ノ論理的関係ノ識得ニ在ルナリ。サレバ了解活動モ亦元来集全表象ヨリ生ジ、現実ナルカ或ハ現実ト思惟シタル多数ノ経験ニ関係ヲ付シ、之ヲ結合シテ統一的一個体トナス。然リト雖モ之ニ次ギテ生ズベキ分解ハ根本的動機ノ異ナレルガ為他ノ方向ヲ取ルベシ。即チ此分解ハ単ニ集全表象ノ個々ノ要素ヲ明瞭

ニ発表スルニ止マラズ比較作用ヨリ生ズベキ要素相互間ノ
種々ノ関係ヲ確定スル事ニ在リ。斯クノ如キ確定ニ於テハ一
度種々ノ分解ニ行ハルト共ニ曩ノ関係及ビ比較ヨリ生ジタル
結果直チニ之ニ加ハル者トス。了解活動ニ於テハ関係及ビ比
較ノ初等作用厳密ニ行ハルヽガ故ニ、其外部ノ形式ニ就イテ
云フモ、一層完全ナル状態ニ於テハ確然タル規則ノ行ハルヽ
者トス。種々ノ精神内容相互ノ明覚関係ハ同時ニ非ズシテ継
続的ニ現ハレ、従ヒテ常ニ行一ノ関係ヨリ其ノ次ノ関係ニ進
行スル事ハ想像活動及ビ純然タル記憶活動ニ適スル一般ノ原
則ナリ。而シテ了解作用モ亦此原則ニ従ヒ集全表彰ノ論議的
分割ナル規則ヲ生ズ。之ヲ論理学上思想形式ノ二元性ノ法則
ト云フ。此法ニ従ヒ関係ヲ含メル比較ヨリ生ズル分解ハ、集
全表象ノ内容ヲ分割シテ主格及ビ賓格ナル二個ノ部分トナス。
而シテ是等各部分ハ又前ト同シク二個ノ部分ニ分解セラレ此
分解セラレタル部分ハ更ニ又前同様ノ分割作用ヲ受クルコト
アルベシ。再度ノ分割ニ於テモ亦其二個ノ部分互ニ対立シ、
其論理的関係ニ於テハ主格ト賓客トニ均シキ文法上ノ形式ヲ
有スベシ即チ名詞ト属性、動詞ト目的及ビ動詞ト副詞トノ形
式是ナリ。斯ノ如ク判断ハ明覚分解ノ進行ヨリ生ジ言語上命
題トナル。　　　　（「訳本ヴント心理学概論」『同書』1175–1177頁）

　上で引用されている「訳本ヴント心理学概論」とは、『ヴント氏著心理学概論』（明治32年、冨山房、元良勇次郎・中島泰蔵訳）を指すだろう。引用該当箇所は、下巻第十七章「明覚結合」520頁以下の文章である。ここは、モノの認識（了解活動）に関する精神活動を説明したところで「現実ト思惟シタル多数ノ経験ニ関係ヲ付シ、之ヲ結合シテ統一的一個体トナス」という部分に要諦が示されている。注意すべきは、この書物の翻訳者が「之ヲ結合シテ統一的一個体トナス」精神作用を「明覚」と訳していることである。「明覚」がApperceptionの翻訳であることは、次の文章から知られる。

　　第十三節　意識ノ本質タル精神進行ノ連結ハ結局常ニ個々ノ意
　　識内容ノ要素相互間ニ於テ行ハルベキ結合進行ヨリ生ズ。斯ノ
　　如キ進行ハ個々ノ精神複合体ノ発生ニ於テ行ハルヽガ故ニ、一

定瞬間ニ起ル意識内容ノ同時統一及ビ継続意識状態ノ連続モ亦此結合進行ヨリ生ズ。然ルニ是等結合進行ハ其ノ性質非常ニ多様ニシテ各自特色ヲ有シ、同一現象ノ再現スルコト之レナキモノトス。然リト雖トモ注意ガ一方ニ刺激ノ受動識得トナリ、又一方ニ於テハ其活動明覚トナリテ現レタル特質ニヨリテ、之ヲ大別スルコトヲ得ベシ。是等区別ヲ簡単ニ現ハサンガタメ通常注意ノ受動状態ニ於テ行ハルベキ結合ヲ連合（Associonen）ト云ヒ、注意ノ活動状態ヲ要スル結合ヲ明覚結合（Apperceptionsverbingngen）ト云フ。

（中巻第十五章「意識及ビ注意」437-438頁）

ドイツ語の綴りAppercetionは、引用書のままである。以下の例も同様である。心理学用語Apperceptionは、今日の心理学の翻訳本において「統覚」と訳されており、管見の及ぶ限りこれを「明覚」とする例は筆者の目にとまらない。そして本書を参考にしたはずの山田がこの種の精神的統一作用を指して「統覚」と呼んでいるのである。山田は、「統覚」の訳語をどこから得たのであろうか。

4. 統覚作用Apperceptionの由来と原義

山田は、句（文）の定義にとって主語―述語の完備という条件の他に、多様な諸情報をまとめてひとまとまりのものに統一する精神作用の解明が不可欠であると考えた。それこそ、山田がヴントの心理学から援用するApperceptionの概念であった。しかし、山田は自ら参考にした心理学の書物の訳語に従わず、今日広く採用される「統覚」の語を用いた。山田は、『日本文法論』第二部第一章「句論の概説」1180頁において、「桑木氏哲学概論」なる書物を引用している。山田の言う「桑木氏哲学概論」とは、桑木厳翼『哲学概論』（東京専門学校出版部明治33年刊行）を指すだろう。桑木『哲学概論』では、Apperceptionを「統覚」と訳している。

経験的対象は、現象の普遍必然的結合なり。夫れ単に現象を見れば質形共に多様なり。

之を結合して始めて経験を作るを得ざれば此結合は経験の所生

にあらず。純粋或は先天的と称すべし。此結合は三様に分る。(一) 感覚を知覚すること (二) 之を再生すること (三) 之を識認すること、是なり。(一) 知覚は直観に於て総合せられ (二) 再生は想像に於て (三) 識認は概念に於て総合せらるゝものなり。此三作用は固より相俟ちて存するものにして、殊に想像の如きは其中間に位して恰かも (一) (二) を結合するものと見るべきか。然も経験の結合は、第三の識認作用によりて始めて完全となるべきなり。此の如く識認は悟性の最高作用にして、凡ての変化に対して独立なるべきもの、之によりて真の総合をなすべきものなるが故に先天的なり。吾人の認識は一に此先天的な意識統一による。之を名づけて先天的統覚 (Transscendentale Apperception) と云ふ。是に於てか吾人の経験的認識は全く此統覚による者にして、現象の経験となるは此作用によるものなるを知るべし。換言すれば吾人が経験と称し自然界と云ふものは皆吾人の意識によりて統合せられたる写像に外ならざる也。　　　　　　(桑木厳翼『哲学概論』220–221頁)

上はカント『純粋理性批判』(A版1781) における「感覚の多様 das Maningfaltige」を統一する三つの基本的な精神のはたらき (三段の総合) を解説した部分である*2。ちなみに『純粋理性批判』は当時未邦訳である。右述中の「先天的統覚 Transscendentale Apperception (今は「超越論的統覚」と訳されることが多い)」は、多様な諸感覚を「一つのもの」としての認識にまとめ上げる最高の悟性的統合概念とされ、カント哲学の中枢理論と位置づけられている。ヴントが主張する統覚は、カントの統覚に由来する。カントは、いま目の前にあるモノが何故ひとつのモノであると了解することが出来るのか、「目の前にモノが在る」という認識の根拠はどこにあるのかという根本的な問いを発した*3。ヴントは、自らの心理学を立ち上げる際の原資に、カントのApperceptionを援用した。山田は、ヴントの訳本ではなく、桑木の哲学書から「統覚」の語を得たのではないか。カントの超越論的統覚に関する次の記述を見よう。

　直観における多様なものの総合的統一は、ア・プリオリに与えられたものとして、私のあらゆる一定の思惟にア・プリオリに

先立つところに統覚の同一性そのものの根拠なのである。しかし結合は、対象の内に存するのではない、また知覚によって対象から得られ、こうして初めて悟性のうちに取り入れられるようなものではあり得ない。この根源的結合は、まったく悟性のなすわざである。即ち悟性は、ア・プリオリに結合する能力であり、また直観における多様な表象を統覚によって統一する能力にほかならない。そしてこの統覚の統一という原則こそ、人間の認識全体の最高の原理なのである。

(『純粋理性批判』(篠田英雄訳) 岩波文庫上巻177頁)

感性的直観において与えられた多様なものは、必然的に統覚の根源的、総合的統一のもとに統摂せられる、直観の統一はかかる統一によってのみ可能だからである。与えられた表象に含まれている多様なものは、悟性の作用によって統覚一般のもとに統摂せられる (『同書』185頁)

山田は、多様な感覚表象をまとめて一つのモノと認識させる超越論的統覚が文成立の条件においても適用できると考えたのではないか。外形上、単語の連結であってもそれが文と見なされるには、その連結がひとまとまりの内容を持つという認識が成立しなければならない。当該の認識主体は言語共同体の成員であり、それ以外の人間はこの認識に関与できない。この事実は、文の存在根拠が客観的に存在しないことを意味する。われわれ日本語話者にとって日本語文の存在は自明のようであるが、文の文たるべき普遍的存在理由を示すことはできず、我々の判断だけを提示しうるにすぎない。カントの超越論的統覚もまた、類似の認識構造を持っている。われわれの外側にあるモノは、在るように見えるがその存在自体を論証することが出来ない。統覚の由来は、カントが述べるように「対象の内に存するのではない」し、「知覚によって対象から得られ」るものでもないのである。それは、まったくわれわれの悟性の仕業である。次の山田の文の認識に関する記述は、モノの認識に関する超越論的統覚の論理構成と非常に近似している。

抑、文は思想を完全にあらはしたるものなりといへり。単文は単一なる思想をあらはしたるものなりといへり。惟ふに思想と

は人間意識の活動状態にして各種の観念が或一点に於いて、関係を有する点に於いて合せられたるものならざるべからず。この統合点は唯一なるべし。意識の主点は一なればなり。この故に一の思想には一の統合的作用存す。之を統覚作用といふ。この統覚作用これ実に思想の生命なり。雑多の観念累々として堆積すとも之が統覚作用なくば遂に思想たること能はず。この故に単一なる思想とは一個の統覚作用によりてあらはされたるもの換言すれば統覚作用の活動の唯一回なるものをさすなり。
（中略）こゝに於いて一の句とは如何なるものなるかを問はざるべからず。今内面よりの観察によれば一の句は単一思想をあらはすものなれば、所謂統覚作用の活動の唯一回なるものならざるべからず。之を外部の方面より見れば、この単一思想が言語によりてあらはされたる一体ならざるべからず。しかもそは他と形式上独立したる一完全体ならざるべからず。

（『日本文法論』第二部「句論」1183–1184頁）

　超越論的統覚によって捉えられた対象は、しかしながらその「対象物自体」の認識の反映ではない*4。人間は、モノ自体を認識できない。時間と空間によって限定された主観的存在である人間は、いかなる手段を以てしてもモノ自体をまるごと経験することが出来ないからである。統覚によって捉えられた対象は、そのモノまるごとではなく現象として把握された表象にすぎず、そのモノが観察者の主観をこえて「存在する」ことの明証を与えてはくれない。この論点が後にマッハの経験批判論やフッサールの現象学に継承され、20世紀における主たる知的潮流を形成する。日本語研究においても現象学が時枝誠記の言語過程説や有坂秀世の音韻目的表象説に影響を及ぼした*5。時枝と有坂は、観察対象の客観的「存在」より、行動過程や音声の認識のし方を重視した現象学的理論を提案した。ドイツ観念論とその系譜を引く現代哲学が明治から昭和にかけての民族主義的な国語理論に基盤を提唱した事実は興味深い。

　超越論的統覚を以てしてもモノ自体は捉えられないとするカント哲学の要点は、先の桑木『哲学概論』第5章において詳しく解説されており、山田は恐らくこれを理解したであろう。句（文）の把握

が話者の直観に基づく判断であり、その存在要件を普遍的に論証することは不可能である。山田の統覚作用は、このような文の認知に関与する母語話者の特権的役割をよく言い当てている。統覚作用は、文あるいは単語成立の条件ではあっても存在証明ではない。また、定義でもあり得ない。それは、母語話者のみが直観することのできる文と単語の所在推定場所に添付した標識である。統覚作用は、多様な用法を持つ単語群を一つの話線上に配列して、伝達を可能ならしめるために言語共同体の構成員が優先的に保有する心理的動力である。文の認識に関する統覚作用は、自然の認識をめぐるカントの統覚の理論に由来する。しかも外在するモノ自体は捉えられないとする統覚概念の要点を継承しているとすれば、山田の統覚は文の存在を未だ論証できない現代文法学の難問を見据えている。

　ところで山田が並み居る文法学者の中で、何故ひとり際だって「文」の定義にこだわったのだろうか。それは山田の実家が代々富山藩の連歌師を継いでいたことと関係があるかも知れない*6。山田の「文（句）」の背景には、「テニヲハ」や「本末（係り結び）」に統括される「ひとまとまり」の端麗な秀句の概念がなかったであろうか。宣長を含む歌学のテニヲハには、この概念が念頭にあった。時代が変わり、テニヲハ学が今や明治普通文に代表される公文書行政の資源に供出されようとするとき、歌学の「句」もまた解体の瀬戸際にあった。

　大槻文彦が「此書、固より、散文の文法なれば、深く和歌の法には、言ひ及ばず。」（『広日本文典』「例言」）として自らの文法学から和歌を追放し、王朝散文のみを対象にしようとしたとき、歌学の精髄たる「句」などには一顧の価値も置かなかった。『広日本文典別記』で大槻は、古代和歌の大部分を占める恋愛歌を不道徳きわまるものとして非難している*7。山田は、滅び行く歌学の「句」をsentenceに対置し、「文（句）」規定の再論理化によって世に送った。「統覚作用」は、和歌連歌の秀句に捧げた山田の墓碑銘である。

*1 「本論を草するに当たりて古今の文法書の稍可なりと称せらるゝものは力の及ぶ限り参照せり、然れども著者常に僻地に在り、加ふるに便少く未だ尽さざる点あるべし、外国の文典に至りては英文典の代表として「スキート」の新英文典、独逸文典としては「ハイゼ」の文典、この二書を主なるものとして参照したり。この故に単に英文法、独逸文典といはば右の二書の所説をさすものと知るべし。」『日本文法論』「緒言」4頁

*2 加藤尚武編（2007）『哲学の歴史』第7巻（中央公論新社）143頁

*3 熊野純彦（2006）『西洋哲学史―近代から現代へ―』（岩波新書）133-134頁。

*4 ハイデガー（2003）『カントと形而上学の問題』（門脇卓爾ほか訳、創文社）M. Heidegger, Kant und das Problem der Metaphysik, Bonn, 1929

*5 本書第8章「時枝誠記とソシュール『一般言語学講義』」

*6 今野真二（2010）「連歌と日本語学と」斎藤倫明・大木一夫編『山田文法の現代的意義』（ひつじ書房）

*7 大槻文彦（1905）『広日本文典別記』（明治38年1905）「序論」に「恋歌」について、「世に、恋歌ばかり厭はしく憎むべきはあらざるべし」で始まり、「恋歌、実に亡国の恨なり、古来、諸集中の恋歌、悉皆、抹殺削除すべきなり。」で終わる長い恋愛歌罵倒の文がある。ただならぬ憤怒であり、万葉古今から恋歌を「抹殺」して文法学が成立するかについて興味があるが、少なくとも大槻が王朝の「みやび」と無縁の境地でこれと異質な情熱によって古典文法を論じていたことを証明している。

第10章
国語学とドイツ哲学

1. 日本語研究の近代化と研究理念への模索

　明治以後の日本語研究は、西洋言語学の理論と方法を学ぶ中で幾度かにわたる葛藤と論争を経験した。我が国における西洋言語学の移植は、明治19年（1886）帝国大学文科大学博言学科の教師に就任した英国人チェンバレンに始まるとされる。帝国大学でチェンバレンの教えを受けた上田万年は、当時における言語学の最先進国ドイツに留学し、帰国後明治30年（1897）帝国大学に国語研究室を創設した。これをもって近代的な国語学が開始されたとみなす考えがある。しかし、これはあくまで制度としての開始であって、明治30年までの研究に近代化過程が存在しなかったことを意味しない。言語学を導入する前の段階の日本語研究は、平安時代以来の伝統的な学問である漢語音韻学、本居派古典語学、洋学などを原資として『音韻調査報告書』（国語調査委員会）を達成した。また、旧仙台藩士大槻文彦は、十余年を費やして『言海』（明治22年刊行開始）をほぼ独力で編集した。大槻は、『言海』「語法指南」を増補した最初の近代的規範文法書『広日本文典』（明治30年1897刊行）を編集した。大槻は、言語学ではなく17世紀以来、西洋諸国に起こった各国語の規範文典と蘭学や国学など近世日本の語学的業績を参照源とした。明治前半期までの日本語研究は、江戸時代までの伝統的な学問だけに依拠しながら、自力の近代化を実現していた。言語学導入前の日本語研究は、高い水準を維持していた。

　一方、19世紀後半の言語学は、音素文字であるローマ字を基にした精密な音声記述を背景に、音声の歴史的変化の法則性の解明に至っており、当時の日本語研究が到達しなかった特徴を備えていた。比較言語学の古音分析の方法を資源にしつつ、歴史的研究に動機を

持たない実学的な性格を持つ音声学 phonetics が英国とフランスを中心に興隆してきた。帝国大学令発布の年（1886）には、パシー、ジョーンズ、イェスペルセン、スウィートらによって国際音声学協会が設立されたほか、ローマ字に加えてギリシャ文字などを利用して、諸国語の単語表記の綴りによる読み癖を超越した普遍的な発音表記である国際音声字母（略称 IPA）が制定された。西洋の言語研究は、各国語の個別研究から一般言語学への道を歩み出していた。

　言語学の方法に基づく日本語研究は、上田万年によって音声の歴史的変化の解明（「P音考」）において最初に試みられた。次いで上田の弟子である橋本進吉が仮名遣いの研究に端緒を得て、古代から中世に至る歴史的音変化を記述することに成功した*1。言語学の影響は、国語学において歴史的音変化の解明に最初に反映した。

　西洋言語学は、国語学の側からおおむね好ましい受容を以て迎えられた。それは、伝統的日本語研究がその根幹部分を古典語研究に負っており、言語学がもたらした音韻変化を解明する方法は古典語学と葛藤を起こすことなく、その欠を補強する内容を持っていたからである。

　他方、言語学導入前からある程度自前の近代化を実現していた文法学は、山田孝雄『日本文法論』（明治41年1908刊行）に至って最初の記述文法を達成し、同時代には松下大三郎『日本俗語文典』（明治34年1901刊行）『標準日本文法』（大正13年1924刊行）が出た。これらの業績には、西洋各国語文典の影響とともに心理学や哲学からの影響が濃厚に認められる。近代の日本文法学は、西洋の品詞分類をよく学んだのであって、その方法的源泉は比較言語学ではなく各国の個別文法と古典ギリシャ語およびラテン語文法であった。

　伝統的日本文法学は、鎌倉時代以来テニヲハの学と言われるように、助辞や活用形態など、多く古典古文の文末表現にかかわる観察を主としてきたのであって、品詞分類に対する関心は相対的に希薄であった。伝統的テニヲハ学では、所与の古典古文から助辞類を切り出して分析することが方法上、優先された。これは品詞分類を最初に行う西洋文法と対極的な認識方法である。

明治以降、日本語観察が古典注釈から近代的国語政策の実現へと目標が展開した。これにかかわって文法教育や西洋式辞書制作への需要が起こり、品詞分類を重視した文法学の必要性が浮上してきた。明治初年以来、洋学系と国学系の文法を振幅した結果、和洋の文法学を適切に折衷した大槻文彦による最初の完成度の高い近代日本文典が実現した。大槻の仕事は、国語はどうあるべきか、いかに記載されるべきかという言語政策の根幹に関わる要請に対応した規範文法の達成であった。それからまもなく言語学が紹介され、言語の観察は、どうあるべきかではなく、どのようにあるのかという科学的認識へ軸足を移行した。山田孝雄と松下大三郎は、日本語がどのようにあるのかという、記述の側面に重点を置いて自らの文法体系を構築した。

　山田は、生きた言語場におけるまとまった思想の表明である「文」の定義に強い執着を持っていた*2。山田は、「統覚作用」という概念を用いて単語や文を定義した。山田の「統覚作用」の概念は、ヴントの心理学、カントの哲学の「統覚」に由来する*3。

　個別言語研究から一般言語学への流れは、イギリスで発展した音声学のほか、大陸では比較言語学の内部からフェルディナン・ド・ソシュールが出現して画期を形成した。彼の講義録『一般言語学講義』（1916年パリ）が他国訳に先駆けて日本語訳が昭和3年（1928）『言語学原論』（小林英夫、岡書院）として上梓された。他国に先駆けて日本語訳が先行した理由は、おそらく当時の我が国の言語研究において、言語とは何か、という根本的な問いかけへの機運が醸成されていたからである*4。時枝誠記は、ソシュール理論に正面から挑戦し、言語過程説として知られる独自の行動主義的な言語論を展開した。時枝理論には、時枝が自らが語ったところによるとフッサールの現象学の影響があった*5。

　一方、近世の音韻学以来の伝統的教養を背負った言語学者有坂も、「音韻」とは何かという概念規定に取り組んだ*6。有坂の主体主義的な「音韻」の定義に時枝は共感を表明したが、それは有坂の論理構成が現象学的性格を持っていたからである。

　山田、時枝、有坂らは、それぞれ研究分野は違っているが、二つ

の共通点を持っている。その第一は、彼らが西洋の言語理論の単なる紹介やその機械的応用に満足せず、伝統的日本語研究の成果を近代化するという強い使命感を持っていたことである。彼らは、押し寄せる西洋の言語理論に対抗意識を持ちつつ、「文」とは何か、「言語」とは何か、「音韻」とは何か、という本質的問題に挑んだ。第二点は、彼らがそれぞれの課題を規定するに当たって、既存の言語学ではなくカント（山田）、フッサール（時枝と有坂）というドイツ形而上哲学をその理論の拠り所に求めたことである。

本章では、伝統的日本語研究の近代化に苦闘した三人の日本語研究者と西洋哲学との関わりについて考察したい。

2. 山田孝雄とカントの哲学

山田孝雄の文法論を代表する著作が『日本文法論』である。『山田孝雄博士著作年譜』（山田孝雄博士功績記念会、宝文館、昭和29年1954）によれば、本書を構成する予備的モノグラフは存在せず、これがすべて書き下ろしの一書であることが知られる。我々は、山田の思索の形成過程を今のところ、草稿その他の原資料によって再構成することができない。

山田の文法理論を特徴づける基本概念として「統覚作用」が知られているが、山田は、単語を配列して有意味な思想にまとめ上げて、文を成立させる精神の作用に注目して、これを統覚と呼んだ。

山田によれば、文には単文のほか複文のような複雑な構造を持つ種類があるので、文の直接の構成要素は句である。句は、単語から構成されるひとまとまりの思想の表明であるので、文論の基礎には句論が存在すべきであるとする。

山田は、自らの文法論を立ち上げる際、ハイゼのドイツ文典、スウィートの英文典に依拠した。

> 本論を草するに当たりて古今の文法書の稍可なりと称せらるゝものは力の及ぶ限り参照せり、然れども著者常に僻地に在り、加ふるに便少く未だ尽さざる点あるべし、外国の文典に至りては英文典の代表として「スキート」の新英文典、独逸文典とし

ては「ハイゼ」の文典、この二書を主なるものとして参照したり。この故に単に英文法、独逸文典といはば右の二書の所説をさすものと知るべし。　　　　　　　　（『日本文法論』「緒言」4頁）

しかし、山田はハイゼやスウィートの文法によっても満足な文の定義は得られなかった。

山田は、文の定義において、何を以て「まとまった思想」の存在根拠とするのかについては、西洋文典においても未解明のままであるとしている。山田によれば、文成立の根源的要因を明らかにするには、従来の文法学の説明では不十分であり、心理学の成果を参酌する必要があるとする。山田は、文成立の解明のために文法家が挙げるような主語、述語の完備だけではなく、これらを統一する精神作用の解明が必要であるとして心理学者ヴントの了解活動（Verstandes function）の論を引用する。

「了解活動」とは、人間にとって外在的にモノが存在するという認識活動のことであり、ヴントはその認識が成立する心理的根源を問題にしている。

ところでこの書物の翻訳者（元良勇次郎・中島泰蔵）は、「之ヲ結合シテ統一的一個体トナス」精神作用を「明覚結合（Apperceptionsverbingngen）」と訳していることが留意される。「明覚」がApperceptionの翻訳であることは、次の文章から知られる。

　　第十三節　意識ノ本質タル精神進行ノ連結ハ結局常ニ個々ノ意識内容ノ要素相互間ニ於テ行ハルベキ結合進行ヨリ生ズ。斯ノ如キ進行ハ個々ノ精神複合体ノ発生ニ於テ行ハヽガ故ニ、一定瞬間ニ起ル意識内容ノ同時統一及ビ継続意識状態ノ連続モ亦此結合進行ヨリ生ズ。然ルニ是等結合進行ハ其ノ性質非常ニ多様ニシテ各自特色ヲ有シ、同一現象ノ再現スルコト之レナキモノトス。然リト雖トモ注意ガ一方ニ刺激ノ受動識得トナリ、又一方ニ於テハ其活動明覚トナリテ現レタル特質ニヨリテ、之ヲ大別スルコトヲ得ベシ。是等区別ヲ簡単ニ現ハサンガタメ通常注意ノ受動状態ニ於テ行ハルベキ結合ヲ連合（Associonen）ト云ヒ、注意ノ活動状態ヲ要スル結合ヲ明覚結合

第10章　国語学とドイツ哲学　179

（Apperceptionsverbingngen）ト云フ。

（『ヴント氏著心理学概論』（明治32年1899冨山房）

中巻第十五章「意識及ビ注意」437–438頁）

　心理学用語Apperceptionは、今日の心理学において「統覚」と訳されている。ヴントの書を参考にした山田がその訳語である「明覚」に従わず、今日通用の「統覚」としたのはなぜであろうか。

　主体にとって外在的なモノを一つの個物と認識できるのはなぜか。異質で多様な経験と感覚の集合を束ねて一つのモノと認識させる精神的な作用とはいかなるものであるのか。これがヴントによれば「統覚」である。この統覚の論理構成は、カントの形而上学に由来する。山田は、「統覚」の訳語を哲学書から得たと思われる。

　山田は、『日本文法論』第二部第一章「句論の概説」1180頁において、「桑木氏哲学概論」なる書物を引用している。山田の言う「桑木氏哲学概論」とは、桑木厳翼『哲学概論』（東京専門学校出版部明治33年刊行）を指すだろう。桑木『哲学概論』では、Apperceptionを「統覚」と訳している。

　桑木はカント『純粋理性批判 Kritik der reinen Vernunft』（A版1781）における「感覚の多様 das Maningfaltige」を統一する三つの基本的な精神のはたらき（三段の総合）を解説している*7。当時、『純粋理性批判』は未邦訳で大正10年（1921）天野貞祐訳によって岩波書店から出版された。桑木が用いた訳語の「先天的統覚 Transscendentale Apperception（今は「超越論的統覚」と訳されることが多い）」は、多様な諸感覚を「一つのモノ」としての認識にまとめ上げる最高の悟性的統合概念とされ、カント哲学の中枢理論と位置づけられている。ヴントが主張する統覚は、カントの統覚に由来する。カントは、いま目の前にあるモノが何故ひとつのモノであると了解することが出来るのか、「目の前にモノが在る」という認識の根拠はどこにあるのかという根本的な問いを発した*8。ヴントは、自らの心理学を立ち上げる際の原資に、カントのApperceptionを援用した。山田は、ヴントの訳本ではなく、桑木の哲学書から「統覚」の語を得たと思われる。

　山田の文の認識に関与する統覚作用の概念は、自然の認識をめぐ

るカントの統覚の理論に由来するのは明らかである。しかも山田は、外在するモノ自体は捉えられないとするカントの統覚の本質をも継承していると考えられる。なぜなら、現代文法学においても文の存在は未だ論証されていない。山田は、モノ自体の論証不可能性を理解した上で、客観的に論証不可能な文成立の条件として統覚の概念を類推的に適用したのではないか。

3．時枝誠記の言語過程説と現象学

　20世紀初頭に比較言語学から一般言語学への橋渡しを行い、共時態の言語学を提唱したフェルディナン・ド・ソシュールが出現した。ソシュールの『一般言語学講義』（1916）は、1928年に日本語訳された。ソシュールに反発し、独自の言語理論を主張したのが時枝誠記である。時枝は、文法学者であるがむしろ「言語過程説」という言語本質論によって後世に知られる。言語過程説とは、言語を既存の存在として見るのではなく、表現過程理解過程として捉えようとする行動主義的立場が特徴である。

　言語過程説は、時枝の著『国語学原論』（岩波書店1941年刊行）、『国語学原論続篇』（岩波書店1955年刊行）において述べられている。『原論正篇』『続篇』ともに、時枝が言語過程説を主張する際には、ソシュールを批判している。

　時枝は、ソシュールのラングが学問の対象として「純粋に心的なものを把握したけれども、その方法に於いては、明らかに自然科学的構成観の反映」（『正篇』84頁）であるとする。

　時枝によれば、言語を実体として認識しようとする限り、構成要素は個別科学的分析の中に分散、解消されてしまう。時枝は、言語を概念と聴覚映像の同時並列的結合と捉えるのではなく、言語全体を表現過程、理解過程として捉えることによって概念や音声を統一的に把握することが出来るとした。留意される点は、時枝がこの過程を「心的過程」として把握していることであって、このことによって対象が一様なものとして純化されると考えた。言語の表現と理解行動に介入する「生理的物理的等のもの」を認識主体の心理によ

って一度ふるいにかけて、対象を純化された統一体として捉えるのである。時枝の言語観にはまた、ソシュールのラングとは違った方向における心理主義が見て取れる。このことは、後述する有坂の「音韻」観念においても共通する認識である。時枝は、ソシュールのラングを批判して述べる。

> ソシュールの設定したラングは、確かに彼のいふやうに、心理的実体であり、それ故に、言語学が、心理学と生理学（或は物理学）とに解体される危険から免れることになるのであるが、いふところのラングは、言語の最も具体的な事実である、表現及び理解の事実とは、何の拘はりもないものとされた。
>
> （『現代の国語学』第二節 141 頁）

ここでは、雑多な対象を純化する装置としての心理を主張している。しかし、

> たとへソシュールのやうに、これを心理的実体であるとし、表現において使用されるところの資材であるとしても、ラングの人間に対するありかたは、自然が人間に対するありかたと少しも異らない。従つて、その研究課題は、このやうな実体相互の張り合つてゐる状態（共時態）か実体の変遷（通時態）かに限定されてしまふ。　　　　　　　　　　（『同書』141 頁）

として、全体としてソシュールの考え方が自然科学的認識の反映であるとして退けるのである。心理に基づく主観的表象による世界把握と自然科学批判は、時枝が傾倒したフッサールの現象学が備えている顕著な特徴である。時枝は、自らの思索の正当性のよりどころを日本の伝統的言語観に求める。

> 以上のやうな諸々の疑問点を解決するものとして、日本の古い国語研究に現れた考へ方が取り上げられることとなつた。そこでは、言語は、専ら、人間がその思想を感覚的なもの（音声或は文字）を媒材として外部に表出し、また、そのやうな感覚的なものによつて、何等かの思想を獲得する、表現及び理解の行為そのものであると考へられてゐる。そこで、言語が、要素の結合体として、実体化せられる代りに、言語は、人間の心理・生理的過程現象として捉へられることとなる。これが言語過程

説（或は観）といはれる所以である。このやうに言語を考へることは、言語を、概念と聴覚映像との結合体であると考へる場合と同じやうに、言語についての仮説に過ぎないのであるが、しかし、それは、我々の、言語についての具体的な経験に対する省察から設定された仮説であつて、経験の奥に、或は、それ以前にあるものとして予見された、ソシュールのラングの如きものとは性質を異にする。　　　　　　　　　　　（『同書』142頁）

　日本の伝統的言語観が時枝の主張の通りであるかについては、議論の余地があろう。むしろ我々が注目するのは、引用の末尾の一文であり、時枝がラングを「経験に先立って予見された」ものと批判していることである。時枝によれば、ラングが経験に先立って予見されたものであるのに対して、言語過程説は、具体的経験から導かれたものであるとする。

　ソシュールの『一般言語学講義』によって広く理解されているとおり、具体的行動過程であるパロールの観察を通じて共時態に共通なラングの再構成に至るとすれば、ラングは直接経験不可能な存在として経験に先立って前提されていると考えることが出来る。

　経験に先立ってあらかじめ準備された存在を拒絶するのは、現象学が特徴的に備えている論理構成である。フッサール（1859〜1938）が開いた現象学やその先駆者である物理学者マッハ（1838〜1916）の経験批判論においては、経験未到の存在を前提的に仮構して論理を展開して行く素朴実在論は排除される。マッハやフッサールの理論は、自然科学の共通認識であった対象の実在をあらかじめ前提することを拒絶し、認識主体による経験可能な現象から稠密な実証を施してゆくという20世紀以後の知的潮流を形成した。このような存在に対する認識と接近法は、カントの超越論的統覚の理論を継承したものである。

　我々は、日常生活者として外在的なモノの存在を前提にして生活しているが、モノ自体を悟性的に認識しているのではなく、経験による諸感覚を統合してその存在を直観しているに過ぎない。モノの存在の認知とは、複数からなる感覚の複合であるに過ぎず、心理作用としての総合synthesisあるいは統覚apperceptionが諸感覚を統

一し、モノをモノとして知覚することができる。自然科学の世界把握はこのような直観を基礎に置いている。哲学の潮流の一つである唯物論は、この立場に立つのである。世界は、主観的認識の外側に存在するのかという問いは、形而上学の主要課題であるが唯物論はそうではない。唯物論者は、はじめから主観の外側に世界は実在するという前提に立つ。理論言語学者が唯物論を参照して有益な結果を得ないのは、言語事実の経験のありようが極端に多様で「言語」なるものの共通の輪郭を描くことが困難であり、その存在を前提することすら出来ないからである。ちなみに、マルクス主義に立脚する唯物論哲学は、政治思想や経済学説に比べて我が国への紹介が大きく遅れ、戦前の講壇哲学では全く影響力を持たなかった。出隆、柳田謙十郎らがマルクス主義の唯物論哲学を標榜するのは第二次大戦後のことである。

　素朴実在論的生活感覚ではすまされない抽象的事物の存在証明や学理的基本概念の定義などにおいて、経験を超えた事態や存在に対する予断は、注意深く拒絶されなければならない。マッハやフッサールは、それまで自然科学者が共有し、問題として露呈しなかった素朴実在論に疑いを表明した。彼らが提唱した思考法は、20世紀の知識人の思索に深甚な影響を与えた。

　　省察する者は、徹底した一貫性をもって絶対的な認識という目標に向かいつつ、やがて疑わしくなる可能性が考えられるようなものは、存在するものとして通用させない。それゆえ彼は、経験と思考のうちに自然に生きている時には確かなものも、それが疑う可能性がある限り方法的な批判を向け、疑いの可能性を持つものをすべて排除することによって、おそらく後に残るはずの絶対的に明証なものを得ようとする。私たちが自然に生きている時、世界は感覚的な経験の確信をもって与えられているが、前述の方法的な批判に、この確信は持ちこたえられない。それゆえ、世界の存在は、この始まりの段階では通用させてはならない。省察する者は、ただ自らの思うことをする純粋な我(エゴ)としての自分自身のみを絶対に疑えないものとして、たとえこの世界が存在しないとしても廃棄できないものとして、保持し

ている。このように還元された我(エゴ)が、いまや一種独我論的に哲学し始めるのだ。　　　　　　　　（フッサール『デカルト的省察』
　　　　　　　　　　　「第一省察」浜渦辰二訳（岩波文庫、2001））

　時枝は、「経験に先立って予見された」ソシュールのラングを排除し、「我々の、言語についての具体的な省察から設定された」行動としての言語を主張している。その根拠が、「我々の具体的経験の有無」に帰せられる。これは、現象学の認識方法に基づくものである。現象学は、人間の認識に限界のあることを自覚して、先ずは経験可能な領域から徹底的な分析を加えようとする。現象学の実証主義の前提に人間の主観的経験が置かれる。徹底した経験主義と心理的主観主義が現象学の基礎にある。時枝『国語学原論』の次の記述は、彼が現象学的立場に位置していることを告白している。

　　以上の様に見て来るならば、観察的立場と主観的立場とは、本来言語に関する別個の立場であるが、その間には次の様な関係が見出されるのである。
　　『観察的立場は、常に主体的立場を前提とすることによつてのみ可能とされる』
　　即ち言語を観察しようと思ふ者は、先づこの言語の主体的立場に於いて、彼自らこの言語を体験することによつてのみ、観察することが可能となることを意味するのである。
　　　　　　　　　　　　　　　　　　　　　　（『正篇』28-29頁）

　時枝は、フッサールの哲学に傾倒していた。言語過程説に対する現象学の影響については既に指摘されていたが、時枝が自著でフッサールや現象学について直接言及しておらず、不明の部分が多かった。しかし、彼の論拠を注意深く読み込むと現象学からの影響が明らかに観察されるのである。また、時枝は、晩年（1967年）の講演で彼が山内得立著『現象学叙説』の影響を受けたことを告白したという*9。

4. 有坂秀世「音韻論」と現象学

　古典音声学者有坂秀世の音声理論は、西洋言語学の音韻論phonologyと大きく異なっている。伝統的な日本音韻学の伝統を自覚する有坂は、西洋言語学に存在しない「音韻」の概念を設定し、それの定義を試みている。有坂の「音韻」は、具体的現実的表出たる音声とは違い、千差万別の音声を束ねる抽象的観念でもない。有坂によれば、音韻は人が発音しようとする目標、すなわち話し手が発音運動において理想とする観念である。音韻は、物理的実態でもそこから抽象した観念でもない純心理的観念である。有坂は言う。

　　　音韻観念はかやうに客観的音の諸性質の中たゞ一部分をしか具へてゐないものであるが、さればとて又そのphonemeに属するすべての客観的音から共通性だけを抽象したものでもない。もしも音韻観念αが単に［α］［ä］［a］［æ］等の共通性のみから成る抽象的な概念であつたならば、これら（「青」「赤い」「土産」―釘貫注）を丁寧に発音する場合皆理想的の［α］に近付いて行くといふ事実がどうして説明されようか。

　　　　　　　　　　　（「音声の認識について」『音声の研究』第Ⅳ集）

　引用文の末尾に表明されている批判は、音韻を多様な物理的実現の共通性からなる抽象的概念であると主張した神保格の学説を対象にするものである。神保は、佐久間鼎とともに西洋音声学の紹介者であり、ジョーンズの音素音族説にも影響を与えた人物である。音韻＝抽象的概念説とはどのようなものであるのか。

　　　例へば日本語の母音のアイウエオを論ずる時、問題になるのは誰が何時何処で発した声であるかといふ事よりも寧ろ「ア」なら「ア」といふ音声の質である。言い換へれば多くの人が多くの場合に発した「ア」といふ声の中に共通に含まれた性質を主として問題にするのである。吾々が「ア」といふ音の観念として心に記憶して居るものは、多くの人多くの場合の具体的「ア」（各人固有の声色をも含んだ）を屢聞いてその中から抽象した観念である。故に「ア」といふ音の研究には、此の記憶したものを研究することが一つの仕事であり、且一方には多くの

人の多くの具体的の「ア」を聴いてその中に含まれた常住的要素を研究するのが一つの仕事である。

(神保格『言語学概論』(岩波書店 1923 年))

　ここで表明されているのは個人の経験を超えた客観的な音声観念であり、有坂はこの点に批判を加えるのである。おそらく有坂によれば、諸個人の経験を超えた純粋に客観的な観念など存在しない。有坂が重視するのは、音声（音韻）を把握する際の主体の心的経験であり、これがもっとも確実な認識対象となる。有坂によれば、「音韻」はこの確実に把握された発音運動の理想すなわち「目的観念」である。

　世界を観察するに際して、主体の経験が絶対的に疑うことの出来ない確実なものとして了解される。このような純粋経験から世界解釈が始まるとする立場は、優れて現象学的である。有坂の音声理論は、その論法から見てドイツ哲学を参照したと考えるのが自然である。主体的経験を重視する有坂の音声理論を時枝は高く評価していた。

　時枝は、有坂に同意して「音韻を音の一族とする考方」（ジョーンズの音族説 phoneme, as a family of sounds を指す）や神保の「抽象的音声」説を「観察的見解」として批判するのである。時枝は、有坂に対して共に経験主体を重視する立場の理論的同志として共感したのであろう。

5. 伝統的日本語研究と西洋哲学

　山田孝雄は「単語」と「文」、時枝誠記は「言語」、有坂秀世は「音韻」の概念規定を行うに際して、主体の経験の確かさだけを唯一の拠り所にした。彼らの思索には、「存在」なるものの根本的意味を問う西洋形而上学からの影響が色濃い。主体的経験の絶対化ということから言えば、西田幾多郎『善の研究』（弘道館、明治 44 年 1911 刊）における「純粋経験」「直覚的経験」の概念も忘れることが出来ない。

　今もし真の実在を理解し、天地人生の真面目を知ろうと思うた

> ならば、疑いうるだけ疑って、凡ての人工的仮定を去り、疑うにももはや疑いようのない、直接の知識を本として出立せねばならぬ。我々の常識では意識を離れて外界にものが存在し、意識の背後には心なる物があって色々の働をなすように考えている。またこの考が凡ての人の行為の基礎ともなっている。しかし物心の独立的存在などということは我々の思惟の要求に由りて仮定したまでで、いくらでも疑えば疑いうる余地があるのである。
> 　　　　　　　　　　　　　（『善の研究』（岩波文庫本）60–61頁）

　上記引用における「直接の知識」について西田は、別の箇所で次のように説明している。

> さらば疑うにも疑いようのない直接の知識とは何であるか。それはただ我々の直覚的経験の事実即ち意識現象についての知識あるのみである。
> 　　　　　　　　　　　　　　　　　　　　　（『同書』62頁）

　時枝と有坂が『善の研究』を参照することはあり得たと思われるが、今のところ詳細は不明である。ともかく上記の西田の存在論的認識の記述は、ドイツ観念論哲学を忠実に継承するように見える。西田の門人である下村寅太郎は、岩波文庫本『善の研究』「解題」において西田の「純粋経験」について次のように述べている。

> 純粋経験という言葉は恐らく当時の流行思潮であったウィリアム・ジェームズその他から由来するものであろうが、しかし『善の研究』における純粋経験の思想は、これに示唆されたとしても決してこれに由来するものではない。
> 　　　　　　　　　　　　　　　　（『同書』「解題」251–252頁）

　「純粋経験」の思想が西田の独創とする弟子筋の見解の妥当性については措くとしよう。筆者が注目するのは、「純粋経験」が明治時代当時の「流行思潮」の言葉であったという証言である。ものごとの「存在」の認識に関するこのような接近法は、明治時代後半以降から昭和前半期にかけての青年知識人の共通了解であった。

　山田、時枝、有坂の三人は、近世以前の古典学的語学の伝統を担うことを自覚していた点で共通の資質を持っている。日本語研究の近代化を推進した研究者は、彼らのほかにも大勢存在するが、研究対象の理論的純化に際して、これほど根本的に拘泥した日本語学者

は彼らだけである。彼らは、何故共通してドイツ観念論に理論的な拠り所を求めたのであろうか。彼ら三人に共通する資質とは何であったろうか。

　ドイツ観念論は、我々が「自然に生きているとき」には我々の外側にあると思われる事物であっても、ひとたび真実を把握しようとする認識活動を開始するに際しては、その「存在」から慎重に身を引き、自らの経験を純化し、それを経験表象として肯定する。純化された経験に基づいて世界を解釈するという哲学者の論理構成が、伝統的学術の存立と維持に特に鋭敏な危機感を持つ彼らの心と理性を支えたのではないか。山田は、生きた言語場における単語と文の存在意義と格闘した。さらに、日本語研究にとって言語とは何かという問題と共に、次々に押し寄せる外来理論に対する疑念は、彼らの危機感を増幅したであろう。

　念押しになるが、彼らが行った「単語」「文」「言語」「音韻」などへの考察は、それらの存在証明ではなく、それらを論ずる意義を明らかにしたに過ぎない。今日の一般言語学においても、単語、文、音素の存在論証は与えてくれない。唯一「科学的」な批判に耐えうるのが形態素であろうが、言語をめぐる諸経験は科学の他分野の研究対象に比して、かくも甚だしく離散的である。この点が、ソシュールを学問的悲観に追い込んだ原因ではなかったであろうか。

　我々にとって、記述の便宜上、単語や文や音素があたかも観察者の外側に存在するかのように振る舞う方が、論証不可の概念であると強調するよりも効果が上がる。この点を研究者の多くが自覚するならば、我々の研究に一層の深みを与えてくれるだろう。

＊1　橋本進吉（1950）『国語音韻の研究』および同書、亀井孝「解説」（岩波書店、昭和25年）
＊2　山田孝雄（1908）『日本文法論』第一部「語論」（宝文館、明治41年）
＊3　釘貫亨（2007）「山田文法における「統覚作用」の概念の由来について」『國學院雑誌』第108巻第11号

＊4　時枝誠記（1976）『日本ニ於ル言語観念ノ発達及言語研究ノ目的ト其ノ方法（明治以前）』（明治書院、昭和51年）
＊5　根来司（1985）『時枝誠記研究　言語過程説』（明治院、昭和60年）
＊6　有坂秀世（1940）『音韻論』（三省堂、昭和15年）
＊7　加藤尚武編（2007）『哲学の歴史』第7巻（中央公論新社）143頁
＊8　黒積俊夫（1992）『カント批判哲学の研究―統覚中心的解釈からの転換』（名古屋大学出版会）
熊野純彦（2006）『西洋哲学史―近代から現代へ―』（岩波新書）133–134頁。
＊9　注5前掲註

第11章
日本文法学における「規範」の問題

1. はじめに

　過去の日本語の実態とその学術を解明しようとする場合、二様の行き方があり得る。それは、古典学的研究と歴史学的研究の二つである。前者は、日本語を研究対象とする営みが確立して以来、今日に至るまでの長い伝統を有するものであり、排他的価値を前提する典籍解釈という特色を持つ。古典学的研究は、伝統的な価値観を継承し、文献を取り巻く空間的歴史的環境を切り離してなお独自の現代的意義を持つテクストの再解釈の営みである。日本語学史の分野では、歴史上高名な学者の書跡言説を経典として解釈する古典学的方法が今も盛んに行われる。

　ところで、筆者がこの方面の分野で実施したやり方は、18世紀以後の日本語の学理をめぐる学説間の論理関係の解明にあり、特定の業績を価値前提的に扱うことをやめて学説の系列的展開の論理を追究してきた。筆者は、このような立場を個人的に学説史と呼んで来たが、これは歴史学的研究法に由来する。

　歴史学的言語研究は、近年になって権威を得た方法である。歴史言語学は、古典語学と異なって特定の時代の特定のテクスト言語に対して価値前提を行わず、一言語の中で多数存在する方言の一つとして、変化することを免れない存在として相対化する。従来の国語史と国語学史において、この二つの研究法の区別が明確にされなかった。その理由は、過去の言語事態（日本語の場合は平安時代語）や優れた学者の業績に対する価値前提的意識が抜けきれないからである。

　言語学では、古典籍の語学的解釈が扱われることが殆どあり得ないが、日本語学者による古典作品の語学的注釈は、現在でも稀では

ない。

　日本語学の古典学的規範観念は、文法学に顕著に残存している。文法学に規範観念が強く顕れる理由は、本居宣長がテニヲハ学に王朝歌文を努力目標とする規範観念を植え付けたことが直接的に影響している。テニヲハと対照的に、仮名遣いは、王朝古典の仮名綴りの稽古という中世以来の規範を超克して上代音声の復元という近代科学に肉薄する学理的課題に到達した。

　宣長は、一貫してテニヲハ学を王朝歌学の枠内にとどめおいた。その結果、本居派テニヲハ学の遺産を継いだ近代文法学が伝統的規範観念を濃厚に持ち込んだのである。日本語学において文法の歴史的変化を解明する研究が大きく後れをとったのは、平安王朝歌文を究極の目標とする規範観念が足枷となったからである。王朝歌文を規範とする限り、上代語文法はその特殊性よりも平安文法と本質を共有するものとされ、院政期以後の文法変化は国語の崩れあるいは変質と理解する意識を免れなかった。そしてこれこそが宣長のテニヲハ学の基本姿勢であったのである。

　日本語文法の歴史的変遷に関する研究は、大幅に改善されつつあるが、1980年代頃までの文法史は、平安文法を基軸にして上代語から平安時代語への収斂的帰結と院政期以後の近代語への拡散過程を先入主にした研究であった。平安古典文法からの離脱過程が文法史の記述の始発であるとすれば、これは形を変えた古典文法中心の見方に陥ることになろう。

　本章は、以上のような批判的認識に立ちながら日本文法学に特徴的な規範観念がいかに形成され、保守されてきたのかを学説史として解明することにある。

2. 古典語学の規範観念の近代的展開

　近代日本文法学の原資が西洋文法の品詞分類と並んで、本居派テニヲハ学にあることは、第2章と第3章で明らかにしたとおりである。古典文法における係り結びを始め、動詞形容詞の活用に関する形態論、助詞、助動詞をめぐる意味論的分析など、本居派古典語学

は今なお日本の文法研究に色濃く影響している。

　宣長が仮名遣い論に対してテニヲハ学を王朝歌学の枠内にとどめたことは前述の通りであるが、彼が王朝和歌ことばを規範とし、それを効果的に映し出す鏡として俗語、俚言を解釈に取り込んだことは、中世歌学と一線を画する画期的認識であった。本居宣長が『古今集遠鏡』において注釈史上始めて逐語的口語訳を実現した。このことは、俗語、方言に対する学問的関心が高まって、これが学問の制度の中に組み込まれたことを意味している。宣長は、方言研究の展望を次のように語っている。

　　すべてゐなかには、いにしへの言ののこれる事多し、殊にとほき国人のいふ言の中には、おもしろきことどもぞまじれる、おのれとしごろ心につけて、とほき国人の、とぶらひきたるには、必ズその国の詞をとひきゝもし、その人のいふ言をも、心とゞめてきゝもするを、なほ国々の詞共を、あまねく聞あつめなば、いかに面白きことおほからん　　　（『玉勝間』（寛政5年1793））

この当時、方言研究は宣長の期待したとおりの展開をたどりつつあった。猪苗代兼郁『仙台方言伊呂波寄』（享保5年1720）、いろは引き俗語辞書『志不可起』（享保12年）、山本格安『尾張方言』（寛延元年1748）、堀季雄『浜荻』（明和4年1767）、越谷吾山『物類称呼』（安永4年1775刊行）、太田全斎『諺苑』（文化12年1815）『俚言集覧』（寛政9年1797以降成立）などが次々と公にされた。これら俗語研究が18世紀以後、急速に発展したことには上述のような背景があった。

　テニヲハに代表される日本語の文法研究の最重要の基軸が平安王朝のみやびに集約される規範観念であって、ここから次第に自己拡散を実現してきた。日本語研究は、王朝和歌から王朝散文へと領域を広げ日常口語に到達したのである。筆者は、日本語研究の歴史を観察する際において、学者達がどのような種類の日本語を対象としているかが重要であると思う。従来の文法学史は、歴代の研究が何を対象としてきたかについて比較的関心が薄かったように思われる。文法学説史の叙述は、内容の論理の再構成の重要であることは当然であるが、観察対象と採集用例の源泉をどこに求めているかを見逃

すべきではない。近代文法学の成立期を本居派テニヲハ学に置く本書の立場を除いて、今日大方の見解では二つの画期的事実を設けているように思われる。それは、品詞分類の合理的完成と記述文法の成立である。それぞれの段階を担ったのが大槻文彦と山田孝雄である。明治前期の国文法が洋学系と国学系に振幅したのを折衷的に統合して、合理性の高い品詞分類の基準を立てたのが大槻であり、「語法指南」（明治22年1889『言海』所収）、『広日本文典』（明治30年1897刊行）によって、彼の業績の大方を知ることが出来る。大槻は、日本語のどの側面に注目し、研究対象としたのか。『広日本文典』「例言」の次の文言に注目したい。

> 書中の語法は、宗と、中古言に拠りて立てつ。奈良朝以前特別なるは、姑く異例とせり。其中古といふは、凡そ、桓武の朝より、後三条の朝までを指す。（中略）唯後世の口語調なるは捨てつ。（中略）散文と和歌とには、語格用法の、自から相異なる所もありて、並立しがたき事あり。此書、固より、散文の文法なれば、深く和歌の法には、言ひ及ばず。

この大槻の散文優位の宣言は、宣長のテニヲハ学が平安王朝の和歌に重きを置いたことと対照的であるとともに、中世以来歌学の圏内にあったテニヲハ学と一線を画するものである。大槻が「散文の文法」を目指した具体的理由を明らかにしていないが、彼の実際的目標が普通文として普及していた明治政府公認の文章に関する文法規範の構築にあったことが想像できる。大槻の品詞分類に次いで、その分類単位である単語が並んで、完結した思想や感情を表示する「文」成立の規定を試みたのが山田孝雄である。文成立の要点である統覚作用の概念の由来については、すでに明らかにした。本章が注目するのは、山田の『日本文法論』（明治41年1908刊行）、『日本文法講義』（大正11年1922）、『日本文法学概論』（昭和11年1936刊行）が大槻と同様、文語文法の理論構築を目指した点である。山田は、『日本文法論』「緒言」において研究対象を「其の主とする所は散文に於いて、律語に於いて、現代の標準的記載語として、用ゐらるゝものを対象としたり。」と近代文語としている点が大槻の「中古散文」という漠然とした規定より、優れて現代的意義を主

張する。また、『日本文法学概論』では、この点をさらに詳しく敷衍しているので次にその部分を引用する。

> 現今文語と称せらるゝものゝ実体如何といふにそのさす所殆ど一定せず。或は文語を以て古語の如くに説くものあり。然れども今日の文語はおのづから今の文語にして古代に未だかつてこのまゝの有様のもの存せざりしなり。又その語法の如きも平安朝時代の文法によるといふ人あれど必ずしも然らず。さて現代の文語と目すべきものは、大体書籍雑誌等に於ける論説の如きもの、又所謂口語体以外の雑誌類又詔勅法令に用ゐらるゝ文章の如きものをさすと知るべし。この現代の文章は鎌倉時代以来変遷し来れる和漢混淆体の文章にして、この現代の文章は一方に於いて、漢籍の訓読によりて伝へられたる言語及び語法を著しく、加味したるものなりとす。（『日本文法学概論』第1章11頁）

このように山田の「文語」は、平安朝という特定の時代の実体を指すのではなく鎌倉時代以来蓄積されてきた総体としての古典語という概念を設定する。この点、「中古散文」という半ば歴史的実体を想定した大槻より均質な概念を取りだしている点において進展した考え方であり、山田が文語の近代的側面を明確に強調したことは、有意義なことであった。

山田の文法学説が近代科学としての性格を備えていることに疑問の余地はない。山田文法が品詞分類の形式性を脱して、まとまった情報の最小切片である「文」の定義を試みるなどの徹底した問題設定の姿勢は、後の日本語学の個性的な学統形成に影響を及ぼした。山田は、西洋の言語学の諸理論を鵜呑みにせず、それに飽き足らなければ心理学、哲学を援用して持論の正統化に動員した。山田文法が学説史上始めて規範的性格を脱して科学的な記述文法を樹立したという定評は、しばらく動かないだろう。山田自身も記述文法の意義を次のように強調する。

> 文法学は如何なる学問なるか。従来往々これを以て文章の誤を正す為の学問なりと考へたるが如し。もとより文法学を知るときはその知識を応用して文章の誤を正しうべしといへども、こはその直接の目的にあらず。文法学の本質は記述的の学問にし

> て国語の間に存する理法を探究し、之を説明するに止まるもの
> にして正不正の規範を論じ、美醜の標準を論ずるを目的とする
> ものにあらざるなり。　　　　　　　（『日本文法学概論』第1章16頁）

　大槻と山田が何れも文語を観察対象としたのは、権威ある文学語としての東京語が確立途上であったことが関係している。口語文法の登場は、文学者を中心とする言文一致運動が成績を挙げた後のことになる。山田が言語の正不正や美醜の基準を論じないと宣言しても伝統的文語を前提するところに彼が完全に「規範」観念を離脱していないことを示している。近代科学としての言語学の対象は、名目上あくまで口頭言語であるが、日本語文法論では、事実上、記載された文章語が対象とならざるを得ない。広く受け入れられた均質な文章語の存在が研究対象の安定性を支持するからである。したがって権威ある文章語が口頭語をよく反映するのであれば、言語学のあるべき観察対象に近付くことになる。明治期後半は、権威ある文章語が伝統的文語体から口語体へと移行する時期に相当した。

　山田とほぼ同時期に、文語文法ではなく口語文法の記述を選択したのが松下大三郎である。すでに述べたように、近代国家建設の効果的な推進のためには、口頭言語に近い権威ある記載言語の確立が必要である。しかし、明治前半期は、支配者の口頭語が西日本の最遠地を母体にしたものであり文学語としての東京語が未成熟であったために、やむを得ず標準的記載語は前代からの伝統を引いた方言差のない普通文を採用した。明治20年代頃から東京語が形成される情勢になったことから文学者が言文一致運動を展開して、口語体が普及しつつあった。松下の文法理論は、独自の先端的な品詞分類によって高い評価を受けているが、本章が注目するのは松下が『日本俗語文典』（明治34年1901刊行）によって学史上始めて口語を対象にして文典を編んだことである。この書の刊行は、山田の『日本文法論上巻』（明治35年）に先行する。『日本俗語文典』「例言」第一条に言う。

> 本書は、百般の科学発達せる今日未吾人が日常思想を通ずる所
> の活々たる我が大日本帝国の口頭語を研究せるものなきを嘆じ、
> 聊斯学のために貢献する所あらむとして著作せるものなり。

これによれば、松下が自覚的に口語文法の構築を目指していたことが知られる。「例言」によれば、この論考は当初明治32年11月から雑誌『国文学界』に連載され、後に『日本俗語文典』にまとめられたという。明治30年代は言文一致運動の盛んな時期であり、松下が当時口語文典執筆を目指した先見の明は、評価されるべきであろう。次に挙げるのは本書において引かれている例文の一部である。

　　夜がこの頃は長イ
　　静ニ花を見よう
　　随分ひどい事をする
　　一人ノ人がきた
　　菫が沢山咲いてゐる
　　ナゼそれをいはない
　　何、そんな事があるものか
　　其ノ人は知らない

『日本俗語文典』が挙げる用例文は自然なものであり、口語が研究対象に捉えられたことの学説史的意義は大きい。すでに松下は、『日本俗語文典』に先行する試みを方言で実践していた。彼は、故郷遠江地方の方言に取材した「遠江文典」を明治30年4月より『新国学』に3回に亘って連載している。これは、結局未完に終わったが『日本俗語文典』を導いた業績として記憶されるべきである。
　規範文法から記述文法へ、文語文法から口語文法へと日本文法学は、次第にその規範の枠組みを遠心的に拡大させてきた。その趨勢の延長上に、第二次大戦後の思想の自由化の中で、反規範主義を標榜する文法学派が登場する。

3. 反規範主義文法学説の登場

　第二次大戦後の民主化と思想・学問の自由化の波は、政治思想を反映することが少ないと言われる言語研究にも一定の影響を与えた。言語研究の諸分野の中で伝統的な規範観念が個人を超えて強く影響してきた文法論の分野において激しい方法論批判を伴った研究グル

ープが現れた。進歩的な政治思想を標榜する研究者集団であった民主主義科学者協会言語部会の中心メンバーが教育科学研究会国語部会（研究者の団体名は言語学研究会）を結成し、極めて論争的な学説を打ち立てた。彼らは、教科研文法と呼ばれる学派を結成し、奥田靖雄、鈴木重幸らを指導者とした。教科研文法学派は、学史上始めて、自覚的に反権威主義と反規範主義を標榜した。彼らが理論上の標的にすえたのが橋本進吉の文法論の流れをくむ文部省公認の学校文法である。

　近世の古典語学における活用論は、古典語の動詞、形容詞の形態論的研究成果として、明治以後の日本文法論に強い影響を与えた。鈴木重幸は、近世期に完成した動詞活用の形態論的範型を「四段活用論」と名づけて、これが歴史的変化を遂げた口語動詞の形態論的範型に適用されることによる単語認定のゆがみとなって国語教育に悪影響を及ぼしていると非難する*1。

　鈴木によれば、四段活用論は「書か（未然）」「書き（連用）」「書く（終止・連体）」「書け（已然・命令）」と、異質な文法的カテゴリーを混在して統合しているという。このような立場による限り、文中において独立の機能を持たない「書か」のような形であっても、独立して文中に介入しうる「書き」「書く」などと同等の資格を与えてこれを単語としてしまう。このような過剰分析は、本来古典文法の枠組みである四段活用論を、歴史的変化を遂げている現代語の動詞変化の体系に無理矢理当てはめようとすることから生じるのだという*2。学校文法の四段活用論は、本居春庭以来の古典文法から類推した形態論的基準によっているから、例えば

　　僕は手紙を書かなかった。

という文では、伝統的テニヲハ文法の作法に従って、優先的に「た」「なかっ」「は」「を」が分析される結果、「かか」もまた単語として分析されざるを得なくなる。このような珍奇な単語分析が言語使用者の実感と著しく乖離するのは当然である。しかし、単語は言語を構成する基本的単位であるから、「かか」「なかっ」など、それ自体で意味をなさない音声塊を単語として分離できず、

　　僕は／手紙を／書かなかった。

のように単語を分離しなければならない。このような鈴木の主張は、もっともな点が多い。近世の四段活用論は、伝統的テニヲハ学の最終的完成であった。学校文法は、近代の口語文法における活用論においても、近世古典語学の枠組みを強行的に適用してしまった。学校文法が比較的平易であるという意見も聞くがこれはおかしい。何故なら、学校文法は、古典文法の活用論をアプリオリに適用した結果、母語話者の内省を前提にした思弁的性格を本質にしており、成果も貧弱で客観性を欠いている。実際、学校文法は外国人に対する日本語教育では使いものにならないと聞く。

　鈴木ら教科研文法によれば、四段活用論に対して批判的な立場によるか、妥協的な位置に立つかを試す徴証は、単語をいかに定義するかにあるという。彼らは、単語の規定を山田孝雄や松下大三郎に学んだという*3。松下は、単語の定義自体を行っていないが、分析結果は教科研と一致している。山田は、文とともに単語を定義しており、まとまりある意味を持つという点で「統覚作用」が存するとしている*4。別章で述べたように「統覚作用」はカント哲学のモノの認識のあり方を規定する「統覚Apperception」から類推した概念であり、それは単語の定義つまり存在証明ではなく存在推定位置に付した標識である。したがって「統覚作用」による単語の規定は、単語の論証ではなく、単語の論証不可能性の逆説的表明に過ぎない。これに対して教科研文法は、単語を理論的に定義しようとする点に特色があるが、これについては後に検討する。

　山田は、従来動くテニヲハとされたいわゆる「助動詞」を単語と認めず、「複語尾」として、単語以下の存在とする一方で、動かないテニヲハを英語の前置詞などが単語と認められる程度に単語と扱って「助詞」とした。しかし、教科研によれば山田は、単語以下の存在であるはずの複語尾を「複語尾論」として、それ自身で体系をなすかのように扱ったために、四段活用論と妥協してしまったという。また、山田が「助詞」を単語と認めたのに対して、教科研はこれらを単語と認定していない。

　松下の単語分析が教科研により近いことは前述したが、松下文法の特徴である「原辞」は、言語学でいう形態素の概念に近い。しか

し、鈴木によれば松下は、「原辞論」を立てて、単語論に優先させたので四段活用論に対する徹底した批判になり得なかったとしている。鈴木は、「あま・ぐも」「とり・が」「かか・ない」など単語を構成する原辞は、体系を構成せず、単語から内部分化したものに過ぎない、という。教科研によれば、複語尾や原辞あるいは形態素は、「論」として特立されるような自立した考察対象になり得ないのである。そこで、次節において教科研文法派の単語の定義を検討したい。

4. 教科研文法の単語の定義について

　教科研文法は、明治以後の国文法が四段活用の規範に縛られたが故に、言語学にとって最も重要な出発点である単語認定にゆがみを生んできたと主張する。同派の指導者である奥田靖雄は、「単語は言語の基本的な単位」であり、単語とは「語彙的なものと文法的なものとの統一」であるという*5。先掲の

　　僕は手紙を書かなかった。

の例によれば、語彙的なものと文法的なものとの統一体とは、「僕は」「手紙を」「書かなかった」である。「僕は」は、「僕が・僕に・僕を・僕から…」、「手紙を」は、「手紙が・手紙に・手紙は・手紙と…」、「書く」は、「書かない・書きます・書いた・書くだろう…」とそれぞれパラディグマティックに対立している。単語とは、ここではそれぞれ「僕」「手紙」「書く」に関するこれらの変化系の体系であると言うことになる。

　教科研文法によれば、単語とは「語彙的なものと文法的なものとの統一」というものであった。この定義は、幾つかの点で問題がある。先ず、「語彙的なもの」とは何か。奥田靖雄は、「いま、ひとつの言語の単語のすべてを「語彙」と名づけておこう。」*6 と言っており、同じ論文の中で彼は「ただしくは、語彙は単語の語彙的なものの総体であると規定しなければならない。」とも述べている。鈴木重幸は、「単語の語い的な側面は、単語ごとにことなっている。その言語に属する単語の語い的な側面の総体を〈語彙〉とい

う。」*7 と言っているから、彼らの言う語彙とは単語の概念を前提とするものである。とすれば、単語の概念を前提とする先の単語の定義は、論理が循環していることになる。このような定義は、十全な定義として認めることが出来ない。

次に問題となるのが彼らの定義にある「語彙的なもの」「文法的なもの」という曖昧な表現である。「的なもの」は、定義自体の中では全く意味不明である。物事の定義に曖昧な表現が適さないのは、曖昧な表現による定義が論理的に何も定義しないのと同じだからである。この「語彙的なもの」「文法的なもの」とはいかなる概念なのだろうか。鈴木重幸『日本語文法形態論』(むぎ書房)によれば、「単語には二つの側面がある。」(13頁)と言う。それに続いて述べる。

　第一の側面、すなわち、現実のどのような断片をさししめすかという面を単語の語い的な側面(単語における語い的なもの)といい、第二の側面、すなわち、そうした語い的なものが文のなかでどのような関係をあらわし、どのような役わりを果たすかという面を、単語の文法的な側面(単語における文法的なもの)という。
　　　　　　　　　　　　　　　　　　　　　　　(14頁)

これによれば、「的な側面」が「的なもの」と同意義に用いられていることが分かる。鈴木は、この「的な側面」「的なもの」の内容を次のように説明する。

　「さくら」という単語は、一定の特徴をそなえた植物をさししめすが、こうした意味とそれの表現形式がこの単語の語い的な側面である。
　　　　　　　　　　　　　　　　　　　　　　　(21頁)

つまり「語彙的なもの」とは、「語彙的な意味」と「語彙的な意味を表現する形式」とから成り立つのである。そうするとこれと同じく「文法的なもの」とは、「文法的な意味」と「文法的な意味を表現する形式」とから成り立っていることになるだろう。奥田靖雄は、「文法的なかたち」あるいは「形式」について次のように述べている。

　単語は語彙的なものと文法的なものとの統一物であるとすれば、その文法的なものが単語にとって形式としてあらわれる。この

種の形式に対しては、語彙的なものが内容をなしている。単語の、その他の、さまざまな形式からくべつするために、〈文法的なかたち〉という用語が用意されたのだろうが、<u>その文法的なかたちはそれ自身が文法的な意味とそれを表現する手段との統一をなしている。</u>(傍線釘貫)

〈形式〉というものは、ものの存在のし方であるし、あるものの内容が他のものとむすびつく、そのし方にほかならないのである。もしそうだとするなら、<u>単語における文法的なものは、単語にとって〈形式〉であるだろう。</u>(傍線釘貫)

(「言語における形式」『日本語研究の方法』)

上の奥田や鈴木の主張から判断する限り、単語の定義に「的なもの」などという曖昧な表現を使わずとも「単語とは、語彙的なかたちと文法的なかたちとの統一物である。」と表現することに何の論理的障害もないように見える。しかしこの明晰な定義を彼らは避けているように思われる。

彼らの主張の中で「意味」と対立する概念として「かたち」「形式」「表現する手段」などの術語が用いられている。これらの術語相互の概念上の区別ははっきりしない。ともかく言語学で言う「形式」は、意味を排除した音声塊ではなく「語彙的形式」「文法的形式」などという際に、意味が含意されているのは当然である。奥田は、「かたち」「形式」「表現手段」の関係を次のように整理する。

単語にとって音声は形式であるというとき、その〈形式〉という用語の意味をただたんに／外形／と理解してはいけない。この〈形式〉は／表現手段／という意味になる。このばあい、単語の意味は表現されるものであって、その〈内容〉をなしている。さらに、意味するという現象が音声という物質的手段なしには、おこりえないし、ありえないとすれば、音声は意味の存在の方法だともいえる。とすれば、この〈形式〉に／単語の意味の存在の方法／という意味をつけくわえなければならない。(中略)意味の表現手段という意味での〈形式〉という用語が、文法論の世界に持ちこまれるのも、当然のことである。言語学者は、〈単語の文法的な意味〉に対立させて、〈単語の文法的な

かたち〉という用語をさかんに用いるが、このばあいの〈かたち〉も／表現手段／という意味なのである。たとえば、hanasita,kaita,totta,yondaは、／過去／という文法的な意味をもっていて、それを文法的なかたちのta,daが表現する。単語における文法的なものも、意味と形の統一物をなしている。
（「言語における形式」『日本語研究の方法』）

　上記の「かたち」「形式」「表現手段」と「意味」の関係はともかく、彼らの単語の定義において、最も重要な鍵表現である「的なもの」の内実を知ろうとすればするほど、彼らの手になる入門書は、見かけの平易な文章と裏腹に決して親切とは言えない。奥田の「文法的なかたちはそれ自身が文法的な意味とそれを表現する手段との統一をなしている。」「単語における文法的なものも、意味と形の統一物をなしている。」という規定、さらに鈴木の「意味とそれの表現形式が（この）単語の語い的な側面である。」という発言から判断して「語彙的なもの・文法的なもの」と「語彙的なかたち・文法的なかたち」とは、全く同じ概念を表しているということを確認するだけで十分である。

　しかし、彼らは、「単語は語彙的なかたちと文法的なかたちとの統一である。」という明確な表現を避けて、敢えて「単語は語彙的なものと文法的なものとの統一である。」という曖昧な表現に固執する。そこには何か理由があるのではないか。

　「文法的なもの」が「文法的な意味とかたちの統一物」であるならば、「語彙的なもの」もまた「語彙的な意味とかたちの統一物」であるはずである。そこで単語とは、それぞれ統一物である「語彙的なもの」と「文法的なもの」とが再統一されたものであるだろう。松本泰丈は、自ら編集した書物の中で教科研の立場を次のように述べる。

　　わたしたちは、言語が社会のなかで弁証法的に発展していくものだということから出発する。言語が、このように、弁証法的な存在であるならば、わたしたちの研究の任務は、日本語の事実のなかに弁証法をみいだしていくことでなくてはならない。
（「はじめに」『日本語研究の方法』）

彼らの立場からすれば、「意味とかたちの統一物」とは、「意味とかたちの弁証法的な統一物」でなければならない。弁証法的な統一物が独自の体系を構成しない、つまり完結した考察に値しないのでは理屈に合わないであろう。「統一」とは、論理的必然性を伴って実現するものであり、「語彙的なもの（つまり語彙的なかたち）」、「文法的なもの（つまり文法的なかたち）」がそれぞれ統一物である限り、それぞれが論理性を持ちながら自律的な体系を構成するのであり、そのものが自己完結的な観察対象でなければならない。
　しかし、彼らの実際の分析法は、このような論理からかけ離れている。例えば、文法的なかたちを観察するといっても単語と切り離して考察してはならず、「過去の意味を表す文法的なかたち ta,da」の様な扱いは許されず（これでは四段活用論と同じである）、「過去の意味を表す kaita,yonda における文法的なかたち ta,da」のように分析しなければならない。かくして、文法的なかたちをそれだけで考察することは、教科研では禁止される。かかる分析法は、彼らが非難する四段活用論を認めることであり、彼らは文法的なかたちである接辞がそれ自身では体系を構成せず、文法的な意味は単語の中でしか実現しないと考えているからである。ここに、「文法的な意味とそれを表現する手段との統一物」であるはずの「文法的なかたち」がそれ自身で体系を構成しないという奇妙な結論が彼らの学説自体から露呈してくる。弁証法的統一物が自己完結的な検討に値しないとは、彼らの立場に矛盾しないのであろうか。このように見てくると、彼らは事実上、文法的な意味とそれを表現する文法的なかたちが一対一で対応しないと考えていると見なさざるを得ない。するとそこで、「文法的意味を表現しない文法的なかたち」という奇妙な観念が浮上してくる。
　彼らは、単語の中から「語彙的形式」や「文法的形式」を分離することを嫌う。もしこれらを分離して、それ自体を観察するならば、山田の複語尾論や松下の原辞論と同様の四段活用論に妥協した地平に戻るからである。しかし、鈴木は、文法的な意味とかたちが統一体を構成すると明確に述べている。

単語は、文法的な意味にしたがって語形変化をする。いわゆる
　　五段活用、一段活用などの活用の種類のように、相対的に意味
　　からきりはなせる部分があるとしても、<u>語形変化の体系、文法</u>
　　<u>的な意味と文法的な形の統一体の体系としてとらえなければ</u>
　　<u>ならない。</u>(傍線釘貫)　　　　　　　　(『文法と文法指導』26頁)
　上記傍線部の規定が彼らの単語の定義中の「文法的なもの」と同義であることは容易に推定出来る。しかし、「語彙的なもの」の内実に関して、彼らは殆ど何も述べていないのは、留意しておく必要がある。比較的饒舌に語る「文法的なもの」の内実に対して、彼らが「語彙的なもの」を明確に規定するのを避けているように見える。「文法的なもの」からの類推で言えば、「語彙的なもの」は、「語彙的な意味」と「語彙的なかたち」との統一物ということになろうか。忖度するに、恐らく彼らは「語彙的なもの」をそのように「弁証法的に」規定することが出来ないのである。「的なもの」を具体的に形式に収斂させてしまうと、単語を語彙的な形と文法的な形に分析することを迫られる。そうなると単語内部で独自の体系を持つ語彙的な形式と独自の体系を持つ文法的な形式が概念として浮上するだろう。これが、教科研の単語を複語尾論や原辞論の地平に引き戻すのである。ここに、彼らが単語を「語彙的なかたちと文法的なかたちの統一物」と規定表示できない最大の理由がある。彼らにとって、単語は本質的に文法的存在であるから、「文法的なもの」の内実を規定することに躊躇がないのに対して、「語彙」は前述のように単語を前提にした循環論的概念であるから、「語彙的なもの」の内実は、論理的に規定することが出来ないのである。「語彙」概念は、教科研の単語の定義にとって足枷のようにさえ思われる。先の「僕は手紙を書かなかった。」の例文で言えば、「僕は」「手紙を」については、語彙的形式と文法的形式を比較的容易に分離することが出来るが、「書かなかった」については簡単にいかない。どこまでが語彙的形式で、どこからが文法的形式であるか、機械的には決まらない。むしろ彼らはそのような分析自体を拒絶するだろう。彼らにとって「書かなかった」で丸ごと「語彙的なものと文法的なものとの統一体」だからである。松本は、動詞と接尾辞（いわゆる助動

詞）が接した形について、次のようにこの実情を告白する。

> 日本語の文法理論は、文法的な意味 grammatical meaning をあらわしている接尾辞 suffix を、語幹 stem から分離することからはじまっている。このことは、おそらく、日本語における接辞づけ suffixation が、かなりの程度に膠着的であるという事情と、かかわりなしにはかんがえられないだろう。しかし、日本語も、動詞の場合は、かならずしも膠着的ではなくて、ヨーロッパ語の動詞とおなじように、融合的 fusional である。そうだとすれば、<u>接尾辞の分離では、くしざしのだんごからひとつひとつだんごをとりはずすように、接尾辞をとりはずすわけにはいかない。</u>語幹と語尾 ending は完全にひとつに融合していて、その分割は条件的である。（傍線釘貫）

（「解説」『日本語研究の方法』334頁）

　彼らは、定義の言葉として曖昧な表現を用いる代償を払ってでも、単語内部（特に動詞述語部）において「語彙的形式」と「文法的形式」が分割され、四段活用論の地平に戻されるのを防いだのである。彼らは、単語内の語彙的形式と文法的形式の境界を「的なもの」というレッテルで封印した。彼らが執着する「もの」や「側面」という曖昧な規定は、日本語の動詞の活用助辞（助動詞）が接した融合的な述語構造に適合させたものに違いない。しかし、現実に適合させて曖昧な規定に帰するとすれば、その規定が本質を外れたものであることを示している。

　以上のように、教科研文法の単語の定義には、次の点にまとめられるような問題が存在する。すなわち彼らの単語の定義にある「語彙的なもの」には、予め単語の概念が含まれており、したがってこれは、循環的規定と言わざるを得ず、定義として無効である。さらに、彼らの定義の中の「的なもの」というのは、それ自体意味不明の曖昧な表現である。これを同じ学派の人物の論文によれば、「的なもの」とは、「意味とかたちの統一物」であることが分かる。しかしこの「統一物」は、語彙的なものであれ、文法的なものであれ、意味と対応する形式として分析することが出来ない不可思議な融合体である。彼らは、この融合体に適合させて「的なもの」という曖

味な表現を使用した。

　このように見ると、単語の定義を標榜して戦後の文法学界に登場した教科研文法学派が単語の定義に成功していないと判断せざるを得ないのである。

　それでも彼らが単語の定義として無理のある「語彙的なものと文法的なものとの統一物」という弁証法的規定にこだわる理由は、その定義の概念の思想的な淵源に由来すると考えられるが、この点については第12章で改めて論じたい。

5．奥田靖雄の単語論の特徴

　教科研文法の単語の定義は、学派全体の共有であって、理論的指導者それぞれの個性は存在しないように見えるが、実は鈴木の単語論と奥田靖雄のそれとは異なっている。すでに述べたように鈴木は、「文法的なもの」を「文法的な意味と文法的なかたちの統一体」として規定した。積極的に規定していない「語彙的なもの」についても同様の統一体であると想定される。鈴木『日本語文法形態論』の記述を再掲する。

　　「さくら」という単語は、一定の特徴をそなえた植物をさししめすが、こうした意味とそれの表現形式がこの単語の語い的な側面である。

　しかし、奥田はこのようには理解していない。奥田は、「語彙的なもの」に形式の概念を認めていない。奥田にとって「かたち」とはすべて「文法的」であるからである。奥田の規定を再掲する。

　　単語は語彙的なものと文法的なものとの統一物であるとすれば、その文法的なものが単語にとって形式としてあらわれる。この種の形式に対しては、語彙的なものが内容をなしている。（中略）〈形式〉というものは、ものの存在のし方であるし、あるものの内容が他のものとむすびつく、そのし方にほかならないのである。もしそうだとするなら、単語における文法的なものは、単語にとって〈形式〉であるだろう。

　奥田の考えでは、「語彙的なもの」は、形式の概念を持たないの

である。この点が「語彙的な表現形式」を想定する鈴木との考えの違いである。奥田にとって語彙的なものは、形式概念を持たないのでそれ自体では経験できず、常に文法的なものとしてしか観察されない。上掲の鈴木の規定は、奥田なら次のように規定し直すだろう。

> 「さくら」という単語は、一定の特徴をそなえた植物をさししめすがこうした意味はこの単語の語彙的な側面であり、それの表現形式はこの単語の文法的な側面である。

このような奥田と鈴木の単語認識の相違は、彼らの公式的な定義「単語は語彙的なものと文法的なものとの統一である。」という表現の中に全く反映されていない。この点を見ても、この定義の不十分さが見て取れるのである。語彙の形式概念を認めない奥田の単語認識によれば、先に鈴木が陥った矛盾は一応回避される。とは言え、奥田の単語論には別の意味で困難が出現する。それは、形式概念を没却させた奥田流「語彙」概念特有の無内容化である。奥田によれば「語彙的なもの」は、単語の中では内容を構成し、「文法的なもの」が存在形式をなしている。「語彙的なもの」は、形式として観察されず、文法的なものを通してこれを観察するほかない。語彙は文法に内容として包摂されるので、経験的に語彙は文法の内実として存在する。奥田の「語彙」は、「意味」と同じものと考えて差し支えないがこのような場合、「単語は語彙的なものと文法的なものとの統一物である。」という定義は、「単語は、意味と形式からなる文法的単位である。」と規定するのと殆ど同じである。しかし、このような定義は「ブルジョワ的」現代言語学でも珍しいものではない。奥田は、文法の概念に対して従属的な「語彙」という概念を使用する必要がなかったのではないか。奥田は語彙を定義して次のように言う。

> 語彙とは単語の語彙的なものの総体であると規定しなければならない。*8

「猫とは猫的なものの総体である。」という規定が「猫」の存在を証明しないのと同様に、この素朴極まる循環規定が奥田の矮小化され、希薄化された「語彙」認識を露呈している。

言語学において「意味」あるいは「内容」という概念は、必ずそ

こに明確化された「形式」概念を前提にする。意味（内容）と形式は、常に互いに他を予想し合い、相互の対応関係によって情報を外的に表示する。何故なら、言語記号は意味（所記）と形式（能記）の不可分の結合から成立しているからである。奥田は、「語彙的な意味」という言葉を盛んに用いるが、その場合「語彙的な形式」の概念は準備されない。「語彙的な意味」に対応するのは、「文法的形式」である。奥田は、「字びきは語彙の倉庫である」*9 と言っているから、彼は形式を欠いた「語彙の倉庫」を構想していたのであろうか。形式の概念を持たない、内容のみと言う奥田の希薄化された語彙概念は、あらかじめ文法概念に従属しているから、語彙と文法の関係が弁証法的な関係にないことが明らかである。

6. 語彙的なものと文法的なもの

　前節の考察において、鈴木と奥田の単語認識には重要な考え方の相違があることが分かった。それは、「語彙」の考え方の違いに収斂する。単語をとりあえず無前提的に「意味とかたちが統一して存在するもの」と規定した場合、その「意味」の中から文法的意味と語彙的意味が取り出されることは、十分予想される。別々に取り出された「文法的意味」と「語彙的意味」は、当然「文法的形式」と「語彙的形式」を前提するだろう。この理解は、鈴木のものであった。これによれば、先行形態と分離しやすい非活用助辞（いわゆる助詞）の類が文法的意味を持った文法的形式として取り出されるだろう。それと同時に、先の例文で言えば「僕」「手紙」などが語彙的意味を持つ語彙的形式として取り出されるはずである。鈴木の立場による限り、助辞を接しない辞書掲載形のはだか名詞も非活用助辞も弁証法的統一物とし単語の扱いを受けざるを得ない。奥田は、このような事態を回避するために語彙的形式の概念を認めてはならない、と考える。「語彙」は、直接経験されるものではなく、文法的なかたちを通してしか観察されない。

　単語における語彙的なものは、
　　僕は／手紙を／書かなかった。

のそれぞれのように文法的なかたちを通じて意味の世界でのみ経験される。奥田によれば、意味とは語彙的なものであり、形式とは文法的なものである。しかし、奥田は単語を「意味と形式との統一物」という規定を決して許さないだろう。それを許せば、語彙的意味と文法的意味の概念が成立し、「僕は」「手紙を」「書かなかった」などの「単語」が優先的に切り取られる論理性が消滅するのである。断っておくが、筆者は教科研の単語の認定が誤っていると主張するものではない。彼らは単語の定義に成功していないだけである。彼らの単語の切り取り方のかなりの部分は同意可能なものである。ただ、それを一般言語学的に定義することは、困難であると筆者は考えている。「単語は意味を持つ最小の形式である。」という消極的規定で生ずる誤差は、助詞を単語と判断するかどうかに現れる程度であり、記述の精度に影響するほどのものではあるまい。この定義によるとしても「書かなかった」は、古典文法の先入観がなければこれ以上細かく分析することは出来ない。

　筆者は、教科研文法の単語の定義にある「語彙的なもの」が単語の概念をあらかじめ前提する循環論であると述べた。しかし、「意味」ではなく「語彙」という概念前提的術語にあくまで彼らがこだわるのは、「僕は」「手紙を」「書かなかった」のそれぞれが、分析前から単語として取り出されることが決まっていることの反映である。彼らの単語の定義の循環的性格は、取り出すべき単語をあらかじめ決めているという意図的本質の反映である。循環的で曖昧な表現「語彙的なもの」は、彼らの単語が再分析されて形態素に及ぶことのないようにするために構築された不可思議の城壁だったのである。

7. 教科研文法が保有する規範観念について

　教科研文法は、近世以来の伝統的なテニヲハ学と文法学の範型の本質を四段活用論に認めて、これに対する批判を軸にしながらまれに見る反規範主義的文法論を展開した。彼らの姿勢の特徴は、反アカデミズムと在野主義であって、その理論的源泉を当時におけるソ

連の言語学に求めた。彼らの思想的立場にはマルクス主義が存在するものと思われる。私見によればマルクス主義と彼らの単語の定義は、密接に関連すると思われるが、それに関しては改めて次の章で解明する。本節では、彼らが実践した方法論について検討してみたい。

　教科研が国語教育への志向を強く持っていることはよく知られる。彼らの国語教育の目標は、「子どもたちをすぐれた日本語のにない手にそだてあげる（教科研国語部会56年テーゼ）」ことであるという。そこで、「優れた日本語のにない手とは、具体的には、日本語の文章を正確によみかきする人間ということであり、さらに、表現性のゆたかな文章、抽象度の高いきちんとした文章をよみかきする人間ということだ。」とする*10。それでは、「すぐれた日本語」「表現性のゆたかな文」とは何か。鈴木は次のように言う。

　　文学作品の文章は、単に文法的に正しい文で書かれているだけでなく、語い的、文法的な手段が、表現的に、文体論的に駆使されていて、表現性にとんだ文になっている。

（『文法と文法指導』14頁）

　つまり、教科研の国語教育の目標は、書き言葉の習得に重点を置き、それと連動する観察対象は、話し言葉ではなく文学作品に現れる「すぐれた日本語」である。研究対象をあらかじめ美的価値判断によって選別するような姿勢からは、「日本語の事実のなかに弁証法を見いだしていく」ことは困難だろう。四段活用論という古典文法の規範に挑戦した彼らもまた、規範的前提を立てて理論構築を行った。

　当時、もっぱら内省による作例によって研究が行われていた文法学の趨勢に対抗して、用例による実証の大切さを教えたのは彼らの功績である。それでも彼らの論文中に引用される用例の殆どが文学作品であるのは、美的判断によって排他的に選別された用例だけを採集するということであって、これは実証的方法として不自由の観を否定できず、観察対象の拡大に改善の余地があろう。

　さて、前章と本章において、特に教科研の単語の定義に注目し、検討を行った。後の章で述べるように教科研は、マルクス主義の影

響を受けているが、日本語研究の系譜として、彼らは観察対象の本質は何か、研究することの意義はどこにあるのか、研究が社会改善といかに関わるのかという問題を徹底して思索する日本近代の青年知識人特有の教養主義の流れに位置する。単語の定義に対する執着もこのような精神的傾向と合致するものだろう。教科研は、奥田靖雄を指導者として、1950年代に在野の国語教育運動と学校文法批判を主たる動機として立ち上がった。彼らの思想的基盤はマルクス主義であった。マルクス主義は資本主義社会を変革するための思想体系であり、教科研文法派の登場は、日本語研究が社会問題とどうかかわるのかという青年の問いかけが学説として具現したことを意味する。同派の創業者である奥田、鈴木重幸、宮島達夫らの第一世代は、学校文法と文献学的国語史研究に沈潜するアカデミズム主流を激しく批難した。しかしその後、戦後生まれの団塊の世代の同派所属かその影響を受けた研究者は、師の世代が行ったようなイデオロギー批判を前面に押し出すことなくアカデミズム内部で活動し、現在に至っている。

　また、教科研文法は、外国人を対象とする日本語教育において大きな影響力を持っていると言われている。単語の定義に関する共通の関心を結束軸にして日本語をめぐる学術世界に広い人脈を持つという意味で、彼らは山田文法、松下文法を継承する戦後最大の文法学派であることは、否定できない。したがって、彼らの理論の中核にある単語論を検討の俎上に載せることを避けて通ることは出来ない。

　次章では、教科研の単語の定義の思想的淵源を論じることになる。

＊1　鈴木重幸（1978）「四段活用論の成立」松本泰丈編『日本語研究の方法』（むぎ書房）所収
＊2　鈴木重幸「明治以後の四段活用論」松本編注1前掲書所収
＊3　鈴木注2前掲論文
＊4　山田孝雄（1908）『日本文法論』第二章「単語分類の方法」（宝文館、明

治41年)
＊5　奥田靖雄（1978）「単語をめぐって」「語彙的なものと文法的なもの」松本編前掲書所収
＊6　奥田靖雄（1978）「語彙的なものと文法的なもの」松本編注1前掲書所収
＊7　鈴木重幸（1972）『日本語文法形態論』14頁（むぎ書房）
＊8　奥田靖雄（1978）「語彙的なものと文法的なもの」松本編注1前掲書所収
＊9　奥田注8前掲書所収
＊10　「教科研国語部会56年テーゼ」

第12章
近代日本語研究における教養主義

1. 山田孝雄の「文」の定義とドイツ哲学

　日本人の母語に対する知的観察は、院政鎌倉時代における平安王朝文芸の注釈に発した。以後、テニヲハと仮名遣いを両軸にして日本古典の注釈語学として継続し、近世の飛躍的展開を経て、独自の蓄積を実現した。明治期における国語教科書、国語辞書、言語政策のための種々の調査研究は、近世までの国学、漢学、洋学の語学的知識を原資にした。明治前半期の日本語研究は、言語学導入の前に伝統的蓄積によって独自の近代化をある程度実現していた。明治19年の学校令および帝国大学令の発布とともに文科大学の博言学科に英国人教師チェンバレンを招聘して言語学を導入した。チェンバレンに師事した上田万年は、ドイツに留学、比較言語学を学んで帰国し、明治30年、帝国大学文科大学に開設された国語研究室の教授に就任した。以来、近代科学としての「国語学」は、明治前半期までの伝統的学統に加えて言語学の強い影響のもとに発展してきた。折々に紹介される言語学の最新理論は、伝統的研究を批判的に見直す機会を提供した。他方、伝統を継承することを自覚する研究者は、言語学の最新理論に反発を示すこともあった。山田孝雄は、伝統的学統の継承を自覚しながら西洋の文法理論に対して距離を取りつつ、「単語、文（句）」の定義を試みた。

　文書行政を支える辞書制作の目的を伴った大槻文彦の品詞分類の後を承けて、山田孝雄は、単語が話線上に置かれて伝達が成立する具体的条件を探った。そこで山田はことばの現場における情報伝達の「存在」の問題に到達した。すなわち、まとまった内容をもつ文がいかにして成立するのか、語とは何か、文とは何か、という問いである。

筆者が明らかにしたところによれば、従来、山田の文法論における「文」成立の要点である統覚作用は、ヴントの心理学の影響と理解されてきたが、根源的にはドイツの哲学者イマヌエル・カント『純粋理性批判』における「超越論的統覚」に由来する*1。カントは、モノの存在の認識の根拠を追究し、多様な感覚表象を一つにまとめ上げる悟性的働きと言うべき精神作用を統覚と呼んだ。重要であるのは、統覚がモノ自体に由来するものではないという点であって、それは観察主体の経験表象として把握されるものである。なぜなら、カントは人間の諸感覚から独立したモノの存在は、それ自体として認識出来ないと考えたからである。人間は時間と空間によって限定された存在に過ぎないので、モノの存在は人間によって経験的表象としてのみ把握される。そして経験を可能にするものが超越論的統覚なのである。『日本文法論』執筆当時には『純粋理性批判』は邦訳されておらず、山田は、桑木厳翼の『哲学概論』を参照しており、本書によってこの要点を理解したと見られる*2。
　カントの統覚は、モノが存在するという認識が成立する根元は何かという問いに対する解答であるが、山田はここに着想を得て話線上に並ぶ語群がひとまとまりの思想を表現した「文」であるという認識がいかなる根拠によって得られるのかという問題を見いだした。これに対する山田の解答は、話線上に並ぶ単語群がそれぞれ感覚表象に相当し、母語使用者はこれらをひとまとまりの情報として統覚し、「文」たる存在として認識するのである。
　スウィートやハイゼなど英独の文法家によっても文に関する満足な定義を得られなかった山田は、文の存在が客観的には論証できず、文であるか否かの判断が言語共同体の構成員による排他的直観によるしかないことを了解していた。山田は、このような母語話者の特権とも言うべき直観的判断をカントの統覚の概念を借りて表現したのである。文は、母語話者にとって確かに存在するがそれを一般的に論証することができない。この逆説的な言語の真実を、山田は統覚の概念によって表したのである。まことに見事なアナロジーであった。
　元来、多様で離散的な性格を持つ言語の総体を定義することはも

ちろん、音声・文法・語彙それぞれの要素を学理的に規定することは困難を極める。例えば、我々は音素があたかも客観的に実在するかのように考えがちであるが、これは誤解である。経験上「存在」するのは、何らかの意味を伴った音声塊（単語あるいは形態素）であって、音素は共時態において使われる有限の調音的特徴とそれに付随する音響的特徴をローマ字、ギリシャ文字などの音標文字をもとに制作された国際音声字母（IPA）によって仮構的に個体表示されたものに過ぎない。音素なる個体が前提的に存在し、話者がこれらを配列して単語に編成し、さらに単語を配列して文を構成すると考えることは、事態を逆さまに描き出すものである。マルティネ A. Martinét の二重分節 double articulation の理論は、破綻している*3。音韻論 phonology は、原理的には音素論ではなく、弁別素性論によって記述されなければならない。もちろん便宜的、教育的配慮などから音素を仮構すること自体は有効である。この点、経験上存在してよい筈の単語においてさえ、これらが文に参加する条件が言語によって様相が異なっており、一般言語学的にこれの定義に成功した例はない。

　山田と同様に伝統的研究の継承を自覚した時枝誠記と有坂秀世もまた、既存の言語学の理論に飽きたらず、圏外の学問に依拠してそれぞれ「言語」、「音韻」の定義に情熱を傾けた*4。

2. 時枝誠記と有坂秀世を結ぶ現象学の系譜

　言語学の歴史とともに日本語研究の近代化過程において没し得ない出来事は、フェルディナン・ド・ソシュールの出現であろう。我が国におけるソシュールの衝撃は、個別言語を超えた普遍的現象を視野に捉えたという点において明治末期のイギリス音声学の導入に続く一般言語学理論のヨーロッパからの第二の波であった。

　時枝は、自らの理論を立ち上げる際の重要な構成装置としてソシュールのラングの考え方を槍玉に挙げた（『国語学原論』岩波書店 1941年）。時枝のソシュール批判が原書に拠らなかったり、ラングと記号 signe を混同したりするなど、本質的とも言える瑕疵を含ん

でおり、全体として学理性を持たないことは周知の通りである。ただ『一般言語学講義』において心理的実在と位置づけられたラングに対する時枝の批判の構成は、時枝が依拠した現象学の科学方法論批判との関わりから論ずる限りにおいて検討の余地がある。ソシュールのラングに対して時枝は、言語過程観（説）という独自の定義によって応えた。時枝によれば、言語はラングの如き経験に先立って前提された存在ではなく表現過程、理解過程として捉えられる。しかも時枝は、言語の本質を「心的過程」とする。すなわち時枝における言語の過程あるいは行動とは、生理的物理的経験それ自体ではなく、一度心理のふるいに掛けた均質な純粋経験である。時枝の理論を考える際には、この点が重要である。この理論構成は、紛れもない現象学的アプローチだからである。

　　言語の対象に即して、言語の本質を一の心的過程として理解するならば、その過程に参与するものとして、生理的物理的等のものがあるとしても、その過程それ自体としては、他の如何なる過程にも混じない、そして言語を言語たらしめる一様にして純一な対象を見出すことが出来ると思ふのである。

(『国語学原論』86–87頁)

　時枝の言う表現過程、理解過程が言語を行動の側面から理解することから、これをソシュールのパロールと同等のものと見る向きがあるがそれは不正確である。パロールには心的過程としての観点は存在しない。それでは、時枝にとって「心的実在」たるソシュールのラングと「心的過程」たる言語とは、どのように違うのであろうか。時枝によれば、ラング（もっとも時枝は記号signeと混同しているが）は、経験に先立って設定された存在概念であるが故に、学理的に無効であるということである。これもまた、現象学に固有の方法論批判の構成である。時枝は言う。

　　そこで、言語（ラング―釘貫注）が、要素の結合体として、実体化せられる代りに、言語は、人間の心理・生理的過程現象として捉へられることとなる。これが言語過程説（或は観）といはれる所以である。このやうに言語を考へることは、言語を、概念と聴覚映像との結合体であると考へる場合と同じやうに、

言語についての仮説に過ぎないのであるが、しかし、それは、我々の、言語についての具体的な経験に対する省察から設定された仮説であつて、経験の奥に、或は、それ以前にあるものとして予見された、ソシュールのラングの如きものとは性質を異にする。　　　　　　　　　　　　（『現代の国語学』142頁）

　引用の最後で強調するように、時枝は経験以前にあるものとして予見されたラングを批判するのである。経験に先立って世界の存在を予め前提してはならないとする立場を標榜したのが物理学者マッハの経験批判論やフッサールの現象学である。現象学的な立場において、観察者は世界の存在を予見せず、直接経験可能な領域に限定して稠密な分析を加えて行くという手法を重視した。世界は、人間の感覚から独立して存在し、しかも認識可能であるという自然科学に通底する楽観的な立場を取るマルクス主義の唯物論哲学と対照的に、現象学はある意味で20世紀の知識人の慎ましく堅実な営為を支えた。言語を心的過程と捉えて生理的物理的経験を超越した純粋経験としての観察対象を取り出すという作業は、時枝と同世代の古典音声学者有坂秀世の「音韻」の定義も同様である。

　時枝が自らの理論形成に対するフッサールの影響を口頭で語ったのに対して、有坂秀世は、自らの「音韻＝目的観念説」の発想の由来をヴントに求めている。ヴントは先述のように山田も参照した心理学者である。「音韻」を「発音運動の理想、目的観念」と定義づける有坂の理論は、心理主義、メンタリズムの代表として扱われることが一般的であるが、正確には主体的経験主義というべきものであり、話者即ち観察者の発音運動の純化された主体的経験としての音韻を取り出して、その確実性の担保を主体の心理に求めるのである。観察者と一般人の世界認識を同一視し、純化された経験を、もっとも疑えない確実なものとする有坂の観点は、現象学的思索の痕跡が濃厚である。この点において、有坂の理論は、時枝の言語過程説と同じ論理構造を備えており、従来この点が指摘されなかった。事実、時枝は有坂の理論を『国語学原論』（昭和16年1941）の中で高く評価し、共感を表明している。

　時枝は、「音韻を音の一族とする考方」（ジョーンズの音族説）や

「抽象的音声であるとする見方」(神保格説)を「観察的見解」として批判しているが、これは有坂の考え(「音韻に関する卑見」他)を要約したものである。時枝は、有坂の論に対して経験主体を重視する立場において共感している。時枝は、有坂の音韻の定義に現象学の匂いを感じ取ったのである。

3. 教科研文法とマルクス主義

　山田の「文」、時枝の「言語」、有坂の「音韻」に関するそれぞれの思索は、彼らの学理的実践を一貫し、現代の日本語研究に深く影響している。彼らは、ともに西洋の最新の言語学の理論的動向に対してそれぞれの行き方で一定の距離を置いた。彼らは、自らが依拠する個性的な学統を正当化するためにドイツ形而上学によって理論武装した。ドイツ観念論哲学は、明治期から昭和前半期に掛けて高等教育を受けた若者にとって重要な教養源であった。それは、モノが存在するとはどういうことであるのか、モノが存在すると認識することが出来る根拠は何かをドイツ観念論哲学が問うたからである。ドイツ哲学の根源的な問いかけが西洋化を必然的に伴う日本の近代化と伝統的知性との間で葛藤する青年俊秀の知的要求に応えたのである。

　このような青年の要求が第二次世界大戦後の思想の自由化の中で政治的社会的関心に拡大したが、この傾向は1970年代の前半頃まで継続したと考えられる。この頃になると青年の教養の一翼は、マルクス主義によって担われることになる。戦前の知的社会において、マルクス主義は政治運動とそれを支える社会科学の領域に限定的に広がったのみで、当時唯物論哲学はあまり知られていなかった[*5]。マルクス主義哲学の理解には、カント、ヘーゲル G. Hegelと連なるドイツ観念論の知識が力となった。弁証法的唯物論と史的唯物論を両軸とする哲学が戦後にようやく体系的に紹介され、これによってマルクス主義は社会科学と人文科学を覆う知識青年の教養源となった。この趨勢は、わが国の日本語研究にも及ぶことになる。

　共産主義体制の故地ソ連では、マルクス主義の教条を言語学に機

械的に当てはめて連邦内のアカデミーを牛耳っていたマール N. Marr（1864-1934）の理論が1950年にソ連共産党機関誌『プラウダ』（5月9日）紙上でア・チコバーワによって全面的に批判された。一連の批判の中で世界に衝撃を与えたのがスターリン Stalin「言語学におけるマルクス主義について」（1950年6月21日『プラウダ』）である。わが国のマルクス主義者はこれに敏感に反応した。マルクス主義の影響が強いと思われる季刊『理論』（理論社）別冊学習版・第Ⅱ集『言語問題と民族問題』（1952年12月20日発行）がこの問題を特集している。これを「監修」しているのが民主主義科学者協会言語科学部会である。主要な論文と執筆者は以下の通りである。

「言葉の問題についての感想」（石母田正）「飛躍と爆発」（寺沢恒信）「言語と思考と行動」（大久保忠利）「社会主義社会における言語の問題」（大島義夫）「スターリン『言語学におけるマルクス主義について』・解説」（理論編集部）「ソヴェト言語学（村山七郎）「ソヴェト言語学の発展」（大島義夫）「中国言語学界の動向」（松本昭）「日本言語学」（水野清）「現在のニッポンの言語問題」（クロタキ・チカラ）「日本における言語学の展望と反省―主観主義的立場をめぐって―」（奥田靖雄）

上のうち、本章の趣旨と関わって注目されるのが、奥田靖雄の論文である。以下で「教科研」というのは、民間の教育研究団体である「教育科学研究会」の略称でその国語部会が1952年に設立された。奥田は国分一太郎とともにこの部会の指導者であった。教科研国語部会と密接に連携しながら、これを学理の側面から支援するのが「言語学研究会」と称するグループで、奥田の他、鈴木重幸、宮島達夫、上村幸雄、高橋太郎らがいる。筆者が「教科研文法」と呼ぶのは、主としてこのグループの研究成果を指している。松本泰丈編『日本語研究の方法』（むぎ書房1978年）の「はじめに」の部分で松本は、次のように述べている。

言語学研究会は1956年に発足したが、前身は民主主義科学者協会（民科）言語部会である。

この「民主主義科学者協会言語部会」が外ならぬ『理論』別冊学

習版・第Ⅱ集の「監修」団体である。この『理論』別冊における奥田論文は、1「ソシュール学の基礎概念」2「橋本進吉の音韻論」3「時枝言語学」4「反省として」の四部から構成されている。しかしながら、論文の実際の趣旨は、奥田が論文全体の結論で「ソシュール学の基礎概念、その日本語への応用を見た。」と述べているように、ソシュール理論に対する全面的批判にある。奥田は、ソシュールの理論をどのように判定したのか。奥田は、本論文の先の引用部分に継いで次のように言う。

 私たちは、ソシュール学は帝国主義時代の産物であり反動化した資本家階級に奉仕する反国民的言語学であることを知る。
(『理論』127頁)

ソシュール学が「帝国主義時代の産物であり（中略）反国民的言語学である」とはどういう意味であろうか。奥田は、ソシュールが言語活動をラングとパロールに区別したことを「リンゴ学者に向かって、リンゴという実物ではなく、リンゴの表象を研究せよと言えば、笑われるのであるが」（118頁）と批判する。研究対象の譬えにリンゴを持ち出すのは、すべての学知を自然科学に通底、帰着させるマルクス主義者の態度に相応しい。奥田は、ソシュールのラングとパロールの区別を次のように要約する。

 このように（ソシュールの―釘貫注）言語活動を見る仕方は、まず概念と音声をきりはなし、純粋概念、あるいは無言概念が、音声のたすけなくして、個人の頭の中でかたち作られているということを前提にしている。さらに、それは音声を純粋に生理・物理的現象として見ている。
(『同書』118頁)

奥田によれば音声と概念を切り離すソシュールのような考え方は、フンボルト Wilhelm Humbolt を始め、マルクス、エンゲルスのような古典的思想家たちは考えもしなかったという。

 ところが、ソシュールの考えによれば、概念と音声、あるいはその映像とは、言語活動の流れの中で、くっついたり、はなれたりする。ソシュールは、はじめから間違っている。また、出発点において間違っていればこそ、言語の実在を頭の中にもとめる。
(『同書』118頁)

この直後に奥田は、「補註」によって、戦後紹介されたブルームフィールド L. Bloomfield らのアメリカ構造言語学を「俗流唯物論的」と断定し、この言語学が「観念論言語学ソシュール学とことなり、(中略) 植民地におけるコトバを手軽にまとめるということで、アメリカ帝国主義の植民地政策にふさわしい。」(118頁) としている。この奥田の記述で留意されるのは、ソシュールにせよアメリカ構造言語学にせよ、言語学の理論はそれを取り巻く支配的経済思想や政策を反映すると考えている点である。

　奥田は、ソシュールが生理・物理的な諸活動を取り除き、残った心理的部分のうちから話し手の遂行的な部分をさらに除外して「受容的な部分」(聞き手) のみをラングとしたことをこの理論の特徴として注目している。奥田は言う。

> ソシュールによれば、言語が社会的であるのは話しコトバを重ねて聞くうちに一種の平均運動が生じ同一の聴覚映像に同一の概念がむすびつくようになる結果であって、それが言語活動のうちのラングにおいて行われるのである。従って、ラングは**聞きコトバ**であるとも言える。さらにソシュールはこのようなラングの上に腰をすえたとき、はじめて言語学は成立する、と主張する。聞くことに重みをおくということで、ソシュールはヘルマン・パオルのあとつぎである。商品の価値を消費、使用価値にもとめる経済学が金利生活者のものであるとすれば、こうした聞きコトバの言語学が金利生活者の言語学であることは、想像するに困難ではない。この点については、小林英夫の論文**「経済学と言語学」**(**「思想の科学」**第2巻1号) を参考されたい。
> (『同書』120頁)

　ソシュールの理論が「金利生活者の言語学」であるとした奥田の断定は、ソシュールがジュネーブの上流階級の出身であり、国際金融市場におけるスイスの地位を念頭に置いているとすれば単純な嘲りとは言えない。このような認識は、ソシュール学が「帝国主義時代の産物であり、反動化した資本家階級に奉仕する反国民的な言語学である」という結論とも呼応する。ブルームフィールド学派がアメリカ帝国主義の植民地政策の反映であり、ソシュール理論がスイ

スの金利生活者の経済思想の反映であるとすれば、あるべき言語理論は奥田が正しいと確信する経済思想を反映するものでなければなるまい。

　奥田が参照した小林英夫の論文（昭和22年1947、10月発行）は、『一般言語学講義』が経済学を参照する点に着想を得て、ソシュール理論における「価値」概念が、経済学が主張する価値概念に通じるとして、スイスのレオン・ワルラス L. Walrasの一般均衡理論（ローザンヌ学派）の後継者ヴィルフレード・パレート V. Paretoのソシュールへの影響を推測したものである*6。小林論文では言語学に影響を与えた経済理論のうちでマルクスに言及がなく、奥田が小林論文に啓発を受けたとすれば、奥田はマルクス経済学の立場から自らの言語理論を支えようと意欲した筈である。奥田の猛烈な言説をマルクス主義者にありがちなレッテル貼りや政治主義的罵倒とだけ捉えてはならない。言語研究は、奥田にとってマルクス主義的に再構築される必要があったのである。

4. 教科研文法の単語の定義の特徴と由来

　教科研文法学派の理論上の最大の強調点は、単語の定義である。なぜなら彼らにとって単語は、言語の基本的な単位だからである。奥田は言う。

> 言語にとって単語の存在は普遍的なのである。普遍的であるばかりか、言語の基本的な体系と構造とが単語を軸にして展開しているのだから、単語の存在は言語にとって本質的である。
> 　　　　　　　　　　　　（「単語をめぐって」『日本語研究の方法』）

単語は語彙的なものと文法的なものとの統一物であるとすれば、その文法的なものが単語にとって形式としてあらわれる。この種の形式にたいしては、語彙的なものが内容をなしている。
　　　　　　　　　　　　（「言語における形式」『日本語研究の方法』）

> 文法的なかたちづけをうけるのは、単語ではなく、単語の語彙的な内容である。語彙的な内容は文法的にかたちづけられてはじめて単語として文のなかにあらわれる。したがって、単語の

語彙的な内容は文法的なかたちからはなれては、存在しえない
　　のである。　　　　　　　　　　　　　　（「言語における形式」）
　彼らは、単語の定義を言語学の出発点に置いて、すべての記述を
この地点から開始させる。教科研文法の単語の定義は、上に見たよ
うに「語彙的なものと文法的なものとの統一物である」とするもの
である。より詳しく言うと上記の学派の公式の定義に対して奥田は
「単語は、語彙的な意味と文法的な形式との統一物である。」とする
個人的見解を持っていた。これらの定義についてはいくつかの問題
点があり、定義として成功していないことを前の章で明らかにし
た*7。
　奥田が言語理論をマルクス主義とその学理の中で位置づけるべき
であると考えていたことはすでに述べた。奥田によればソシュール
の理論は、聞き手中心のものであって、それは商品の価値を消費す
なわち使用価値に求める金利生活者のものであった。奥田にとって
の商品の価値とは、使用価値だけに求めてはならないものである。
奥田が参照すべきと考える経済学は、マルクス経済学であろう。資
本主義の運動法則を解明することを目的とするマルクス経済学の出
発点は、商品分析にある。マルクスは、資本主義経済の基本的存在
が商品であると考えた。マルクスの主著『資本論』（1867年刊）の
根幹部分を成す『経済学批判』（1859年刊）第1章「商品」は、次
のように始まる。
　　一見したところでは、ブルジョワ的富は一つの巨大な商品の集
　　まりとして現われ、一つ一つのその富の基本的定在として現わ
　　れる。ところがそれぞれの商品は、使用価値と交換価値という
　　二重の観点のもとに自己をあらわしている。
　　　　（杉本俊朗訳『経済学批判』（国民文庫、大月書店1985年）23頁）
マルクスは、続いて使用価値を次のように説明する。
　　商品はまず、イギリスの経済学者の言い方で言うと、「生活に
　　とって必要な、役に立ち、または快適ななんらかの物」であり、
　　人間の欲望の対象であり最も広い意味での生活手段である。使
　　用価値としての商品のこういう定在と、その商品の自然的な、
　　手でつかめるような存在とは一致する。たとえば小麦は、綿花、

ガラス、紙などの使用価値とは区別された一つの特殊な使用価値である。使用価値は使用のための価値を持つだけで、消費の過程でだけ自分を実現する。　　　　　　　　　　　　（『同書』24頁）

　マルクスによれば、商品は使用価値とともに交換価値として自己を表している。そこで、交換価値について、次のように説明される。

　交換価値はまず第一に、使用価値が相互に交換されうる量的関係として現れる。このような関係では、諸使用価値は同一の交換量をなしている。こうしてプロペルティウス詩集一巻と嗅ぎたばこ8オンスとは、たばこと悲歌というまったく違った使用価値であるにもかかわらず、同一の交換価値であることもありうる。交換価値としては、一つの使用価値は、それが適当な量で存在していさえすれば、他の使用価値とちょうど同じ値うちがある。ロンドンの靴墨製造業者たちは、その反対に彼らのたくさんの靴墨缶の交換価値をいくつかの宮殿で表現してきた。だから諸商品は、それらの自然的な存在のしかたとはまったく無関係に、またそれらが使用価値として満足させる欲望の独特の性質にもかかわりなく、一定の量において互いに一致し、交換で互いに置き換わりあい、等価物として通用し、こうしてその雑多な外観にもかかわらず、同じひとつのものをあらわしている。　　　　　　　　　　　　　　　　　　　　（『同書』26頁）

　マルクスによれば、使用価値であれ交換価値であれ、価値を生み出す源泉は労働である。使用価値は、具体的生活手段であるからそれを生み出すのは社会的生活において対象化された具体的労働であるのに対して、交換価値を生み出す労働とは、個性的なそれぞれ異なる労働の性質の違いを捨象して時間によって表現される「抽象的一般的」な労働である。これによって、ビールを作る労働と自転車を作る労働という全く性質の異なった労働の産物同士が市場で等価交換され得る。マルクスは、商品を次のように定義している。

　いままで商品は、二重の観点で、使用価値として、また交換価値として、いつでも一面的に考察された。けれども商品は、商品としては直接に使用価値と交換価値との統一である。

（『同書』43頁）

「商品は使用価値と交換価値との統一物である」というのは、マルクス経済学の基本的認識である。奥田がソシュール学を指して聞き手中心の理論であり、それをあたかも商品の価値を使用価値だけに求める金利生活者の経済学に似た「金利生活者の言語学」であると非難した。その際、奥田の前提に「使用価値と交換価値との統一物としての商品」の概念があった筈である。そうでなければ奥田は、使用価値だけに注目する「金利生活者の経済学」を批判の根拠にして、ソシュール学を「聞きコトバの言語学」すなわち「金利生活者の言語学」であると非難することは出来ない筈である。

　ちなみに奥田の「金利生活者の経済学」とは、マルクスの労働価値説にもとづく商品分析を循環論と批判したボエーム・バベルクB. Bawerkが属したオーストリアの限界効用学派を暗示しているかも知れない。限界効用学説とは、学派の祖カール・メンガーC. Mengerが提唱した価値説で、個人の消費欲（＝購買欲）が最低の限界において起動するところ（すなわち限界効用）において商品の価値が決定されるとする理論である＊8。要するに個人の欲望に起因する使用価値が価格を決定するという学説であるが、メンガーの後継者バベルクは、オーストリア・ハンガリー帝国の大蔵大臣を経て、1904年にウィーン大学の教授に就任した。バベルクがハプスブルグ家に奉仕したのは事実であるが、彼の経済学が金利生活者のためのものであったかどうかは分からない。

　ブルジョワ的富すなわち資本主義経済が巨大な商品の集まりとして現れ、「一つ一つの商品」がそれの「基本的定在」であるとするならば、奥田が言語の「基本的定在」である「単語」をマルクスの商品分析から類推して定義したと筆者は推測する。なぜなら奥田は、自ら進んで経済学から言語学の理論を類推しているからである。

　奥田が単語の規定をいつ頃から具体化し始めたのか。教科研文法の基本的な立場を集成した論文集である既述の松本編『日本語研究の方法』の巻末の解説によれば、奥田の単語に関する考えが最初に表明されたのが「単語について」『新しい教室』（1953年8月号、中教出版）である。この論文は、前述の奥田「日本における言語学の展望と反省」が書かれた翌年に公表された。ここでは、定義こそ

表明されていないが、学校文法の単語の概念を批判しながら、文中のどのような要素が単語として取り出されなければならないかについて明確な方針が表明されている。

 単語は、ことばの基本的な要素である。ことばの他の諸要素（音イオン〈ママ〉とか形態）は、すべて、単語のなかだちをとうして〈ママ〉、とりだされる。すなわち、単語がそこにあるというまえおきにたって、はじめて、かわりかたとかならびかたとかがめのまえにうかびあがる。　　　（『新しい教室』28頁）
 いまの日本語文法は、〈かかない〉という単語をふたつにわけて、〈かか〉を単語としてあつかう。また、〈かこう〉という単語を〈かこ〉と〈う〉とにわけて、それを一人まえの単語にしたてあげる。こうして人工的につくりあげられた単語は、それ自身、どんな意味ももたない。だから、〈かか〉とか〈かこ〉とかいう単語が、〈かく〉という動詞のどんなかたちであるか、たしかめるわけにはいかない。ここから、でたらめな動詞論がうまれてくる。　　　　　　　　　　　　　　　（『同書』31頁）

奥田は、後に教科研文法が括り出した単語をこの時点で把握していたと考えて良いだろう。『日本語研究の方法』は、冒頭の四編が奥田の論文「言語における形式」「単語をめぐって」「語彙的なものと文法的なもの」「語彙的な意味のあり方」である。これらの論文の初出は、それぞれ『教育国語』35（1973年むぎ書房）、『教育国語』36（1974年）、『宮城教育大学国語国文』4（1974年）『教育国語』8（1967年）であるという。

 単語の認識に際して、奥田が影響を受けたと言われるソ連の言語学者ヴィノグラドフ V. Vinogradoff らの考察には、「語彙的なものと文法的なものとの統一物」に類する表現は見出せない*9。よって、これは恐らく奥田らの独自の規定であったと思われる。「語彙的なものと文法的なものとの統一物」という単語の定義は、1970年代の始め頃までに学派の討論によって練り上げられたと推測される。「語彙」が「使用価値」からの、「文法」が「交換価値」からのアナロジーであるとする筆者の推定によれば、次のマルクスの使用価値の定義を奥田の「語彙的な意味」の規定に近似するもの

として読み取ることが出来るだろう。

> ある一つの物の有用性は、その物を使用価値にする。しかし、この有用性は空中に浮いているのではない。この有用性は、商品体の諸属性に制約されているので、商品体なしには存在しない。（中略）使用価値は、ただ使用または消費によってのみ実現される。使用価値は富の社会的形態がどんなものであるかにかかわりなく、富の素材的な内容をなしている。われわれが考察しようとする社会形態にあっては、それが同時に素材的な担い手になっている―交換価値の。

（『資本論』第1篇第1章「商品」）＊10

5．日本語研究における教養主義の系譜

　本章では、近代日本語研究において個性的な業績を挙げた山田孝雄、時枝誠記、有坂秀世、奥田靖雄の諸氏の理論的基盤に注目して、その根幹部分における言語学の圏外からの影響を考察してきた。すなわち山田におけるカントの哲学、時枝と有坂にとってのフッサールの現象学、奥田にとってのマルクスの経済学がそれに相当する。これらはどれも異なった時代背景と思想を持つ学問体系であるが、明治後半期から昭和中期頃までの、わが国における青年学生の教養の根幹を形成した流れに連なっている。それらは、日本の近代化過程における教養主義と言うべき青年の知性を支えた系譜である。教養主義を「歴史、哲学、文学などの人文系の書籍の読書を中心とした人格主義」＊11 と理解するならば、これらの学問は、モノの存在とは何か、モノの存在を認識するとはどういうことであるのか、社会の矛盾をいかに解決し、そのことと研究がどう関わるのかという時々の知識青年の根本的な問いかけによく応えたのであろう。

　山田、時枝、有坂は、押し寄せる西洋言語学の新理論に対抗するために、伝統的研究を継承しようとする自覚を西洋哲学によって正統化した。奥田は、学校文法と文献学的国語史研究に沈潜するアカデミズムに対抗するために国語教育の現場とマルクス主義という在野の知性によって自らを正統化した。師範学校以来の学校教育に対

する帝大系官学アカデミズムの抜きがたい侮蔑意識にひと泡吹かせる不敵な説得力は、単語の存在に対する確信と独自の実証によって担保されていた。

　教養主義の終焉を言われて久しいが、それは1980年代終わりの共産圏崩壊に象徴されるマルクス主義の世界的退潮と軌を一にする。奥田らは、専門知に没入するアカデミズム主流を痛烈に批判したが、教科研学派を学史的に評価するとき、それは教養主義的日本語研究の最後の挑戦であったように思われる。山田孝雄に始まり、時枝誠記、有坂秀世を経て奥田靖雄に至る形而上学的確実性への探求の旅は、ひとまず終わりを告げた。

　マルクス主義の退場とともに近代日本の教養主義が消滅したとすれば、我々は今や教養の支えのない孤独な専門知識の世界を生きていることになる。しかし、ヨーロッパにおける言語学のドイツ的教養主義からの離脱は、比較言語学から一般言語学を抽出したソシュールとゲルマン古音学から現代音声学を立ち上げたスウィートにおいてすでに始まっている。以来、西洋の言語学は、専門知の記述学として起源論や本質論を回避する一方で、異なった立場や解釈に対して専門家らしい寛容さで臨むようになった。このことは、言語学に際だって細密な技術主義的記述をもたらした一方で、得体の知れない空しい印象を一般の人々や他領域の研究者に与える原因ともなっている。このような実態は、大量の研究者を抱えて一大経営体に成長した日本語学を含む現代言語学にとって、回避できない現実となっている。

　本章で注目した学者たちは、結果的にこのような「魂を欠いた」、「空しい」言語学的専門知への滔々とした流れに抵抗したのである。観察対象の学理規定に徹底的に拘泥した彼らの理論活動は、その点において極めて個性的である。

---

*1　釘貫亨（2007）「山田文法における「統覚作用」の概念の由来について」

＊2　桑木厳翼（1900）『哲学概論』（東京専門学校出版部、明治33年刊行）220–221頁
＊3　音素の実在性、仮構性に関する論争についてロマーン・ヤコブソン『音と意味についての六章』Ⅲ「音素の特殊性」（花輪光訳、みすず書房1977刊）に要を得た解説がある。ここでヤコブソンは音素の実在性を認める立場を取る一方で、弁別素性の音素に対する優位性を主張して、事実上、音素解体論への道を拓いている。
＊4　釘貫亨（2008）「日本語研究の近代化過程と西洋哲学」『HERSETEC』VOL.1（名古屋大学グローバルCOEプログラム論文集1、名古屋大学）39–55頁
＊5　釘貫亨（2010）「時枝誠記「言語過程説」と有坂秀世「音韻論」をつなぐ現象学の系譜」田島毓堂編『日本語学最前線』（和泉書院）
＊6　ソシュールの価値論が経済学からの影響であるという推測は、E.F.K. ケルナー『ソシュールの言語論』（1972年、山中桂一訳、大修館書店、1982年）でも行われている。ケルナーはレオン・ワルラスによるソシュールへの影響を推定している。
E.F.K.Koerner（1973）"Ferdinand de Saussure" Fredr. Vieweg. Sohn GmbH. Braaunschweig.
＊7　釘貫亨（1996）「日本文法学における「規範」の問題―学説史的考察―」『名古屋大学文学部研究論集　文学42』
釘貫亨（1997）「「語彙的なもの」と「文法的なもの」について」加藤正信編『日本語の歴史地理構造』（明治書院）
＊8　杉本栄一（1981）『近代経済学の解明（上）』第3章（岩波文庫）
＊9　この点については、安藤智子氏（ロシア語音韻論）のご教示を得た。安藤氏によるとヴィノグラドフは単語を次のように定義しているという。邦訳は安藤氏による。「第一に語（slovo）と呼ばれるのは、句（froza）がそれによって構成され、それに分解されるところの、分離したもしくは分離可能なもっとも小さな要素である。シンタグマティックな観点からすれば、語はそれ自体の実質的意味を喪失せずには、他の語（複数形）に分割もしくは分裂させられえない不可分の全一体である。」（ヴィノグラドフ（1975）§5、p.36）本稿で検討した奥田の1952年の論文について鈴木重幸による検討がある。（鈴木「奥田靖雄の初期の言語学論文をよむ」『ことばの科学11』言語学研究会編、むぎ書房2006年）ここで鈴木は、主として奥田のソシュール批判についてマルクス主義の言語思想にも触れるが学派内部からの注釈であり、単語の定義についての言及はない。
＊10　マルクス＝エンゲルス全集刊行委員会訳（大月書店、1968年）
＊11　竹内洋（2003）『教養主義の没落』（中公新書）86頁
ハンス・ゲオルグ・ガダマー『真理と方法Ⅰ』（轡田ほか訳）

第13章
専門知「国語学」の創業

1. 橋本進吉のフィロロギー批判

　橋本進吉博士著作集第一冊『国語学概論』(岩波書店昭和21年1946刊行)に収録される「国語学概論」には、類書と異なる個性的な記述が認められる。それは、第1章「国語学の概念」における「フィロロギーと国語学」という一節の存在である。フィロロギーPhilologyとは、今日「文献学」と訳される学問領域であるが、橋本はここで原語を音訳して論評を加えている。以下はその全文である。

　　フィロロギーと国語学
　　言語の外に、之と同じく一国民又は一民族の精神的生活の発現として、文学、神話、説話、民謡、信仰、風習、法制などがある。此等のものが集まつて一つの学問の対象をなすといふ見方がある。その学問を独逸ではフィロロギーPhilologyと名づける。之を古典学又は文献学と訳すのが常であるけれども、その資料となるのは、文字に書かれたものばかりでなく、単に口にのみ伝はつてゐる民謡や説話や方言などもあるのである。この学は独逸に於て発達したものであるが、独逸では言語学(各国語学)をPhilologyの一分科として認めてゐる。もし、このPhilologyに相当する日本文献学といふやうなものが成立するとすれば、国語学はその一分科と見得る訳である。然るにこのPhilologyが一つの学として成立し得べきや否やについては学者の間に議論があるのであつて、それは、一国民又は一民族の産んだ文化を一つのものと見、言語文学その他を、その一つの文化の種々相として見ることが出来るかどうかが問題になるのである。その解決は、此等各方面の研究を一つの体系にまとめ

得るや否やに懸つてゐる。実際、独逸に於ける Philology を見ると、各部門につき分業的に諸学者がなしたものを集めたもので、全体が渾然たる一の体系をなしてゐるかどうかは甚疑はしいといはなければならない。 (『国語学概論』7-8頁)

　本書冒頭の「凡例」によれば、この「国語学概論」は「岩波講座日本文学」(岩波書店) の中の一篇 (上下二冊) として、1932 (昭和7) 年10月と翌年1月に刊行されたものをもとに、橋本が自ら書入れを施した校訂本を底本としたという。この文章を昭和7年刊行本と照合したところ相違は存在しない。後述の同書からの引用 (第3節「国学と国語学」) も同様である。

　さて、上の記述によれば、橋本はドイツにおける Philology に相当する日本文献学の中に国語学を含めることに懐疑的な見解を表明している。橋本によれば Philology が文学、神話、言語を始めとする国民の精神と文化を統合する学問として考えられているが、現実には一つの体系としてまとまらず分業的なものの集まりに過ぎないという。橋本は、日本文献学の中に国語学を包摂することに反対している。国語学の概説書における他書に例を見ない Philology 批判は、唐突な印象さえ受ける。何故なら橋本は、前人が到達しなかった厳密な文献学的手法によって音韻史研究を立ち上げた人物として定評を得ているからである。橋本の Philology 批判の真意は、どこに存するのであろうか。

　ドイツ文献学を模範にして日本文献学を標榜した人物として芳賀矢一の名が知られる。芳賀は、1900 (明治33) 年にベルリン大学に留学し、科学的な Philology を修得して以来、近代的学術としての国文学を立ち上げたとされている[*1]。小西甚一によれば、ドイツ文献学には背反する二つの特色が共存していた[*2]。それは、ドイツ民族の優秀性に期待するロマン主義的な民族意識と科学的合理的な文献考証である。芳賀は、ドイツで学んだ民族主義と堅実な文献考証の共存の実例を日本近世の国学に見いだした。芳賀は、文献学が言語と文学を土台とした民族と文化の精神発達を考究する古学に相当し、日本においては近世の国学がそれに当るとしたのである[*3]。

余が、こゝに所謂「日本文献学」とは、Japanische Philologie の意味で、即ち国学のことである。国学者が、従来やつて来た事業は、即ち文献学者の事業に外ならない。唯その方法に於いて改善すべきものがあり、その性質に於いて拡張すべきものがある。

橋本は、「国語学概論」で「フィロロギー」に関する参考文献として芳賀が影響を受けた A. Boeckh: Encyclopaedie und Methodologie der Philologischen Wissenschaft（1886）と K. Elze: Grundriss der englischen Philologie（1889）を挙げ、「国学」に関する参考文献に芳賀矢一『日本文献学』、村岡典嗣『本居宣長』、久松潜一『契沖学』を挙げている。よって橋本の Philology 批判は、芳賀の日本文献学を射程に入れたものであることが知られる。橋本は、芳賀が日本におけるフィロロギーと認めた国学に対して如何に対峙したのか、それを次節で検討したい。

2. 上代特殊仮名遣いの再発見と橋本の石塚龍麿批判

橋本は、フィロロギーと日本文献学を批判した。それでは橋本が文献学の外側にいた人物なのかと言えばそうではない。橋本の業績の中で代表的なものと評価されるのは、上代特殊仮名遣いの発見と上代語母音の再建であるが、これは橋本が文献学的方法によって見出した歴史的事実である。しかし、橋本は当初から音韻史の研究を目指したのではなかった。大野晋によれば、橋本は文科大学の卒業論文で係り結びを取り上げた。大学院進学後、橋本は文部省国語調査委員会の委嘱を受けて文章法の発達過程を研究しようとしていた*4。橋本は、上代特殊仮名遣いにかかる現象をその過程で見いだした。大野が引用する橋本の文章（「大正4, 5年頃の執筆とおぼしい仮名遣研究史の一部（未定稿）」）によると、その発見の端緒は「明治42年頃」であった。大野の引用の冒頭に言う。

　（前略）自分が去明治四十二年二月中、国語調査委員会の嘱をうけて我が国、文章法の発達について研究中、万葉集巻十四東歌の中に辞「が」にあたるべき所に、「家」の字を書いたもの

が（以下省略、傍線釘貫）
（大野晋「解説」中引用橋本著作集第三冊『文字及び仮名遣いの研究』298頁）
　1912（明治45）年『校本万葉集』の編修が佐佐木信綱のイニシアチブにより文部省の事業として承認され、佐佐木は橋本に事業への参加を求めた。編者は、佐佐木のほか橋本進吉、千田憲、武田祐吉、久松潜一の5名である。その編修経緯について、大野は言う。
　　佐佐木博士の相談を受けられた橋本博士は「自分は万葉集を専門に研究するものではないが、<u>自分の古代の仮名の研究</u>の為に協力する」旨を、容をあたらめて明言せられたといふ事である。
　　佐佐木信綱博士直話（傍線釘貫）　　　　　（『同書』302頁）
これによれば、橋本は自分の専門領域を明治42年における「我が国、文章法の発達」から明治45年までの間に「古代の仮名の研究」へと転換した。橋本の回想によると、上代仮名の未知の二類の使い分けを「明治42年頃」の作業過程で発見した。それは、石塚龍麿『仮字遣奥山路』（1798（寛政10）年以前成立）の既に成る業績の再発見であった。
　　さうしてこの我が発見は実に二重の意味に於ける発見であつた。一はこの特殊の仮名遣の再発見であり、一は石塚龍麿のかくれたる仮名遣研究の発見である。もし自分でこの仮名の使ひ分けを発見しなかつたならば、奥山路の真面目を解し、その真価を認むることが出来なかつたであらう。さうして又わが独立になした調査があつたからこそこの古人の研究の長短得失瞭然たるを得たのである。　　　　　　　　　（『同書』300頁大野引用）
橋本は、上代仮名に存する「特殊の仮名遣」の再発見によって、専攻を「古代の仮名の研究」に定めた。大野は、「校本万葉集の編修、仮名遣史の研究に導かれて橋本博士は江戸、元禄時代の碩学、契沖の研究へとむかはれた。」（『前掲書』304頁）と書いている。これが橋本の上代特殊仮名遣再発見の最初の報告「国語仮名遣研究史上の一発見―石塚龍麿の仮名遣奥山路について―」（『帝国文学』第23巻11月号（1917（大正6）年）に結実する。この報告は、橋本の『校本万葉集』編修参加と関わっていた。芳賀は、上田万年とともにこの編修事業を最初から支援した[*5]。『校本万葉集』編

修は、わが国の近代的文献学を確立する実践であり、橋本はその只中にいたのである。

　橋本は、近世における仮名遣い研究史上もっとも著しいものとして、契沖『和字正濫鈔』、奥村栄実『古言衣延弁』（1829（文政12）年成立）、石塚龍麿『仮名遣奥山路』の三つを挙げる。橋本は、龍麿『奥山路』が本居宣長『古事記伝』（1798（寛政10）年成立）の説に基づいたものであり、宣長の観察が『古事記』に限られたのに対して、龍麿は広く奈良朝文献に考察を及ぼして宣長も及ばなかった新事実に到達したと言う。すなわち、今日同音に帰している「え」「き」「け」「こ」「そ」「と」「の」「ひ」「へ」「み」「め」「よ」「ろ」の十三種の万葉仮名に各々二類の対立関係があるという事実の発見であるが、橋本は自らの発見と宣長、龍麿との間に隔たりが存在することを強調している。橋本は、上代文献に見いだされる特殊な仮名遣いには、例外的な違例が存するが、龍麿がこの違例の処置において精密さを欠いたと言う。

　　此等の正しくない例を如何に説明すべきかについては、龍麿は一言も述べて居ないのである。或いは数百の例の中、数個の例外があつても、意に介するに足りないと考へて居たのかもしれないが、これを古代の文献に於ける仮名の用法の問題として、当時の音韻組織にまでも関係させて考へようとすれば、一つの例外でも忽緒に付することは出来ないのである。龍麿の研究は、この点に於いて、徹底しないところがあると云はなければならない。　　　　　　　　　　　（橋本「国語仮名遣研究史上の一発見」）

　上の記述で橋本は、龍麿が音韻組織に関連させて考えなかったが故に違例の処理に厳密を欠いたと受け取れるように書いているが、実際は龍麿が文献学的厳密さに達しなかったが故に音韻の差異の問題に届かなかったことを主張している。龍麿の研究の不徹底の原因を、橋本は次の三点に求めている。

　　其の研究の不完全であつた第一の点は、資料とした諸書の校合が不十分であつた事であつて、其の為転写の誤に心づかず多くの例外を出したのである。例へば「咲ける」「長けむ」の「け」には祁家の類の仮名を用ゐて気の類を用ゐない例であるが、万

葉集巻十七の三十四丁には「佐気流さかり」とあり、同四十二丁には「けの奈我気牟」とあつて、何れも他の例に合はない。然るに、元暦本や西本願寺旧蔵本、大矢本などによれば、「佐家流」「奈我家牟」とあつて例外とはならない。又「夜」及び「いさよふ」（猶予）の「よ」には欲の類を仮名に用ゐて与の類を用ゐない例であるのに、万葉集巻七の三丁には「不知与歴月」並に「与ぞくだけちる」とあつて共に此の書に不正としてあるが、古活字本及び大矢本によれば「不知夜歴」「夜ぞ」とあつて共に例に合ふのである。
（橋本「前掲論文」）

　橋本は、龍麿の文法的知識の未熟を指摘する。

　此の書の研究の不完全であつた第二の点は文法上の考が十分明らかでなかつた為分かつべきものを混同した事であつて、其れが為正しいものを正しくないとした所が少くない。例へば、万葉集巻十九、三十五丁の「いは敝わがせこ」同三十六丁の「しぬ敝」などを不正としてあるが、自分の研究によれば、同じ波行四段活用の語尾「へ」でも已然形と命令形とは其の仮名を異にし、已然形には閇の類を用ゐ命令には敝の類を用ゐるのであるから、以上の諸例は何れも正しいのである。然るに此の書には、之を「たゝか閇ば」「みちと閇ど」など已然形の例と混同した為、例に合はないことゝなつたのである。
（橋本「前掲論文」）

橋本によれば、龍麿が犯した「最も悲しむべき」誤りは万葉集中の東国語を例証とした点にあるという。

　自分の研究によれば、十三音の仮名遣いが行はれて居たのは、我が国の中央部であつて、恐らくそれ以西の諸地方にも及んで居たであらうが、東国には及ばなかつたのである。万葉集巻十四の東歌、殊に巻廿なる防人歌に此の仮名遣の乱れたものが甚だ多いのは此の為である。然るに此等の歌を採つて例証としたのは誠に大なる欠点であつて、東国語を除き去れば此の書に挙げた例外は著しく其の数を減ずるのである。
（橋本「前掲論文」）

　さらに橋本は、龍麿が上代の特殊の仮名遣いの違例を網羅しなか

ったことによる追試不可能性を嘆き、本書の研究の前近代性を批難する。

> 殊に、我々が、最遺憾に感ずるのは、例外を尽く挙げなかった事であつて、其れが為、此の書の欠を補ひ誤りを訂さうとするには、此の書の著者と同じ径路を踏んで再根本的に調査しなければならないのであつて後の研究者に不便を与へる事甚しいといはなければならない。　　　　　　　　　（橋本「前掲論文」）

次いで、橋本は本書の評価に関する本質的な問題であるところの、龍麿が上代の特殊な仮名用法が音声の区別を反映するものと認識していたかどうかに言及する。橋本が拠った写本『奥山路』「総論」に次の記述がある。

> 上つ代にはその音同じきも言によりて用ふる仮字定まりていと厳然になむありつるを（中略）しか定まれるはいかなるゆゑともしらねども

これによれば、橋本は龍麿が明瞭な観念を持たなかったように見えるとしながら、草鹿砥宣孝『古言別音鈔』が引用する『奥山路』の、音の相違に言及した次の記述に注目する。

> 今の世にては音同じきも古言には音異るところ有りて古書には用ひし仮字に差別ありていと厳になん有りけるを

橋本は、これが「古言別音鈔所引のものが後になつて得た説ではあるまいか」と推定する。橋本は、龍麿が万葉集諸本の校合に徹底を欠き、よって特殊の仮名遣いの本質にある音の相違の根本的認識に至らなかったこと、四段活用の已然形と命令形語尾の仮名種の違いに気づかない文法的知識の未熟を露呈したこと、特殊仮名遣いが見いだされない東国語を証拠にして例外の数を大幅に増やす結果を招いたことを批判する。

しかし、万葉集諸本の校合など江戸時代当時の学術環境では望むべくもなく、特殊仮名遣いと東国語との関係も中央語における事実確認の結果、後に付随して認識されたのであるから、「最も悲しむべき誤り」とまでは言えず学説生成過程の不可避的段階にすぎない。

このように橋本の龍麿批判は、後知恵から先行業績を裁断する傾きがあり、学説史的検討と言えるものではない。

以上のように、橋本が龍麿に対峙した観点とは、厳格な文献処理と言語学の知識であるが、橋本にとって百数十年前に同じ事実に到達していた龍麿と自らの業績の違いを際立たせるには、この点を強調することが必要であったのだろう。

3. 橋本の国学批判とフィロロギー批判をつなぐもの

　橋本は『校本万葉集』編修事業に参加することによって文献学的実践に通達し、上代特殊仮名遣いを発見した。しかし、同様の事実が本居宣長、石塚龍麿によって指摘されていることを知り、橋本は彼らとの認識の違いを強調する必要があった。そのためには、宣長、龍麿らが特殊仮名遣いの背後にある音声の差異に関する認識が無かったことを主張することが肝要であった。橋本は、龍麿が諸本校合の方法を知らず、東国語に論証を求めたために例外を大幅に増やす誤りを犯した、とした。橋本によれば、宣長、龍麿の文献考証は技術的精度において劣っており、追試の機会を与えない方法は前近代的である。しかし一方で橋本は、近代科学であるはずのフィロロギーに対して冷淡な反応を示している。それは何故であろうか。

　明治から大正時代にかけてフィロロギーは、どのような学問として見られていたのであろうか。フィロロギーは、民族精神の生み出したものを再現する学術であるが故に、文学、言語学、歴史学、哲学などのほかに考古学、宗教学などをも包摂した。ドイツ Philology の紹介者である芳賀矢一が留学先の経験からこれを「文献学」と訳し、自ら「日本文献学」の立役者を以て任じた。芳賀がドイツで学んだ19世紀後半の Philology は、ゲルマン民族主義を核とするロマン主義に加えて、文献考証に基づく精密な実証主義を特徴とした。芳賀は、ドイツ Philology の日本における実例を近世の国学に見いだした*6。

　近世国学は、文献考証と民族主義的性格を兼ね備えていたので、芳賀はこの点にドイツ文献学との共通性を認めた。明治45年に佐佐木信綱から『校本万葉集』編修への参加を求められた橋本は、既に上代特殊仮名遣いの根幹的事実を把握していた。このとき橋本は

当初の専攻である古代語の文章法から古代の仮名の研究へと変更していた。『校本万葉集』編修事業への参加は、橋本の文献処理技術に磨きを掛けたであろう。

橋本の国学批判は、龍麿の文献学的技術水準の未熟を衝くものである。橋本は、龍麿が文献処理の技術的未熟の故に、上代の仮名用法を音声、音韻の問題として把握出来なかったとした。この国学批判の論構成は、門弟の亀井孝が記した橋本への抒情的な追悼文においても踏襲されている*7。

> そもそも、従来の国学の伝統のながれをくむ国語学には、真に音韻の研究とみなしうべきものに、はなはだとぼしかつた。それは、音韻そのものを、研究の対象として、自覚すること、つまり、音韻論といふ分野の存在に対する認識にかけてゐたからである。かゝる情勢に対する博士の研究の意義だけは、うへにも一言したところであるが、こゝに、もつと注意すべきは、その音韻研究をうんだもの、それこそ、博士自身によるかゝる状況の自覚的判断にほかならなかつたと、おもはれる点である。博士のばあひにおいてもまた、最初の国語学へのたびだちは、文法現象への関心からであつた。

ここで亀井の言う「音韻論」とは、音声の学理的把握という程の意味であろう。亀井が橋本の「自覚的判断」を推測したように橋本にとって自らの「再発見」を国学者の業績から区別するために、国学における音韻研究の不在という批判は、大正6年当時における譲れない一線であった。しかしその後、昭和12年に内務省から依頼された講演「古代国語の音韻に就いて」では、宣長ら国学者が仮名遣いを音声の問題として把握していたという認識を表明している。以下の引用は、昭和17年刊行『古代国語の音韻に就いて』（明世堂）からのものである。

> 我々は、「か」と「き」とを書き違へることはない。発音が違つて居るから我々は聞き分けることが出来るからであります。それと同じやうに「い」と「ゐ」、「お」と「を」は発音が違つて居つたとすれば、之を違つた仮名で書き、決して混同する事がなかつたのは当り前のことであります。其の事は賀茂真淵の

弟子の加藤美樹の説として「古言梯」の初めに出て居ります。又本居宣長翁も矢張「古事記伝」の初めの総論に「仮字の事」といふ条に、明に音の区別であつたといつてゐるのであります。それから、冨士谷成章も矢張さう考へて居つたのでありまして、本居宣長の時代になりますと、古代には、後に至つて失はれた発音の区別があつたのであつて、仮名の使ひ分けは此の発音の区別に依るものであるといふことが、立派に判つて来たのであります。さうして本居宣長翁は、其の実際の音を推定して「を」は「ウオ」（ローマ字で書けば wo）であり、「お」は純粋の母音の「オ」（即ち o）であると言つて居られます。是は正しい考だと思ひます。ワ行の「ゐ」「ゑ」「を」は、「ウイ」「ウエ」「ウオ」（wi, we, wo）であつたと考へられるのであり、それに対して、ア行の「い」「え」「お」は、イ、エ、オ（単純な母音）であつたのです。　（『古代国語の音韻に就いて』31–32頁）

龍麿が見出した十三の仮名に於ける二類の区別は、万葉仮名だけに於ける区別であつて、之を普通の仮名で代表させ、仮名の違ひによつて示すことは出来ないので、その点で少し様子が違つてゐるのであります。違ひは唯それだけであります。平仮名片仮名に於ける区別が万葉仮名に於ける区別と合はないといふだけの事で、我々が同音に発音してゐる仮名を昔の人が区別して用ゐてゐるといふ事を明にした事は龍麿も契沖と同じであります。同音の仮名の使ひ分けといふ事が仮名遣の問題であるとするならば、契沖と同じく、龍麿の研究も仮名遣の研究であるといつてよい訳であります。龍麿がその著に「仮名遣奥山路」と名を付けたのは、之を仮名遣の問題として考へたものと思はれますが、是は正しいと言つてよいと思ひます。（『同書』65頁）

　ここで橋本は、宣長がア行仮名イ、エ、オが単純母音、ワ行仮名「ゐ」「ゑ」「を」が（wi, we, wo）と推定していたと述べている点が注目される。これは、『字音仮字用格』「喉音三行弁」「おを所属弁」に一致する見解であり、この結論を宣長がどこから得たのかを橋本が説明していないのは惜しまれるが、これに関する示唆を与える文献が後年発見された。それは、「上世の仮名遣に関する研究序

論」と題される橋本の草稿で著作集第九・十冊『国語学史・国語特質論』（岩波書店 1983）に収められている。大野晋の解説によればこれは、「大正二、三年頃」の執筆と推定されるもので、大野が昭和 20 年の東京空襲による橋本宅の焼け跡から救出し、福島県に疎開させたものであり、長らく公表されず曲折を経て『著作集』第九・十冊の刊行（1983 年）とともに日の目を見たものである。実は、これが前節で大野が紹介した橋本の「未定稿」であって、「解説」によればこれの刊行が原因不明の事情によって「十数年」遅れたという。この「研究序論」において橋本は、『字音仮字用格』「総論」と『古事記伝』巻一を引用して上代の仮名の使い分けが音の別によるものであること、「おを所属弁」が「実に我国古代の音韻研究上の一発見といふべきである。」として宣長の業績を顕揚している（『国語学史・国語特質論』290–293 頁）。このことに関して安田尚道氏よりお教えを受けた。さらに橋本は、同じ草稿で『古言衣延弁』の古代語音声における「夜行エ」の発見を評して「これ実に、古代の音韻組織に関する新説であつて、我国音韻研究史上に特筆すべきものである。」と最大級の賛辞を贈っている（『同書』312 頁）。

　第 2 節で述べたように、橋本は後に発表した大正 6 年『帝国文学』所収の「国語仮名遣研究史上の一発見」において近世の仮名遣い研究史上、業績の最も著しいものとして契沖、栄実、そして龍麿の三者を挙げた。しかしながら宣長について、龍麿の先駆者とはするが特殊仮名遣いに関連して『古事記伝』を挙げるのみで『字音仮字用格』を没却している。その結果、この橋本論文において仮名遣いと古代音声との密接な関係への言及が著しく曖昧になり、音声の問題が後景に退いてしまった。何故なら、仮名遣いと音声の問題を最も体系的に論じたのは『古事記伝』ではなく『字音仮字用格』だからである。橋本はこのことを知っていたが、大正 6 年の論文でこれを伏せる処置を施したのである。推測するに、橋本が自らの上代特殊仮名遣いの再発見と宣長、龍麿らの発見とを最も鮮やかに際立たせた点が、国学者が仮名遣いと古代音声との関係を知らなかったと強調することであったから、『字音仮字用格』の古代音声学の存在は橋本にとって不都合であった。

近年まで、場合によっては今でも、近世の仮名遣いが論じられるとき、専ら書記規範に特化して説明される。近世の「歴史的仮名遣い」は書記規範の復元に重きを置き、歴史的音声の問題は明治以後言語学の導入によって始めて認識されたのであるとするのが概論諸書の常套的記述である。
　そのような共通認識は、さかのぼれば大正6年の橋本論文によって仮名遣い論史の記述から『字音仮字用格』が締め出された結果齎されたのである。近現代における仮名遣いに関する論説に及ぼす橋本の権威は、そのような認識を形成させるだけの影響力を持っていた。
　筆者が明らかにしたところによれば『字音仮字用格』「喉音三行弁」「おを所属弁」は、『和字正濫鈔』以来の近世仮名遣い論の最高の到達であるが、学界全体では『字音仮字用格』に関する仮名遣い研究史上の評価が定まっていない。
　橋本の上述の処置は、後学の認識を著しく曇らせる結果を招いた。大正6年の橋本論文の読者は、本居派の仮名遣い認識が古代音声への洞察を欠いていた、とする見解に無理なく導かれてゆくのである。
　すなわち、「①龍麿の業績は宣長『古事記伝』の後継研究であり、仮名遣いと音声との関わりの認識が曖昧である。②それは、本居派（国学）が仮名遣いと古代音声への本質的洞察を欠いていたからである。」との見解である。
　例えば、先に引用した亀井孝の「従来の国学の流れをくむ国語学には、真に音韻の研究とみなすべきものに、はなはだとぼしかった。」の評価などはその典型で、大正6年以後の、公表された橋本の見解を無批判に踏襲したものである。後学は橋本の未公表の草稿を目にすることが出来なかったかも知れないが、『字音仮字用格』や『古言衣延弁』には目を通すことが出来たはずである。
　このようにして橋本は、屈折した操作を交えながら文献学の技術と言語学の知識によって国学の「弱点」を克服し、上代特殊仮名遣いと古代音声の関係を発見したとして自らの立場を正当化した。橋本の門弟を中心とする後学もまた彼の国学批判の物語を敷衍した。
　芳賀が構想する日本文献学は、国学を取り込むことを以てその特

色とする。橋本は、精密を旨とする近代の文献学的方法と国学の文献考証を同一視する日本文献学の構想を受け入れることが出来なかったのであろう。筆者は、橋本『国語学概論』における「フィロロギーと国語学」に続く次の記述に注目する。

　国学と国語学
　我国で江戸時代に興った国学は、古典の研究に基づいて、外来の要素の混じない純粋の日本国民の精神や生活を明らかにするのを目的としたもので、その方法及び範囲に於いて独逸のPhilologieと一致するところが多いからして、之を日本の文献学と見るものもあるが、国学に於いては、古典解釈の基礎として古語の研究を重んじ、各方面の研究が進むと共に、古語研究を国学の一部門と認めるに至つたが、その国語研究は、成果に於いては称讃すべきものが少なくないに拘らず、その理念に於いては実用的語学の域を出なかつたもので、今日の国語学とは性質を異にするものである。それ故、今日の国語学を以て、国学の一部門とするのは不当である。実際、国語や国文学其他が、日本精神や国民性の研究に用立つ事は疑無い。しかし、それは、之に資料を供するといふだけである。同じ国語を取扱つても、国語学は之とは違つた目的をもつた別種の学問である。

（『国語学概論』8頁）

　橋本は、上代特殊仮名遣いの発見が国学の業績の単純な再発見ではなく、精密な方法論と音声に対する認識において「別種の学問」の別個の発見であることを強調した。龍麿の業績に対する過小評価は、この過剰な強調の結果である*8。本居宣長『古事記伝』一之巻「仮字の事」において我々は、仮名遣いの由来と歴史に関する彼の見解を見ることが出来る。宣長は、ここで明確に仮名遣いを音声の問題として認識している。

　仮字用格のこと、大かた天暦のころより以往の書どもは、みな正しくして、伊韋延恵於哀の音又下に連れる、波比布閇本と、阿伊宇延於和韋宇忠延哀とのたぐひ、みだれ誤りたること一ッもなし、其はみな恒に口にいふ語の音に、差別ありけるから、物に書にも、おのづからその仮字の差別は有ﾘけるなり、〔然る

第13章　専門知「国語学」の創業　　245

を、語の音には、古へも差別なかりしをただ仮字のうへにて、書分たるのみなりと思ふは、いみじきひがことなり、もし語の音に差別なくば、何によりてかは、仮字を書キ分クることのあらむ、そのかみ此ノ書と彼ノ書と、仮字のたがへることなくして、みなおのづからに同じきを以ても、語ノ音にもとより差別ありしことを知ルべし、かくて中昔より、やうやくに右の音どもおのおの乱れて、一ッになれるから、物に書クにも、その別なくなりて、一ッ音に、二ツともの仮字ありて、其は、無用なる如くになむなれりけるを、其ノ後に京極ノ中納言定家ノ卿、の仮字づかひを定めらる、これより世にかなづかひといふこと始マりき、然れども、当時既く人の語ノ音別らず、又古書にも依らずて、心もて定められつる故に、その仮字づかひは、古への定まりとは、いたく異なり、然るを其後の歌人の思へらくは、古へは仮字の差別なかりしを、ただ彼ノ卿なむ、始めて定め給へると思ふめり、又近き世に至りては、ただ音の軽キ重キを以て弁ふべし、といふ説などもあれど、みな古へを知らぬ妄言なり、こゝに難波に契沖といひし僧ぞ、古書をよく考へて、古への仮字づかひの、正しかりしことをば、始めて見得たりし、凡て古学の道は、此ノ僧よりぞ、かつがつも開け初ける、

　宣長は、『古事記伝』およびそれと同時期に執筆した『字音仮字用格』において、仮名遣いを古代音声の問題として捉えた。仮名遣いは、本質的に古代音声の問題である、これは宣長にとって決定的な確認事項であった*9。龍麿が宣長の特殊の仮名用法の観察を継承するに際して『仮字遣奥山路』の書名にあるように「仮名遣」問題として捉えたことを橋本は、『古代国語の音韻に就いて』（昭和17年）で「正しい」と評価した。これは、龍麿の古代音声に関する認識に疑いを表明した大正6年当時の見解からの進展と一応評価できるものであるが、実際は大正初年の段階で橋本が到達していた未公表の「上世の仮名遣に関する研究序論」の立場を専門外の神職に向かって目立たぬように告白したに過ぎない。

4. 専門知「国語学」の創業

　今日の日本語研究は、鎌倉時代以来の伝統的蓄積に加えて言語学の方法が合流して成立している。ために、とりわけ伝統の継承を自覚する研究者は、観察対象の本質規定に拘泥してきた。押し寄せる言語学の最新潮流に対して彼らが葛藤と緊張感を以て接したからであろう。山田孝雄の「文（句）」、時枝誠記の「言語」、有坂秀世の「音韻」、奥田靖雄の「単語」などは、それぞれの定義において異彩を放っている*10。彼らの業績は、日本語学に印象的な個性を与えている。彼らは、研究対象の本質規定に際して既存の言語学に飽きたらず、ヴントの心理学、カントの哲学、フッサールの現象学、マルクス経済学を参照した。彼らが恃んだ圏外の分野は、その折々の多くの青年学徒の心を捉えた教養の中核をなしていた。彼らは、観察対象の本質規定と研究することの意義をつかみ取ろうと試みた。このような姿勢は、教養主義と呼ばれる精神的傾向の典型的特徴である。

　これに対して、しばしば水掛け論に陥りがちな本質規定から一歩退いて、現象面に考察を絞って、精密さを目指した分析的記述を追究しようとする潮流が存在する。現代言語学においては、むしろこの方面が主流を構成していると言える。

　ドイツが牽引した比較言語学は、19世紀前半の興隆期において濃厚にロマン主義的な精神性を備えていた*11。言語の起源や文の定義さらに民族精神との関連が情熱的に論じられもした。しかし、言語の起源論、文や単語の本質規定には今のところ誰も成功しておらず、これらは現代言語学では必ずしも重要な課題となっていない。現代言語学は、文や単語の存否そのものを問わずこれを公理的前提として記述を前進させる方向で展開している。

　初期言語学のロマン主義的要素を除いたのが音声学の祖英国人スウィートと、記号の恣意性原理によって一般言語学理論を立ち上げたスイス人ソシュールである。彼らは19世紀後半以後に活躍した。スウィートは、ドイツ歴史音声学に学びながら音声学の確立過程において民族主義と濃密に結びついた歴史主義的要素を除外した。ソ

シュールは、比較言語学者として立ちながら記号の恣意性という冷徹な原理を前面に出して、言語学の研究領域を飛躍的に拡大した。1865年に設立されたパリ言語学会が会則の第2条で言語起源論と普遍言語の創造に関する論文は受け付けないことを宣言したことは、言語学のロマン主義的傾向からの離脱的趨勢を象徴する*12。ソシュールがパリ言語学会に入会するのはその数年後のことであると言われる。

　筆者は、日本語研究の分野でスウィートやソシュールと同様の貢献をした人物として橋本進吉に注目する。橋本に親炙した金田一春彦が橋本の学風とその後進への影響を的確に評価している。

　　今、国語学は、日本の文化諸科学のうちで、相当進んだ線を行っている。それは、九学会連合の学会別の発表スピーチを聞いていてもはっきりわかる。その原因はどこにあるか。研究の範囲が限定されていること、それもあるが、学問の基礎の部分が単純な単位から出来ている構造体であること、そのために、研究の性質が前の学者の仕事がしっかりしていれば、それをもとに次々の学者が着実に積み重ねて行けることが大きい。この意味で、こういう学問の体系を作り出した学者として、国語学における橋本進吉博士の存在はきわめて重要である。
　　　　　　　　　　　　（「日本語学者列伝　橋本進吉伝（一）」
　　　　　　　　　　　　　『日本語学』1983年2月号（明治書院））

その論考は従来の説を逐一吟味し、次に証拠をあげて自説を提出しようという方法で、その場合、感情に淫せず、しっかりした証拠だけを淡々とした態度であげてゆき、断定すべかざるものはしいて深追いしないという、まことに模範的な論証の仕方であった。これはのちに博士の書かれるものに広く見られる特色で、多くの後進が慕って模倣しようとしたものだった。
　　　　　　　　　（「前掲論文（二）」『日本語学』1983年3月号）

　山田、時枝、有坂らが観察対象の本質論を発信したのに対して、橋本は、従来の誰もが行ったことのない精密な方法論を発信した。それが目覚ましい実践であったことは、複数の門弟の証言によって知ることが出来る。橋本は、ロマン主義的傾向を濃厚にもつ日本文

献学から距離を置き、近代文献学の持つ精密科学の技術的側面を選択的に継承した。上代特殊仮名遣いの発見と古代語母音の推定は、橋本に自らの厳密な方法の正当性を確信させたであろう。有効な方法論の提案は、訓練によって研究水準を目に見える形で引き上げることを可能にする。橋本が厳格な教育者であったことは、このことを橋本自身が自覚していたことを証明する。ここに、金田一ら門弟が橋本の学問に瞠目する原因があった。

　官学アカデミズムの成立に注目する立場からは、文科大学国語研究室の設立や上田万年「P音考」を以て国語学創業の画期とすることがある。しかし「P音考」は、その結論の事実自体が大島正健や大槻文彦によって従前から指摘されており、考証も文献学的なものではない。内田智子は、「P音考」が比較言語学から類推した思弁的性格を持っており、それが却ってこの論文の個性となったことを明らかにした*13。今日の「P音考」への高い評価は、橋本と有坂をつなぐ音韻史の光芒が逆照射したということではないか。昭和2年度（岩淵悦太郎）と7年度（亀井孝）の東京帝大の講義ノートに明らかなように、橋本は当初、音声学の知見に基づいて「国語音声史」を構想していたが、定年退官直前の昭和17年度の講義題目を「国語音韻史」に変更し、その内容も有坂の「音韻論」を基礎理論にして歴史的研究を構築しようとした（大野晋ノート）。橋本は、この時点で有坂理論に基づく自らの音韻史を確立したと考えられる。

　音韻史の成立を指標として近代国語学の創業を画期しようとする考え方には、一応の根拠がある。それは、歴史的音声の実態を鮮やかに照らし出した精密な文献学的方法に対する高い評価である。以来、音韻論と音韻史は、近年まで日本語学諸分野の中で最も高い権威を保持していた。橋本が拓いた音韻史は、国学流音韻学や創業期の近代文法学が内包していた民族主義、国家主義思想を免れており、専門領域の記述に特化した姿勢は個性的であり、一般言語学との整合性を備えていた。

　これに対して日本文法学の近代化過程において文献学は、音韻史成立に果たした役割ほどには鮮やかに関与していない。大槻文彦や山田孝雄が観察対象としたのは、鎌倉時代以来蓄積してきたある種

の超歴史的存在としての経典文語であり、歴史的存在としての平安時代語ではない。歴史的存在としての平安時代語は、精密な文献学的検討を伴った古訓点資料学が始めて明らかにしたのである。近年盛んな歴史文法学は、訓点語学の経験の上に成立したと考えるのが至当である。文献学的資料批判を経るのでなければ歴史的存在としての過去の言語は明らかにならず、必然的に通時的変遷の論理も解明されない。したがって歴史的視点を欠いた文法論の源泉は、解釈文法であるから、文芸作品の用例にもっぱら依存した時代別文法を積み上げるしかないだろう。事実1980年代までは、文法の歴史的変遷の論理を扱った研究は、極めて乏しかった。音韻史が文献学と音声学によって過去の微細な音声を浮び上らせたのに対して、文法学は、歴史的研究が長らく発達せず、文法的変化の事実報告をもっぱら蓄積して来た。また、近代文法学を担った大槻文彦、山田孝雄、松下大三郎らには、国家主義、民族主義の精神性が濃厚に付着した。戦後文法学を主導した教科研文法にもマルクス主義が随伴している。文法学とロマン主義との親和性は、継続している。

　橋本の東京帝大教授在職期間は、太平洋戦争をめぐる戦局が緊迫した時期に重なっており、先述の『古代国語の音韻に就いて』は時局が要請する講演、執筆依頼であった。しかし、そのような性格の講演等においても橋本の論は、日本語に関する事実のみを述べるにとどまっており、国家主義、民族主義的言辞はあまり見出されない*14。これは、消極的な事実ではあるが、橋本の専門家としての自覚の反映であろう。

　以上、精神主義的要素を言語の外に排除したという点において、専門知の体系たる国語学の創業は、文献学の技術、言語学と音声学の知識、国学批判を基盤にして音韻史研究を立ち上げた橋本によって成ったというのが本章の結論である。

---

*1　小西甚一（2009）『日本文芸史［別巻］日本文学原論』（笠間書房）

*2　芳賀矢一（1904）「国学とは何ぞや」『國學院雜誌』第 10 巻 1–2（（明治 37 年　佐野晴夫（2001）「芳賀矢一の国学観とドイツ文献学」『山口大学独仏文学』山口大学独仏文学研究会）
衣笠正晃（2008）「国文学者・久松潜一の出発点をめぐって」『言語と文化』（法政大学言語・文化センター）
*3　芳賀矢一（1928）『芳賀矢一遺著（日本文献学）』（冨山房、昭和 3 年）
*4　大野晋（1949）「解説」『橋本進吉博士著作集第三冊文字及び仮名遣の研究』（岩波書店）
*5　『校本万葉集』首巻巻一「本書編纂事業の由来及経過」（1924（大正 13）年 7 月）校本万葉集刊行会、1925
*6　芳賀矢一注 3 前掲書
*7　亀井孝（1950）「解説—故橋本進吉博士の学問像と国語音韻の研究—」『橋本進吉博士著作集第四冊国語音韻の研究』（岩波書店）351 頁
*8　安田尚道（2003）「石塚龍麿と橋本進吉—上代特殊仮名遣の研究史を再検討する—」『国語学』第 54 巻 2 号（国語学会）
*9　釘貫亨（2007）『近世仮名遣い論の研究』（名古屋大学出版会）
*10　釘貫亨（2010）「日本語研究の近代化過程と教養主義の系譜」斎藤倫明・大木一夫編『山田文法の現代的意義』（ひつじ書房）
*11　泉井久之助（1976）『言語研究とフンボルト』（弘文堂）
*12　後藤斉（1983）「言語学史の中の国際語論」『月刊言語』第 12 巻 10 月号（大修館書店）
*13　内田智子（2005）「上田万年「P 音考」の学史上の評価について」『名古屋大学国語国文学 97』（名古屋大学国語国文学会）
*14　明世堂版『古代国語の音韻に就いて』における橋本の「はしがき」によると次のようにある。「本書は昭和十二年五月内務省主催第二回神職講習会における講義を速記したものであつて、昨年三月神祇院で印刷に付して関係者に頒布せられたが、今回書肆の請により同院の許を得て新に刊行したものである。前回はかなり手を加えたが、今回は誤字を訂正したほかは、二、三の不適当な語句や用字法を改めたのみである。昭和十七年三月橋本進吉」内務省神祇院が橋本の講義に対して何を期待したのか今のところ詳らかにしないが講演の冒頭に「我が国の古典を読むに就いて何か其の基礎になるやうな事に就いて話してもらいたいといふ御依頼」とあるのが今のところ唯一の手がかりである。橋本が講演を行った昭和 12（1937）年の数年前頃から東京帝大教授美濃部達吉の天皇機関説に対する民間右翼や政党の攻撃に端を発した国体明徴運動に呼応して岡田啓介内閣が、2 次にわたる「国体明徴宣言」（昭和 10 年 8 月、10 月）を出した。この過程で、内務省の果たした役割が注目される。なぜなら沸騰する世論に呼応して美濃部の『憲法撮要』（有斐閣 1923）ほか 3 著書を発禁処分（1935 年 4 月）にしたのが内務省だからである。美濃部が貴族院勅選議員辞任に追い込まれたのは周知のとおりであるが、東京帝大教授であった橋本が一連の事態をどのように見ていたのか。神職講習会において、内務省が橋本に何を期待したのかに興味が持たれるが、『古代国語の音韻に就いて』による限り、橋本は神職相手に国語音韻史の成果だけを淡々と講義している。当時の第一線の国語学者が民族主義的言辞に傾く中で、権力中枢が主催する「思想講習会」

での橋本の「専門的」な講義の真意を読み解くにはなお幾分の時間が必要であるかも知れない。時局が要請する文章で留意されるのは橋本進吉博士著作集第四冊『国語音韻の研究』(岩波書店)所収の「駒のいななき」である。これはもともと日本文学報国会(代表者中村武羅夫)が編集し国語学国文学関係者が広く寄稿した短文集『国文学叢話』(青磁社、昭和19年)に収められていたものである。冒頭に守随憲治の「まへがき」があって、本書編纂の趣旨が記されている。「文学報国即文学参戦、これがわれらの信条である。前線の勇士は剣を以て敵を討つ。銃後の吾等文を以て国土を護る。殊に国文学部会はその発会以来、かなり激しく活動してきた。少し動き過ぎはしないだらうかとさへ噂された。事業は次々と企画せられ、著々と処理実行に移されて行く。幹事会や委員会の招集は毎週ある。週に二度三度に及ぶことすらあつた。こんな忙しい思が、慾で果たされるものではない。(以下省略)」実は、ここに収められている橋本の文章は著作集の文章と少し違う。この事実は岡島昭浩氏からお教え頂いたものであるが、その部分を指摘しておく。まずオリジナルの文には、次のようにある。「「兵馬の権」とか「弓馬の家」とかいふ語もあるほど、遠い昔から軍事の要具とせられ、現下の大東亜戦争に於ても皇軍将兵と一体となつて赫々たる武功を立てて立ててゐる勇ましい馬の鳴き声は、「お馬ヒンヒン」といふ通り詞にある通り(以下省略)」釘貫が施した下線部分が岩波版では、削除されている。削除主体は著作集刊行委員会に違いない。その理由は、おそらく「世俗の風潮におもねることなく」学問の自由を貫徹した橋本のイメージを護るためであったろうことは察しがつく。この程度の記述が橋本の時局便乗の証拠になるとも思えないが神経質なことである。

あとがき

　本書では、18世紀から20世紀後半までの日本語に関する学理の歴史的論理展開を追って来た。すでに見たように近世後期の古典語学では、学者個人の学説がほぼ完結した論理によって再現することが出来る。つまり18世紀以後、学説史の叙述が可能になるのである。若い頃、奈良時代語母音組織の改変過程を研究していた筆者が学説史の問題を考えるようになった端緒は、この方面に関する研究に多大の影響を及ぼしていた有坂秀世の古典音声学的考察に対する再検討にあった。筆者は、プラハ学派流の歴史音韻論的な立場からこの問題に関わっていたが、当時の研究の大勢は、有坂が行なった音価推定に依拠した音素目録の作成に主たる関心が向けられていた。このような現状に対して、筆者は上代語母音組織がなぜ変化したのかを説明する歴史音韻論的考察の方向に学界の注目を引き寄せることを目的として、有坂理論に対する批判に踏み込んだ。

　本書の有坂批判の該当部分は、第6章と第7章であるが、その元は前著『古代日本語の形態変化』（和泉書院、1997年）所収のものである。有坂「音韻論」の評価は本研究の重要部分を構成するので、既発表の内容に加筆と修正を施して再録することにしたものである。そこで本書各章とその元になった既発表論文との関係を以下に示す。

　　第1章：「学史と学説史」釘貫亨・宮地朝子編『ことばに向かう日本の学知』（ひつじ書房、2011年）の一部を採録した。

　　第2章：「本居派古典語学の近代的性格」『国語と国文学』（東京大学国語国文学会、2012年12月号、明治書院）

　　第3章：「本居宣長のテニヲハ学」松澤和宏編『テクストの解釈学』（水声社、2012年）

第4章：「本居宣長『字音仮字用格』成立の背景」『鈴屋学会報』25号（鈴屋学会、2008年）

第5章：本書のための書き下ろしと「トルベツコイの音韻論と有坂秀世」加藤正信・松本宙編『昭和前期日本語の問題点　国語論究第13集』（明治書院、2007年）の一部。

第6章：第7章：『古代日本語の形態変化』（和泉書院、1997年）第一部、第一章「有坂秀世『音韻論』の成立」、第二章「新資料『有坂秀吉氏音韻論手簡』をめぐる問題」（第一章：「有坂秀世『音韻論』成立の一断面―プラハ学派との関わりから―」『富山大学人文学部紀要』第14号、1988年）（第二章：「新資料『有坂秀吉氏音韻論手簡』をめぐる幾つかの問題」『文芸研究』日本文芸研究会第124集、1990年）

第8章：「ソシュール『一般言語学講義』と日本語学」松澤和宏編『ソシュールとテクストの科学』（名古屋大学21世紀COEプログラム第9回国際研究集会報告書、名古屋大学文学研究科、2007年）

「トルベツコイの音韻論と有坂秀世」加藤正信、松本宙編『昭和前期日本語の問題点　国語論究13』（明治書院、2007年）

第9章：「山田文法における「統覚作用」の概念の由来について」『國學院雑誌』（平成19年2007、11月号）

第10章：「日本語研究の近代化過程と西洋哲学」『HERSETEC』VOL.1（名古屋大学グローバルCOEプログラム論文集1、名古屋大学2008年）

第11章：「日本文法学における「規範」の問題―学説史的考察―」『名古屋大学文学部研究論集』（第122集、1996年）の一部。

第12章：「日本語研究の近代化過程と教養主義の系譜」斎藤倫明・大木一夫編『山田文法の現代的意義』（ひつじ書房、2010年）

第13章：「専門知「国語学」の創業―橋本進吉の音韻史―」釘貫亨・宮地朝子編『ことばに向かう日本の学知』（ひつじ書房、2011年）
あとがき：本書のための書き下ろし

　筆者は、1980年に公表した論文で、上代語オ列音の変遷に関する学説史を論じて以来、今日に至るまで三十年あまりの間、学説史と関わってきた（釘貫亨「上代語オ列音の変遷に関する学説」『国語国文』第57巻1号（京都大学国語学国文学研究室、1980））。その本来の関心は、すでに述べたように筆者の上代語母音組織の歴史的変遷過程の解明に発するものであった。自らの研究に関連する方法論批判を重ねるうちに、次第に先人たちが古代日本語をどのように見てきたのかという点に筆者の関心が展開してきた。その結果として前著『近世仮名遣い論の研究』（名古屋大学出版会、2007）に至り、そして本書にたどり着いたものである。上代語母音組織に関する学説史から近世仮名遣い論に至るまでの考察は、音声音韻に関するものであったが、筆者は古代日本語文法の歴史的変遷に関する研究も進めていた。ところが、筆者が歴史文法論と呼ぶ文法変化の「なぜ」を問う研究は、1980年代当時は極めて低調であった。文法の歴史的研究が盛んな昨今の状況から想像しがたいかもしれないが、1980年代以前は、文法史と称する研究においても史的変遷の論理を解明する観点が希薄で、良くも悪くも古典文法的体質が染みついていた。鎌倉時代以来、平安王朝歌文を不動の規範としてテニヲハの仕組みが説明されてきた伝統的観点からすれば、中世以後の文法の実態が古典語からの逸脱としか見えないのはやむを得ないことであった。文法変化に史的変遷の合理性を見いだすことはそれほど困難であったのである。
　文法の歴史に関する法則的解明を阻害するこのような古典学的先入主を検討したのが第11章の元になった考察である。ただし本書収録に際して、中世日本古典学に関する部分については大幅に削除したので、関心のある向きはもとの論文にさかのぼって検討して頂ければ幸いである。

筆者の学説史は、最終的に奥田靖雄を指導者とする教科研文法に対する批判的検討に至った。教科研の活動は、本来古典研究と無関係であったが、彼らは何のために日本語を研究するのかという明治以来の青年学徒の教養主義的精神を継承しており、教科研の現代語研究は、古典文法に教養源を求めない現代語文法研究の主流に位置している。教科研は、古典語学から自立した現代語研究の源流である松下大三郎の文法論を継承すると公言している関係上、学説史的検討に値すると筆者には思われた。

　また、明治の終わりから英語教師によって我が国に紹介された音声学は、現代語の音声記述という本来の目的とともに国語学に導入され、有坂秀世による歴史的音声の再建においても強い説明力を提供した。音声学は、もとゲルマン語古音推定の方法に学んで成立したのであるから、歴史音声学的記述は本来の領域とも言えた。ヨーロッパでは音声学が興隆するのと同じ頃にソシュールがジュネーブ大学での一般言語学講義において、歴史と切り離された共時態の存在を仮設して共時言語学を主張していた。音声学もソシュール理論も印欧比較言語学に由来しながら、歴史的研究から自立した同時代語研究に積極的意義を見いだした。

　本書の読者は、鎌倉時代から明治期に至るまでの「国語」研究に一筋の特徴を見て取ったはずである。すなわち、中世以後、明治の終わりまでの国語研究は、事実上古典語学であり、それ以後20世紀後半までは、古典語学の枠組みに基づいて日本語の諸相が観察分析されてきたのである。松下大三郎に萌芽し、教科研文法によって我が国で初めての近代主義的言語理論が確立した事実を画期として考えると、古典語学を主たる動機にした「国語学」をめぐる筆者の学説史は、そろそろ筆を置くべき時であるように思われる。

　明治以後制度化された国語学が近代科学の一分野であることに疑問の余地はない。国語が「我が国のことば、我々のことば」を意味し、国語学が国語の記憶を背負っているなら、日本人が「我々のことば」をどのように観察してきたかを問うことは有益であろう。筆者が本書において試みたのは、事実上このことであった。

　国語学は、「我が国のことば、我々のことば」という言語共同体

の記憶を前提にしながら伝統的古典語学を方法的資源にして日本語の諸相を再建する学理である。その意味で、山田孝雄の「統覚作用」、有坂秀世の「音韻＝発音運動の理想、目的観念」、橋本進吉の「文」の前後の「音の切れ目」「特殊の音調」などは、国語共同体の直観的合意を前提にしたと考えるほかない主観的規定である。また、時枝誠記の「言語過程説」では、その主観的本質を時枝自らが積極的に主張さえした。彼等の規定に一貫するのは、「我が国のことば、我々のことば」を前提する共同主観的な本質であり、彼等はその意味において最も代表的な国語学者であった。

　これに対して、松下大三郎は古典語学に方法上の資源を求めなかった。松下は、幼少から個別言語を超えた普遍的な文法の存在を夢想していたという。松下の文法論は、出発点から普遍的な指向を持った。松下と教科研の文法論は、口語文法を目標とした点において、同時代指向の学説であると考えられる。これらの同時代指向の潮流に棹さす研究を国語学の名で呼ぶのは適切ではあるまい。「我が国のことば、我々のことば」という伝統的観点はそこに存在しないからである。

　ソシュールの記号論に基づいた共時論的研究とアメリカ構造言語学の形態素分析による現代語研究もまた古典語学の教養に対して関心は高くない。松下や教科研の行き方は、これらの潮流と共通の一般言語学的な指向性を持っている。松下が念頭に置く普遍文法、言語学的記述が目標に置く外国人研究者、教科研が教育目標に置く言語発育期の子供、これらに共通する状況は、日本語共同体の外側と日本語共同体に到達途上にある人間の観点の担保である。彼等に日本語の仕組みを説得するには、「我々のことば」という前提や伝統歌学の知識は役に立たない。そこで、日本語共同体の圏外の人間に向かって日本語の仕組みをどう理解させるのかという観点の有無によって学問を区別するのであれば、日本語学と国語学という名目がそれにふさわしい。この両者を現代語研究と歴史的研究に帰着させるのは不適切であり、一般言語学的観点からする歴史的研究は、日本語学の名で統括されるべきである。日本人自らの内在的動機によって国語共同体の外側の視点を取り入れた研究は、松下が最初に実

行した。松下は、従来の国文法の枠組みを離脱して日本語学へ歩を踏み出した人物であろうと思われるが、筆者の考察は、松下に届かなかった。

　筆者は、18世紀に民族主義思想に寄り添って興隆した大衆的で地方的な古典語学から筆を起こし、その流れが19世紀の終わりに国語学として国家制度に組み入れられ、20世紀に学術として成熟した日本語研究の足跡を、学説間の論理関係の再建を通じてたどってきた。筆者が取り上げた学者たちは、斯学全体のほんの一部に過ぎないが今日の日本語学を個性的な学問にしている第一級の学者たちである。日本語学が学ぶに値する学問なのかを問うとき、先学が何を目的にしてこの学問と関わったのか、何を根拠にしてこの学問の正統化を図ったのかを知ることが適切である。筆者は、この点を明らかにして日本語研究の意義を反省する機会としたいと願っている。

　本書の出版は、ひつじ書房社長の松本功氏から学説史に関する書物を纏めるよう勧められたことが契機となっている。お引き受けすることにして以来、それまで筆者の関心の赴くままに書き留めていた論考群が、「国語学」の概念のもとに急速に求心力を得てこのような形に結実できたことは、松本氏を始めとする書肆の厚意によるものである。

　　　　　　　　　　　　　2013年　立春の名古屋において
　　　　　　　　　　　　　　　　　　　　　　　釘貫　亨

人名索引

あ

赤峯裕子　40, 49
天野貞祐　180
荒木田尚賢　62
有坂秀世　8, 9, 20, 61, 70, 85, 87, 117, 142, 143, 144, 154, 159, 171, 186, 217, 229, 247, 253
アルバレス　26
イェスペルセン　82
石塚龍麿（龍麿）　8, 236, 237, 238, 239, 240, 245, 246
出隆　184
伊藤雅光　49
猪苗代兼郁　193
岩淵悦太郎　20, 249
ヴィノグラドフ　228
上田万年　7, 60, 133, 175, 176, 215
上村幸雄　221
内田智子　249
ヴント　9, 23, 166, 169, 177, 179, 216
エドワーズ　83, 146
エンゲルス　222
鴨東萩父　19, 67, 88
太田全斎　193
大槻文彦　7, 23, 70, 132, 175, 177, 194, 215
大野晋　41, 235, 243
大矢透　20, 22

岡島昭浩　252
奥津敬一郎　28
荻生徂徠　5, 25, 44
奥田靖雄　11, 198, 200, 201, 207, 212, 221, 229, 247, 256
奥村栄実　19, 67, 74, 237
尾崎雅嘉　44

か

カールグレン　145
楫取魚彦　60
亀井孝　20, 21, 241, 244, 249
カント　23, 159, 169, 172, 177, 178, 180, 216, 229, 247
菊沢季生　20, 88, 94, 95, 97, 106
義門　22, 23, 25, 48, 67
行阿　57
金田一京助　117, 118
金田一春彦　248
草鹿砥宣孝　239
グリム　82, 145
クルトネ　91
桑木厳翼　168, 169, 180, 216
契沖　15, 19, 38, 40, 51, 60, 62, 67
慶谷壽信　89
顕昭　68
国分一太郎　221
越谷吾山　193

259

小西甚一　234
小林英夫　224

さ

斉藤静　95
佐久間鼎　8, 20, 82, 88, 91, 104, 106, 146, 186
佐佐木信綱　236, 240
山東功　22
敷田年治　70, 71
志筑忠雄　25
島田昌彦　28
ジョーンズ　82, 100, 101, 102, 143
神保格　8, 20, 82, 88, 91, 112, 117, 146, 186
親鸞　54, 55, 57
スウィート　23, 82, 160, 173, 216, 247, 248
鈴木朖　48
鈴木重幸　12, 198, 201, 212
スターリン　221
仙覚　3
千田憲　236
ソシュール　9, 91, 92, 131, 132, 136, 137, 146, 150, 152, 157, 177, 181, 189, 217, 218, 222, 225, 247, 248, 256

た

高木市之助　142
高瀬正一　44
高橋太郎　221
高橋義雄　146
武田祐吉　236
田中大観　62

チェンバレン　7, 133, 175, 215
時枝誠記　11, 83, 131, 133, 136, 137, 154, 159, 171, 177, 181, 217, 229, 247
礪波今道　62, 65
トルベツコイ　9, 91, 108, 109, 110, 111, 112, 147, 152, 153, 154

な

中島広足　23
中根淑　70
中野柳圃　25
西田幾多郎　187

は

パーマー　101, 102
ハイゼ　23, 173, 216
芳賀矢一　234, 235, 240
パシー　82
橋本進吉　11, 13, 20, 24, 68, 155, 236, 248
服部四郎　9, 115, 135, 157
バベルク　227
パレート　224
久松潜一　236
富士谷成章　24, 29, 44, 48, 69
藤原教長　68
フッサール　9, 85, 114, 140, 142, 154, 156, 171, 178, 183, 184, 219, 229, 247
ブルームフィールド　223
フンボルト　222
堀季雄　193
堀達之助　26
ポリワーノフ　83, 146

ま

マール　221

正岡子規　35

松下大三郎　8, 133, 177, 196, 199, 256, 257

マッハ　140, 171, 183, 184, 219

松本泰丈　203, 221

マルクス　222, 225

マルティネ　217

宮島達夫　212, 221

明覚　68

メンガー　227

本居宣長　1, 8, 15, 51, 240

本居春庭　22, 26, 48, 69

森礼年　71

文雄　19, 40, 61, 62, 88

や

ヤコブソン　9, 112, 115, 153, 231

安田尚道　243

柳田謙十郎　184

山内得立　142, 185

山田美妙　84

山田孝雄　24, 28, 159, 177, 178, 187, 194, 199, 215, 229, 247

山本格安　193

ら

ロドリゲス　26

わ

ワルラス　224

事項索引

A

allophone 126, 127
apperception 140, 184
Apperception 163, 167, 168, 180, 199
Apperceptionsverbingngen 168, 179, 180

I

IPA 8, 81, 82, 145, 176, 217

M

minimal pair 150

O

onzijdig werkwoord 25, 28

P

philology 156, 234, 240
phoneme 10, 21, 93, 94, 95, 99, 101, 126, 127, 128, 129
「Phonemeについて」 98, 102, 103
phonetics 8, 20, 67, 79, 81, 82, 84, 88, 91, 145, 176
phonology 9, 20, 21, 84, 85, 88, 90, 91, 92, 94, 95, 96, 97, 98, 103, 104, 108, 109, 112, 114, 131, 146, 154, 186, 217

S

sound correspondance 82
strong form 123

T

Transscendentale Apperception 169, 180

V

verb active 26
verb neuter 26
verbo actiuo 26
verbo neutro 26

W

weak form 123, 125
werkende 25
werkende wekwoord 28
werk woord 25

あ

アイヌ語　6
『排蘆小船』　34, 42
アメリカ構造言語学　223
『あゆひ抄』　44, 48, 69
『有坂秀吉氏音韻論手簡』　95, 117
アレキサンドリア学派　136

い

一般均衡理論　224
『一般言語学講義』　131, 177, 183, 218, 224
『韻鏡』　17, 29, 40, 41, 51, 61, 67, 87, 88

う

「上田万年「P音考」の学史上の評価について」　157
ウェルネルの法則　82
『歌よみに与ふる書』　35
ウ段長音　57
『ヴント氏著心理学概論』　167, 180

え

『英和対訳袖珍辞書』　26
『蝦夷方言藻汐草』　6
『遠鏡』　44, 45

お

大野晋ノート　21, 249
『音と意味についての六章』　115, 231
『尾張方言』　6, 193
おを所属弁　4, 19, 51, 63, 64, 244
『於乎軽重義』　67
音韻　9, 10, 19, 20, 21, 76, 77, 78, 84, 88, 94, 95, 99, 114, 120, 126, 127, 128, 129, 144, 145, 155, 156, 177, 178, 182, 186, 187, 189, 217, 219, 220, 247, 257
音韻学　5, 9, 13, 20, 64, 68, 70, 77, 78, 81, 84, 85, 87, 91, 94, 96, 97, 98, 103, 145, 154, 156, 157, 177
音韻観念　20, 85, 93, 94, 95, 103, 114, 117, 118, 124, 125, 127, 128, 129, 144, 155, 186
『音韻啓蒙』　70, 71
音韻相通　68, 69
音韻対応　82
「音韻体系の理想と現実」　96, 103, 104
『音韻調査報告書』　7, 19, 67, 70, 79, 81, 88, 145, 175
「音韻に関する卑見」　95, 98, 117, 118, 120, 124, 125, 126, 144, 220
音韻之学　7
「音韻の学」　19, 88
「音韻分布図」　7, 20, 67, 88, 145
音韻目的表象説　171
『音韻論』　10, 85, 87, 88, 89, 90, 95, 98, 102, 104, 107, 108, 109, 112, 114, 117, 119, 127, 144, 151
音韻論　9, 20, 21, 146, 147, 150
『音韻論の原理』　9, 108, 111, 112, 113, 147, 149
音価推定　253
音義派　74, 76
音声科学国際大会　100
音声学　8, 10, 20, 21, 67, 68, 69, 70, 82, 83, 84, 85, 87, 91, 92, 98, 109, 114, 117, 129, 145, 146, 147, 149, 155, 156,

263

176, 217, 230, 247, 250, 256
音声学協会　82, 85, 146
『音声心理学』　106
「音声の認識について」　85, 89, 92, 94, 95, 98, 103, 118, 125, 127, 144, 186
音素　10, 21, 217

――― か ―――

開合　57, 59, 61
開拗音　58
係り結び　4, 38, 41, 42
学説史　1, 3, 13, 29, 191, 192, 253, 255, 256
『活語断続譜』　48
学校文法　25, 198, 199, 212, 228, 229
学校令　215
『活語雑話』　23
『活用言の冊子』　69
『歌道秘蔵録』　41
仮名遣い　2, 3, 4, 15, 16, 18, 19, 33, 34, 35, 36, 38, 51, 57, 58, 60, 64, 78, 81, 88, 192, 215, 243, 244, 245, 246
『仮字遣奥山路』　236, 246
『仮名遣奥山路』　237
仮名遣い改定　16, 17, 18, 23
『仮名遣改定案』　17
仮名遣い論　15
かなのくわい　16, 17
『仮名文字使蜆縮涼鼓集』　88
環境変異音　126
漢語文典　25, 28
『漢字三音考』　61
慣習的音声　120
漢文俗語解　44

――― き ―――

記号 signe　138
記号の恣意性　134, 136
記述文法　23, 195, 197
『紀伊国阿弖河庄百姓言上状』　54
規範文法　23, 177, 197
教育科学研究会　221
教育科学研究会国語部会　198
教科研　11, 199, 203, 204, 205, 206, 210, 211, 212, 221, 256, 257
教科研国語部会56年テーゼ　211
教科研文法　198, 200, 207, 225
共時態　135
教養主義　13, 212, 229, 230, 247
『近世仮名遣い論の研究』　3, 255
金利生活者の経済学　227
金利生活者の言語学　223, 227

――― く ―――

句　160, 165, 166, 172
グリムの法則　82, 145
『訓訳示蒙』　5

――― け ―――

経験批判論　140, 141, 171, 183, 219
『経済学批判』　12, 225
下官集　57
『言海』　7, 24, 70, 132, 175, 194
限界効用学派　227
『現行普通文法改定案調査報告之一』　20, 22
『言語学概論』　119, 121, 187
言語学研究会　198, 221

『言語学原論』　131, 177
『言語学の方法』　9, 115
言語過程説　114, 137, 139, 140, 141, 142, 154, 155, 171, 181, 185, 218, 219, 257
原辞　200
『蜆縮涼鼓集』　19, 67
現象学　13, 70, 85, 114, 140, 141, 142, 154, 155, 159, 171, 177, 183, 185, 218, 219, 229
『現象学叙説』　142, 185
原辞論　204
「現代の音韻論」　109
『現代の国語学』　83, 137, 139, 182
言文一致運動　17, 196, 197
言文一致体　18

――こ――

語彙　200, 201, 208, 209, 228
語彙的なもの　200, 201, 203, 205, 206, 207, 208, 209, 210, 224, 225
『喉音仮名三異弁』　62
喉音軽重等第図　40
『喉音三異弁弁正』　62
喉音三行分生図　40
喉音三行弁　4, 19, 40, 51, 57, 60, 61, 62, 63, 67, 76, 78, 244
『喉音用字考』　65
交換価値　11, 225, 226, 228
交換テスト　112
『好色一代男』　59
喉内韻尾ŋ　56
『広日本文典』　23, 132, 133, 172, 175, 194
『広日本文典別記』　172

『校本万葉集』　236, 240, 241
合拗音　56, 58, 59
『合類節用集』　53
五音図　68
五音の歌　76
『五箇条の御誓文』　16
『古今集註』　68
古今集注釈　3
『古今和歌集遠鏡』　5, 43, 46, 47, 193
『古今和歌集鄙言』　44
国学　62, 234, 240, 241, 244, 245, 250
国語　256
「国語音韻史の研究」　10, 21, 155
『国語音声学』　82, 134, 145
「国語音声史の研究」　10, 20, 155
国語学　1, 2, 7, 13, 29, 60, 215, 233, 234, 244, 249, 256, 257, 258
「国語学概論」　233, 234, 235
『国語学原論』　10, 135, 137, 181, 185, 217, 219
『国語学史・国語特質論』　243
国語学会　1
国語仮名遣改定案　17
「国語仮名遣研究史上の一発見」　236, 237, 243
国語研究室　133, 175, 215
国語国字問題　16, 22
国語調査委員会　7, 17, 19, 22, 67, 70, 79, 81, 88, 145, 175, 235
国際音声学協会　8, 91, 145
国際音声字母　8, 82, 145, 176, 217
『国文学界』　197
古訓点資料学　250
『古言衣延弁』　19, 67, 74, 237, 243
『古言梯』　60
『古言別音鈔』　239

『古事記伝』　35, 237, 243, 244, 245, 246
「五十音図」　19, 40
『五十音図の話』　86
『古事類苑』　20, 67, 70, 77, 78, 145
悟性　169, 170
『古代国語の音韻に就いて』　241, 242, 246, 250, 251
『古代日本語の形態変化』　253
古典学的研究　191
「詞」　156
『詞通路』　26, 28
『詞の玉緒』　26, 27, 28, 34, 35, 36, 37, 38, 42, 44, 46, 47, 49
『詞八衢』　22, 48, 69
『諺苑』　193
古文辞学　5
「語法指南」　7, 24, 70, 132, 175, 194
「駒のいななき」　252

さ

最小対　112, 150, 152
『在唐記』　68
『西方指南抄』　54
『指出の磯』　23
『三帖和讃』　55, 56, 58
三段の総合　169, 180
三内韻尾　62

し

「辞」　156
字余り句　64
使役能動動詞　26
『字音仮字用格』　3, 4, 5, 15, 19, 29, 35, 40, 51, 54, 59, 60, 62, 63, 64, 78, 242, 243, 244, 246
字音仮名遣い　4, 17, 29, 51, 60
自他　25, 26, 28
自他対応　28
自他のけぢめ　26, 28
悉曇学　67, 78, 88
自動　28
自動詞　25
自動辞　26
『志不可起』　193
『資本論』　12, 225, 229
抽象的音声　120
『袖中抄』　68
受動動詞　26
純粋経験　187, 188, 218, 219
『純粋理性批判』　13, 169, 170, 180, 216
使用価値　11, 225, 226, 228
小学校令施行規則　17
「上世の仮名遣に関する研究序論」　242, 246
『上代音韻攷』　10, 65, 90, 95, 127
上代特殊仮名遣い　8, 68, 235, 236, 240, 244, 249
商品　11, 225, 226
商品分析　12, 225, 227
助詞　24
助動詞　199
『新国学』　197
「新撰音韻之図」　19
心的過程　218
唇内韻尾 m　56
心理学　179, 180, 195
心理的連絡　93

す

すぐれた日本語　211

せ

『世間胸算用』　53, 58, 59
舌内韻尾 n　56
節用集　54
『仙台言葉以呂波寄』　6
『仙台方言伊呂波寄』　193
先天的統覚　169, 180
『善の研究』　187, 188
専門知　11

そ

装図　48
相補分布　102
俗語訳　44, 45, 46

た

第 1 回音声科学国際大会　97
第 2 回国際言語学者会議　95
他動　28
他動詞　25
動他詞　25
他動辞　26
『玉あられ』　23, 26, 27, 35, 47
『玉あられ窓廼小篠』　23
『玉の緒繰分』　23
単語　10, 13, 24, 128, 129, 150, 153, 160, 161, 170, 172, 187, 189, 194, 199, 200, 201, 202, 203, 204, 205, 207, 210, 212, 215, 217, 224, 225, 227, 228, 230, 247

「単語図」　16

ち

注意の力　124
抽象音声　112, 122
抽象的音声　20, 84, 117, 120, 121, 134, 144, 147, 187, 220
抽象的音声説　118, 147, 149
中性動詞　26, 28
超越論的統覚　13, 169, 170, 171, 180, 183, 216

て

定家仮名遣い　19, 51, 62, 63
帝国大学令　7, 132, 176, 215
『デカルト的省察』　141, 185
『哲学概論』　168, 169, 171, 180, 216
『手爾波大概抄』　156
テニヲハ　2, 3, 4, 7, 15, 24, 33, 34, 35, 36, 38, 43, 132, 156, 172, 176, 192, 193, 198, 199, 210, 215, 255
天爾遠波　24
テニヲハ学　5, 13
『てにをは口伝』　41, 42
『てにをは紐鏡』　26, 35, 38, 40, 41, 42, 47

と

ドイツ心理学　2
ドイツ哲学　2
『ドイツ文法』第二版　82, 145
同韻相通　69
「遠江文典」　197

267

同音相通　68
統覚　8, 140, 159, 168, 169, 170, 171, 172, 177, 178, 180, 181, 184, 199, 216
統覚作用　8, 13, 23, 24, 159, 161, 163, 171, 172, 177, 178, 181, 199, 216, 257
東京語　17, 18, 196
堂上歌学　42
唐話学　5, 6
特殊の仮名遣　236
『友鏡』　48

───
な
───

梨壺の五人　2, 3, 33

───
に
───

二重分節　217
日本音韻学　7
『日本俗語文典』　196, 197
「日本音韻開合仮名反図」　19, 40, 88
日本音韻学　19, 67, 78, 81, 88, 145, 186
『日本音声学』　83
『日本音調論』　84
日本漢字音　4, 29, 58, 61, 62, 63
日本語学　1, 257, 258
日本語学会　1
日本国語会　18
『日本語研究の方法』　203, 206, 212, 221, 224, 227, 228
日本古典学　2, 33
『日本語の音声学的研究』　83, 146
『日本語文法形態論』　201, 207, 213
「日本式ローマ字綴り方の立場に就いて」　96
『日本小文典』　26

『日本俗語文典』　133, 176, 196, 197
『日本大辞書』　84
『日本ニ於ル言語観念ノ発達及言語研究ノ目的ト其ノ方法（明治以前）』　133
日本文献学　233, 234, 240, 244, 245
『日本文献学』　235
『日本文典』　70
『日本文法学概論』　195, 196
『日本文法論』　24, 28, 160, 164, 168, 171, 173, 176, 178, 180, 194, 216
入声韻尾　56
人称動詞　26

───
の
───

能動動詞　26, 28

───
は
───

ハ行転呼　59
ハ行転呼音　57, 58
『浜荻』　193
パロール　134, 183
『反音作法』　68
「万国言語学会に列して」　95

───
ひ
───

「P音考」　7, 60, 133, 157, 176, 249
比較言語学　10, 82, 91, 132, 133, 136, 145, 156, 157, 175, 181, 215, 230, 247
非活用助辞　209
非人称動詞　26
表音的仮名遣い　17
「標準音韻論用語案」　95, 96, 110

ふ

フィロロギー　233, 235, 240
複語尾論　199, 204, 205
普通文　6, 15, 16, 22, 47, 194
『物類称呼』　193
プラハ学派　20, 21, 88, 90, 91, 92, 97, 102, 103, 104, 106, 108, 109, 112, 114, 117, 126, 131, 132, 143, 144, 150, 151, 152, 153, 154, 155, 157, 253
文　13, 23, 160, 165, 166, 170, 172, 177, 178, 179, 187, 189, 195, 215, 216, 217, 220, 247
文 sentence　159, 164
文科大学国語研究室　7, 249
文科大学博言学科　175
文献学　2, 240, 250
文節　24, 25
文法的なかたち　201
『文法上許容スベキ事項』　6, 22
文法的なもの　200, 201, 203, 205, 207, 208, 210, 224, 225
『文法と文法指導』　205, 211

へ

弁証法的統一物　204, 209
弁別素性　112
弁別素性論　153, 217

ほ

棒引き仮名遣い　17

ま

『磨光韻鏡』　40, 61
マルクス経済学　225, 247
マルクス主義　11, 211, 212, 219, 220, 221, 225, 229, 230, 250
マルクス主義者　221
万葉集古点　2, 33
万葉集注釈　3

み

民主主義科学者協会言語部会　221

め

明覚　167, 168, 179, 180
明覚結合　168, 179, 180
明治普通文　172

も

目的観念　93, 95
『文字及び仮名遣いの研究』　236
『字音迦那豆訶比乃序』　52
本末　4, 38, 172

ゆ

唯物論　184

よ

四段活用論　198, 199, 200, 204, 210, 211
四つ仮名　57

269

ら

ラテン文典　26
『蘭学生前父』　25, 28
蘭学文典　6, 7, 132
蘭学文法　70, 81
ラング　134, 135, 136, 137, 138, 139,
　　140, 141, 146, 150, 154, 157, 183, 185,
　　217, 218, 219
蘭語文法学　25
蘭文典　25
蘭文法　26, 28

り

『俚言集覧』　193
臨時国語調査会　17

れ

歴史学的研究　191
歴史的仮名遣い　16, 17, 18, 244
「連語図」　16

わ

倭音　61, 65
我が国のことば、我々のことば　256, 257
『和語説略図』　22, 48
『和字正濫鈔』　3, 15, 19, 33, 40, 51, 60,
　　67, 88, 237, 244
『和字大観鈔』　19, 40, 61, 62, 88

釘貫亨（くぎぬき　とおる）

　　略歴
1954 年、和歌山市生まれ。東北大学大学院文学研究科博士課程中退。博士（文学）。
富山大学人文学部講師、助教授を経て名古屋大学文学部助教授、教授。改組により名古屋大学大学院文学研究科教授。

　　主な著書
『古代日本語の形態変化』（和泉書院、1996 年）、『近世仮名遣い論の研究』（名古屋大学出版会、2007 年）、『ことばに向かう日本の学知』（宮地朝子と共編、ひつじ書房、2011 年）など。

ひつじ研究叢書〈言語編〉第 113 巻
「国語学」の形成と水脈

発行	2013 年 12 月 10 日　初版 1 刷
定価	6800 円＋税
著者	© 釘貫亨
発行者	松本功
ブックデザイン	白井敬尚形成事務所
組版所	株式会社ディ・トランスポート
印刷・製本所	株式会社 シナノ
発行所	株式会社 ひつじ書房

〒 112-0011　東京都文京区千石 2-1-2　大和ビル 2 階
Tel: 03-5319-4916　Fax: 03-5319-4917
郵便振替 00120-8-142852
toiawase@hituzi.co.jp　http://www.hituzi.co.jp/

ISBN978-4-89476-660-0

造本には充分注意しておりますが、落丁・乱丁などがございましたら、小社かお買上げ書店にておとりかえいたします。
ご意見、ご感想など、小社までお寄せ下されば幸いです。

刊行のご案内

〈ひつじ研究叢書（言語編）　第97巻〉

日本語音韻史の研究

高山倫明 著　定価6,000円+税

〈ひつじ研究叢書（言語編）　第98巻〉

文化の観点から見た文法の日英対照
時制・相・構文・格助詞を中心に

宗宮喜代子 著　定価4,800円+税

〈ひつじ研究叢書（言語編）　第99巻〉

日本語と韓国語の「ほめ」に関する対照研究

金庚芬 著　定価6,800円+税

刊行のご案内

〈ひつじ研究叢書(言語編) 第100巻〉
日本語の「主題」
堀川智也 著　定価5,200円+税

〈ひつじ研究叢書(言語編) 第101巻〉
日本語の品詞体系とその周辺
村木新次郎 著　定価5,600円+税

〈ひつじ研究叢書(言語編) 第103巻〉
場所の言語学
岡智之 著　定価6,200円+税

刊行のご案内

〈ひつじ研究叢書（言語編）　第 104 巻〉

文法化と構文化

秋元実治・前田満 編　定価 9,200 円 + 税

〈ひつじ研究叢書（言語編）　第 105 巻〉

新方言の動態 30 年の研究
群馬県方言の社会言語学的研究

佐藤髙司 著　定価 8,600 円 + 税

〈ひつじ研究叢書（言語編）　第 106 巻〉

品詞論再考
名詞と動詞の区別への疑問

山橋幸子 著　定価 8,200 円 + 税

刊行のご案内

〈ひつじ研究叢書(言語編)　第107巻〉
認識的モダリティと推論
木下りか 著　定価7,600円+税

〈ひつじ研究叢書(言語編)　第108巻〉
言語の創発と身体性
山梨正明教授退官記念論文集
児玉一宏・小山哲春 編　定価17,000円+税

〈ひつじ研究叢書(言語編)　第112巻〉
名詞句の世界
その意味と解釈の神秘に迫る
西山佑司 編　定価8,000円+税

刊行のご案内

ことばに向かう日本の学知
釘貫亨・宮地朝子 編　定価 6,200 円＋税

山田文法の現代的意義
斎藤倫明・大木一夫 編　定価 4,400 円＋税